化书成课
培训师快速打造爆款课的秘诀

袁茹锦 著

清华大学出版社
北京

内 容 简 介

本书从不同角度详细阐述了培训师开展培训的关键阶段的核心技术，对各技术的要点做了深入的解读，并提供了大量的实操工具和操作流程。

本书具有"任务导向、体验感强、内容丰富"的三大优点。读者能在完成任务的过程中，自然掌握"化书成课"的技术。书中有很多引发读者思考、带动读者体验的环节，读者可以按照本书的指引，获得更多的真知灼见。本书不仅涵盖全面的读书内化技巧和课程开发技术，还包含课程定位、课程运营方面的内容，读者既能通过看书掌握"书课融合"的理念与思路，又能通过有效的课程运营，同步打造自己的课程品牌。

本书适合企业内训师、职业培训师、读书会运营者、企业管理者阅读。

本书封面贴有清华大学出版社防伪标签，无标签者不得销售。

版权所有，侵权必究。举报：010-62782989，beiqinquan@tup.tsinghua.edu.cn。

图书在版编目(CIP)数据

化书成课：培训师快速打造爆款课的秘诀 / 袁茹锦著. —北京：清华大学出版社，2020.11
（2023.12 重印）
ISBN 978-7-302-55711-1

Ⅰ．①化… Ⅱ．①袁… Ⅲ．①课程设计 Ⅳ．① G423

中国版本图书馆 CIP 数据核字 (2020) 第 109277 号

责任编辑：施　猛
封面设计：熊仁丹
版式设计：方加青
责任校对：马遥遥
责任印制：杨　艳

出版发行：清华大学出版社
　　　　　网　　址：https://www.tup.com.cn，https://www.wqxuetang.com
　　　　　地　　址：北京清华大学学研大厦 A 座　　邮　编：100084
　　　　　社 总 机：010-83470000　　邮　购：010-62786544
　　　　　投稿与读者服务：010-62776969，c-service@tup.tsinghua.edu.cn
　　　　　质 量 反 馈：010-62772015，zhiliang@tup.tsinghua.edu.cn
印 装 者：三河市龙大印装有限公司
经　　销：全国新华书店
开　　本：180mm×250mm　　印　张：18　　字　数：353 千字
版　　次：2020 年 11 月第 1 版　　印　次：2023 年 12 月第 6 次印刷
定　　价：68.00 元

产品编号：084688-02

推 荐 语

  袁老师是培训师中的实战专家，对课程研发、课堂呈现及课程运营都有深入的研究。我曾参与袁老师的"化书成课"课程，把课程所学直接应用在授课中，课程满意度直接从90%以下提升到95%！这本书是袁老师课程内容的深度提炼，有大量课程开发技巧和思路，推荐阅读！

——勾俊伟(新媒体畅销书作者，500强企业新媒体讲师)

  自从2013年在川培联与袁老师结识以来，一路见证了她在"醒职场""我是好讲师&好课程全国大赛"以及【化书成课研习社】里的精进与专业。她的同名线下2天课程，你需要付出4999元才能体验；而这本书，你只需要花个零头就能让智慧常驻你的书架。你还在等什么？我已经开始读起来了！

——何平(资深教练型培训师，畅销书《学习的答案》作者)

  在5G互联网大背景下，企业和个人获取知识的渠道越来越多。那么，如何将输入的知识系统转化为课程，助力于企业的人才培养？你会在《化书成课》一书中找到答案。《化书成课》一书开启了一种新的课程模式，值得追求卓越的您阅读。

——晋纪书(河南培训师协会会长、中国培训"我是好讲师"大赛总决赛导师)

  袁茹锦老师是一个高效阅读者，更是一位高阶培训师、课程设计师。她的《化书成课》一书，我期待已久。"化书成课"本身就是一个品牌，可以帮你课前预习，课后复习，达到温故知新的效果。化书成课，让你少走弯路，帮你提升效率，扩大影响，兑现价值。

——鹿雯立(中国幸福教练创始人，职业生涯规划专家)

"经验萃取"以自身为原点建构内容，其深度受限于自身经历，而"化书成课"在此方面受限较少，通过"一朵云推动另一朵云"，让课程开发者从更多维度建构自己的精品内容，值得在企业内部推广！

——罗长江(教学效能设计师，《结构化课程开发》作者)

优越的课程组织技巧是师之术；将严谨、仁爱、谦德授予学员乃师之道。袁茹锦老师精师之术，重师之道，开发出操作性强的"化书成课"品牌。

近年来，"化书成课"成为我公司内训师培训项目中采购率最高的课程，好评如潮。诚挚把这本书推荐给大家，希望更多人因此受益。

——李卓(成都锦城天下企业管理有限公司创始人)

袁茹锦老师"化书成课"的方法很实用，这本书是职业讲师在课程设计开发过程中的必读书籍。

——林增祥(学习力培训讲师)

开发一门精品课程，关键是有好的内容。从优秀的书籍中萃取精华内容，既是对课程内容的保障，也是对书籍精华的传承。"化书成课"将成为课程设计与开发的关键技术。

——邱伟(畅销书《FAST高效课程开发》作者)

与袁茹锦老师认识多年，作为同行，我很佩服袁老师的知识整合与输出能力。这次拜读了新著样章，相比之前参加的课程，我发现本书内容更加丰富和充实，既有大量的旁征博引，又深度融合了作者多年来沉淀的技能和经验，可以说，本书为课程开发这一技术领域又奉献了一份宝贵的财富。

——王焱(独立职业培训师，埃里克森专业教练)

"化书成课"课程逻辑严谨、实操性强，助力我成为优秀的全国创业培训师。这本书归纳、凝练了课程开发与设计的精华，实在是难能可贵！

——吴春生(全国创业培训师/企业教练)

我非常幸运在线下参加了"化书成课"的培训，当时的我完全没有培训师工作经验，但是通过培训，我真正地从"0"到"1"搭建起自己的课程框架。如果你希望通过以教为学的模式创造价值、打造个人品牌，推荐你一定要看这本书，绝对会助你一臂之力。

——杨天马(阅读行动力教练)

与袁茹锦老师相识于2013年。多年来,袁老师一路精进,实现蜕变。袁老师知行合一、刻苦耕耘,她撰写的学习类、致用类文章早已可以出版多本精品书,此番经过精雕细琢,打磨出来的《化书成课》一书,是她的第一部作品,更是积聚其多年培训实战经验的力作!书中提出了很多实用的方法、工具和模型,对于初入培训或已有多年培训经验的培训师而言,本书的确是一本能提升学习能力、增强培训认知以及推动高效课程开发的好书,强烈推荐!

——杨旭[美国培训师认证协会(A.A.C.T.P)注册培训师,2019好讲师大赛全国三十强]

袁老师思维敏锐,课程逻辑与思想深度堪称行业佼佼者。

——郑佳雯(央视少儿频道心理"极速少年"专家,《妊然心动》作者)

茹锦老师是一个做事认真、思维独特、非常专业的老师,她的人格魅力一直让我欣赏。《化书成课》一书可以帮助很多爱阅读的人系统地输出,协助你站在读书变现的风口上!

——周书羽(灵慧·慧读圈创始人)

袁茹锦老师的"化书成课"原创爆款课程终于"化课成书",以图书的形式继续感召更多阅读者终身学习,实现知识变现。"工欲善其事,必先利其器",《化书成课》就是一件利器!如何将知识更加有效、准确、全面地迁移到实战中,达到课程开发的目的?本书给出了行之有效的工具和方法。

——张昊(山东明德物业管理集团四川分公司人力资源总监)

走过的路、见识过的风景都会融入一个人的内在,茹锦老师是一位灵魂充满香气的女子,在她的文字中,总是自然而然弥漫出与众不同的香气。这本书有她自己的经历和故事,渗透着她独有的风格和气质。什么样的人,人生会闪耀?我觉得,归根结底是拥有高远心志的人,茹锦老师就是这样的女子。

翻开这本书,我相信你能从她的文字里获得更多的力量,为自己打开一扇更为明亮的窗户!

——张云山(著名茶道艺术家)

"化书成课"的方法让开发一门自己的课程变得简单,让一本书的价值变得更大!这些都让我受益匪浅,希望更多的人学习到这套技术。

——邹小强(时间管理资深培训师,《小强升职记》作者)

(以上推荐人排名不分先后,以姓氏拼音为序)

序　言

"化书成课"——让学习增值

我学了那么多道理，为什么还是过不好这一生？

我参加了那么多培训，为什么感觉没有多少用处？

我读了那么多书籍，为什么没有带来实用价值？

这些疑惑主要针对如何让学习变得有意义或如何让学习创造价值的问题。简而言之，如何让学习增值？

这一点也是教育界最关心的话题之一。教育界对于学习的价值和意义有众多阐述，其中代表人物当数建构主义教学设计专家戴维·乔纳森，他提出了有意义学习的五个要素。这五个要素包括建构性、真实性、有意图的、主动性和协作性。

建构性——学习就是学习者解决问题的过程，如果通过学习解决了问题，建构了新的认知，那么这个学习就是有意义的。

真实性——学习的内容应该是切合实际的，与旧有经验有关联的，这样才能在旧有的基础之上建立新的认知。

有意图的——学习的过程应该是学习者有意图的学习，在某种具体的场景或者情境下，更容易产生持续的深度学习。

主动性——学习需要激发学习者的主动性，由内而外的学习动机能够激发学习者更加深入理解和掌握知识。

协作性——学习是一种社会性的心理活动，需要学习者之间、学习者和老师之间不断影响、碰撞、交流、探讨，需要经过不断的纠偏与改良，最终达成有意义的学习。

我们可以看出，有意义学习五要素直指传统无意义学习的弊端——机械、浅层、碎片、无价值。

那么，对于学习的个体来说，如何做到学习有意义呢？概括来讲，就是让学习增值！由输入发展到输出，只有真正输出了成果，才是有意义的学习。

读书是输入，如果把书变成了课程，就是输出，就是有意义的学习。这正是本书"化书成课"的价值所在。

本书作者袁茹锦是我众多学生中很有才华的一位，是众多网站的专栏作家，发表了很多专业文章；她一直经营学习社群，也是鹰隼成都部落的联合酋长；同时她善于学习和建构，能把"7D精品课程开发"的内容融会贯通，经过几年的用心打磨和实践，她已经把这门课程发展成为一门广受欢迎的爆款课。

"化书成课"最初是一门课程，讲的是如何把"书籍"变成"课程"。现在，又到了如何把"课程"变成"书籍"的时候了。这就是建构主义倡导的不断解构，不断重构，这本身就是一种有意义的学习，让学习增值：课变书——书变课。

《化书成课》这本书以"学习(知识)增值"作为主要的写作思路，以打造爆款课程作为线索，从如何解读书籍、化解书籍，到如何提炼升级书的价值，到重新设计结构，再到合理地转化书籍的内容，最后到如何推广课程，全书提供了一套切实可行的方法和流程。

把书籍转化为课程是一种"学习增值"的直接表现。读者可以给自己制定一个"化书成课"的任务，按照书中的内容，一边读书，一边开发课程。我们不是把一本书开发成课程，而是按照本书的方法把某一些书籍开发成一门课程。"化书成课"就是反复研读、反复开发、边学边做的过程。

当读者通过学习本书，最终开发出一门课程的时候，正是"化书成课"的价值体现，更是学习增值的直接实践。

如果做到这点，你就真正做到了有意义的学习。让学习增值，这也许就是作者袁茹锦老师创作本书的最大初衷。

让学习变得更有意义，我们一起努力！

段烨
建构主义教学设计专家
情境高尔夫、7D精品课程开发、萨蒙领导力星盘、五线谱混合式学习项目设计
等版权课程领衔开发者
著有《培训师的21项技能修炼》《建构主义学习设计与课程开发》等多部畅销书
2020年5月1日

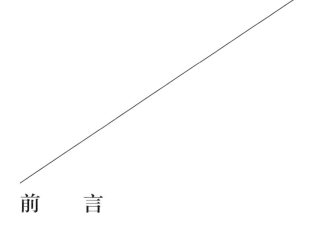

前　言

1. 这是一个人人都能成为培训师的时代

在当今的移动互联网时代，企业内部的培训师越来越多，在线学习平台的培训师越来越多，知识付费平台的培训师越来越多，各种视频App上的培训师也越来越多。

在知识付费大行其道的形势下，成为培训师的路径不断延伸，各种平台不断出现。"培训师"已不再是一个神秘的职业，而是经过努力人人都可以攀爬的山峰。于是，很多人摸索门径踏上了成为培训师的"成长之路"。

这里所说的"培训师"，不是指"全职培训师"，而是指能够通过知识增值，即通过培训获得收入的培训师。

为什么有那么多的人都想成为培训师呢？

设想一下，如果有一天，你成为培训师，无论是专职还是兼职，那么，促使你走上这条路的，可能是下列哪些原因？

- 时间自由
- 增加收入
- 受人尊重
- 有影响力
- 见多识广
- 创造价值

根据常年做培训师孵化的经验，我发现，想转型成为培训师的人，多多少少都会受到上述原因的影响和启示。

第一是时间自由。

如果一个培训师一年的课量是100天(这是一个职业培训师的基础课量)，那么每个月他只需要授课10天左右，其余时间均可自行安排。

在培训圈，比较流行的一种时间安排方式是每个月1/3的时间工作、1/3的时间学习、1/3的时间休息。

康德说："自由不是你想做什么就能做什么，而是你不想做什么就可以不做什么。"这句话很好地诠释了培训师的生活状态。

第二是增加收入。

收入来源于价值的实现。我们目前处于一个互利共生的社会，能完全靠个人或者小团队创造价值的职业并不多，而培训是其中之一。借助移动互联网的力量，培训能够快速聚集目标用户，只要你的课程有价值，就很容易增值。因为培训就是把我们已有的知识、能力和经验转化为课程。培训的交付周期通常比较短，只要能够打造出自主版权课程，并且打通课程输出渠道，就有机会实现时间和财富的自由。

第三是受人尊重。

中国自古是一个礼仪之邦，历来受儒家思想影响，在学生和老师的关系方面，特别讲究尊师重道。老师的地位在古代特别在宋代之后，是比较稳固的。**古之学者必严其师，师严然后道尊**。所以培训师不管走到哪里，都会备受尊重。

第四是有影响力。

培训师是最有机会对他人产生影响的职业之一，只要你分享的内容有价值，一定会有人因此而改变。可以说，每个培训师都有机会成为撬动世界的一个起点，培训师的一句话、一个观点、营造的一个场景、设计的一种体验都可能给学员带来非比寻常、潜移默化的影响。

德国哲学家卡尔·雅斯贝尔斯有言："**教育的本质意味着：一棵树摇动另一棵树，一朵云推动另一朵云，一个灵魂唤醒另一个灵魂。**"

好的培训师包容而有远见，既能从学员的视角上看问题，深深地理解学员，又能引导学员从不同视角看问题，提升学员，给其带来长久的影响。

能助人明智的培训师、能帮助学员解决问题的培训师，一定会拥有好口碑，自然会吸引更多的学员慕名而来，希望这样的培训师成为自己前行路上的灯塔。而口碑是一种良性循环，使培训师拥有更高的知名度、更深远的影响力，同时也是培训师加固自身修为的潜在动力，因为要为别人照亮道路，自己必须放出光芒。

第五是见多识广。

培训师需要持续学习，持续拓宽眼界，因为要给别人一碗水，自己得有一桶水；要给别人一桶水，自己得挖个水井。所以，培训师不会把目光局限在狭窄的商业领域或自己的专业领域。

培训师通常会广泛阅读，涉猎各个领域、各类学科，拥有庞大的知识体系，能在培训中融会贯通，传播有价值的理念与信息。培训师也常常到不同的地域去做培训，通过与不同地域的人打交道，通过与不同作者打交道，培训师往往会有一些独到见解和远见卓识，给人的感觉也是见多识广。

这样在课堂上,培训师才能给学员带来各种丰富的体验,让学员在不同层次的体验和实践中,获得认知的升华和能力的进阶。

第六是创造价值。

人与人的差异除了天赋以外,就是经历。我们在工作和生活过程中,积累了很多宝贵的经验,尤其是那些解决问题的经验。解决某一个问题的经验,可以迁移到解决其他相似的问题中。这些经验除了我们自己受用以外,还可以分享给更多人,而培训就是最好的分享方式。

培训不仅能够帮助个体解决问题,还能帮助企业解决问题。通过培训,个体提升了认知,增强了能力,转变了思维;通过培训,企业走上发展变革之路,明确了战略方向,提升了绩效指标,突破了发展瓶颈,打造出具有凝聚力的团队。这一切都是在创造价值。通过培训,培训师能够创造社会价值和经济价值。

所以,培训师时间自由、增加收入、受人尊重、有影响力、见多识广、创造价值,这六个要素都是培训师的特点(见图1)。

图1 培训师的特点

这个时代,线上分享的平台很多,包括千聊、荔枝微课、小鹅通等平台,在这些平台上,每个人都有机会开一个直播间,来分享自己的知识和经验,而且可以不受时间和地域的限制。线下分享的途径也很多,包括企业、机构、孵化器、公益分享场所等。现在各个城市都有运营线下活动的场所和机构,比如有些培训师会和一些咖啡厅合作,咖啡厅提供免费的场地,老师通过分享某个主题,给咖啡厅带来流量、人气和消费人群。

同时,在这样一个社群风靡的时代,每个社群都需要不同的活动来丰富社群内容,来满足社群成员不同的学习需求,所以培训师也可以找到志趣相投的社群,寻求机会给社群中的成员带来他们感兴趣的主题分享。

随着移动互联网的发展,科技打通了信息传递的通道,每个人都有机会将知识变现,而培训师是知识变现的代表。**只要你能输出对学员有用的知识,只要你的内容质量过硬,加上有效的资源与渠道,就可以在知识付费领域拥有自己的一片天地。**但要想持续输出质量超群、有口皆碑的内容，并不容易。有的人会选择去听别人的课程，回来之后进行深度的二次开发，形成自己的内容。但那毕竟是别人的经验、别人的思维，不仅没有特色，还容易形成同质化竞争。有的人会通过看书来产出内容、形成课程，虽然书里面的内容结构化、体系化，但是如果培训师不具备高超的课程开发设计能力，做出来的课程很难激发学员的学习兴趣，很难调动学员的参与热情，更难让学员产生行为变化。有的人会根据自己的经验来构思内容、开发成课，但是经验毕竟零散，不够体系化，而且经验也有其适用场景和条件。那么，如何做出不失格调而富有生命力的内容呢？这就需要培训师或知识创业者拥有"化书成课"的能力。

人们为知识付费的本质，就是为学习的效果付费，是在为学习之后自己可能发生的变化付费。所以这个时代对课程内容的要求有以下三点。

第一，你的内容要有价值，要能够实实在在地解决学员的问题。

第二，你的内容要搭配丰富的培训形式，让学员在寓教于乐之中学习。

第三，你的内容要符合学员的工作和生活场景，让学员觉得是"对症下药"。

运用"化书成课"的技术，开发出来的课程，就能满足上述要求。

"化书成课"是一门课程开发和设计技术，能让你快速将书中的内容进行拆解、整合、重构、延伸、场景化设计，最终形成可被分享的、体系完整的课程。

培训师或知识创业者应用"化书成课"的技术，能够规划授课流程、搭建课程结构、转化书中内容、创新培训形式。

"化书成课"一直提倡用创新思维做特色课程，"化"出来的课程，是对原书的重新建构，要超越原书作者的思想，要形成一套全新的知识框架。所以通过"化书成课"技术开发出来的每一门课程，都有别出心裁的形式，都有独具匠心的亮点，能在众多同质化的课程中显得**与众不同、独树一帜**。

"化书成课"的精髓在于书本知识的快速内化与转化输出，最终呈现书中知识与你的经验结合而成的"智识"。

2. "化书成课"模型及其特点

本书有"任务导向、体验感强、内容丰富"三大优点。

(1) 任务导向。读者在阅读的过程中,可以按照本书的指引,循序渐进地完成每一章的任务,全书所有章节的任务都完成之后,读者就能成功打造出一门课,**自然就掌握了"化书成课"的技术**。

(2) 体验感强。本书有很多引发读者思考、带动读者体验的环节,读者可以在体验中**获得真知灼见**。

(3) 内容丰富。本书不仅涵盖了全面的读书内化技巧和课程开发技术,还包含课程定位、课程运营方面的内容,**读者既能掌握"书课融合"的理念与思路,又能通过有效的课程运营,同步打造自己的课程品牌**。

为了方便读者学习和记忆,本书进行了系统化的雕琢和模块化的总结,构造出"化书成课"的模型(见图2),该模型全面概括了本书的创作思路以及"化书成课"的四大流程,你可以通过"化书成课"的四字短语轻松记忆这个模型。

- **化**:化铁为金,升级书中内容
- **书**:书山掘金,重构课程框架
- **成**:乘机应变,转化书中内容
- **课**:课程规划,提升爆款指数

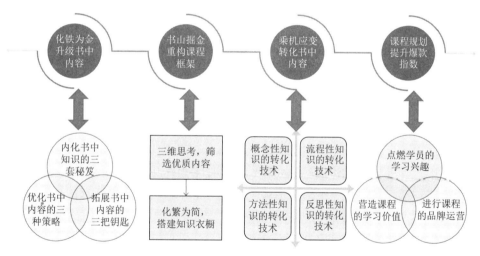

图2 "化书成课"模型

本书共有7章。

第1章对"品牌课""爆款课"进行了重新定义,并说明了"化书成课"的技术如何帮助你打造出爆款课。

第2章包含了"化书成课"的三重价值，解答了很多人存在的疑问，比如"化书成课"的"化"的具体含义？"化书"和"拆书"有什么区别？"化书"是把书中的内容搬到课程中吗？如何让课程内容来源于书且大于书？这些问题的答案，你都能在这一章节找到。

第3章依次分享了内化书中知识的三套秘笈、拓展书中内容的三把钥匙、优化书中内容的三种策略，帮助你360度内化、挖掘、拓展、延伸、优化、改造书籍。

第4章帮助你了解筛选优质课程内容的方法，同时通过实际授课案例，让你知晓课程框架究竟是如何搭建的，以及两种不同的课程框架搭建思路。

第5章涉及"化书成课"的具体方法，如何把书中的知识点转化为案例，如何有效地进行案例教学，如何把书中的内容转化为有趣有料的学习活动，如何让学习者通过体验得出方法，在本章节中你都能找到答案。

第6章从"点燃学员的学习兴趣""塑造课程的学习价值""进行课程的品牌运营"三个维度告诉你，如何规划课程才能让课程具有特色、彰显品牌、塑造口碑。

第7章首先从产品组合及推广模式两个方面讲述了线上课程的运营，然后从课程介绍、学员分析的角度讲述了线下课程的运营，帮助学习者打通线上课程和线下课程运营的"任督二脉"，最后从书课融合角度，阐述了多维运营模式。

相比传统的课程开发模型，这个"化书成课"的模型有三个特点。

第一，不是单纯地复制原书中的知识，而是基于对教学目标的规划、对培训需求的分析，来优化书中内容，重构书中内容，拓展书中内容。课程内容和培训目标与学员需求高度匹配，保证了课程内容的有效性和针对性。

第二，"化书成课"的过程中，每一个环节和下一个环节都是相互关联的。完成一个阶段的任务之后才能进入下一个阶段中，每一个阶段任务的完成结果都会成为下一个任务中需要使用的"装备"。比如，"化铁为金，升级书中内容"这个环节"化"出来的内容会在下一个环节——"书山掘金，重构课程框架"时使用到；"书山掘金，重构课程框架"环节包含的概念性知识、流程性知识、方法性知识、反思性知识需要用"乘机应变，转化书中内容"中的技术来转化，让学员在学习活动中充分体验，进而获得新知；前三个环节形成了课程雏形，最终你在"课程规划，提升爆款指数"这一环节，对课程雏形进行系统性的学习项目规划后，就能达到彰显课程价值、传播课程品牌、强化课程口碑的效果。

这样一来，大家就能在完成一个又一个任务的过程中，逐步掌握完成这些任务所需具备的知识和技能。学习者只要全情投入、积极参与、用心实践，就能在各个阶段都收获专属"装备"。

第三，多年来，经过了大量企业培训和商业公开课的实战验证，"化书成课"模型已被证明是一套科学、高效、易操作、有创意的课程开发工具，既能降低培训师开发课程的难度，也能提高了课程开发的效率。

化书成课的本质就是将我们的知识、思维、经验显性化和体系化，将我们头脑中的点状认知逐渐丰富化、生命化，使其成为一个知识网络。

《礼记·学记》中说："**道而弗牵，强而弗抑，开而弗达。**"意思是说，在教学中，要引导学生而不要牵着学生走，要鼓励学生而不要压抑他们，要指导学生学习门径而不是代替学生做出结论。这也是我在授课和写书中，持续遵循的原则。

我希望阅读这本书的读者能从书中触碰到自我蜕变的机会，能在开发课程的过程中多一份坦然，能在知识变现的海洋中更有实力和底气。通过微信搜索公众号"醒职场"您可以找到我，欢迎您在这个平台上分享您的故事，我们彼此交流观点。期待您通过这本书与我对话的过程中，碰撞出灿烂的智慧火花！

袁茹锦
于书香四溢的图书馆
2020年2月9日

目 录

第1章　品牌塑造，打造爆款课程

1.1　什么样的课程属于爆款课？　// 2
1.1.1　为什么有些课程不能实现知识变现？　// 2
1.1.2　为什么有些课程不能成为品牌？　// 4
1.1.3　大家对爆款课的认识存在哪些误区？　// 8

1.2　为什么要学习"化书成课"？　// 13
1.2.1　为什么内训师要学习"化书成课"？　// 13
1.2.2　为什么职业培训师要学习"化书成课"？　// 15
1.2.3　为什么阅读爱好者要学习"化书成课"？　// 18

第2章　化书成课，突破思维局限

2.1　"化书成课"的三重价值　// 26
2.1.1　"化书成课"——这样选书才能学有所成　// 26
2.1.2　"化书成课"——这样读书才能知行合一　// 32
2.1.3　"化书成课"——让你快速开发出一门课　// 41

2.2　关于"化书成课"你不知道的事儿　// 48
2.2.1　"化书成课"的"化"的具体含义　// 48
2.2.2　"化书"和"拆书"的区别　// 52
2.2.3　不要锁死在原书的轨道上　// 56

第 3 章　化铁为金，升级书中内容

3.1　内化书中知识的三套秘笈　// 66
3.1.1　认知学习法　// 66
3.1.2　过去未来法　// 70
3.1.3　收放自如化书法　// 74

3.2　拓展书中内容的三把钥匙　// 79
3.2.1　深度挖掘技术　// 79
3.2.2　横向延伸技术　// 81
3.2.3　跨界拓展技术　// 83

3.3　优化书中内容的三种策略　// 86
3.3.1　什么情况下可以优化书中内容？　// 86
3.3.2　三种策略在化书成课中的应用　// 89

第 4 章　书山掘金，重构课程框架

4.1　三维思考，筛选优质内容　// 102
4.1.1　从课程主线的角度筛选　// 102
4.1.2　从学员洞察的角度筛选　// 103
4.1.3　从价值匹配的角度筛选　// 105

4.2　化繁为简，搭建知识衣橱　// 108
4.2.1　由外到内搭建课程框架　// 109
4.2.2　由内到外搭建课程框架　// 114

第 5 章　乘机应变，转化书中内容

5.1　化书中内容为案例　// 120
5.1.1　如何把书中的知识点转化为案例？　// 120

5.1.2　二维六步案例教学法　//　126

5.2　化书中内容为学习活动　//　130
5.2.1　有效的学习活动应满足的条件　//　130
5.2.2　概念性知识如何转化为学习活动？　//　134
5.2.3　流程性知识如何转化为学习活动？　//　139
5.2.4　方法性知识如何转化为学习活动？　//　147
5.2.5　反思性知识如何转化为学习活动？　//　154

第 6 章　课程规划，提升爆款指数

6.1　如何点燃学员的学习兴趣？　//　166
6.1.1　三维度激发　//　166
6.1.2　成就感塑造　//　171
6.1.3　社交化学习　//　176

6.2　如何塑造课程的学习价值？　//　181
6.2.1　展示学习收益　//　181
6.2.2　增添课程特色　//　188
6.2.3　促进学习转化　//　199

6.3　如何进行课程的品牌运营？　//　206
6.3.1　成功案例，彰显课程价值　//　206
6.3.2　品牌塑造，强化课程印象　//　210

第 7 章　课程运营，实现知识变现

7.1　滴水穿石，线上课程运营　//　228
7.1.1　线上课程优势　//　228
7.1.2　产品组合策略　//　230
7.1.3　微课运营推广　//　234

7.2 箭无虚发，线下课程运营 // 236
7.2.1 运营线下课程的原因 // 236
7.2.2 课程介绍 // 238
7.2.3 课程打磨 // 243

7.3 书课融合，多维运营模式 // 248
7.3.1 知识付费行业的发展趋势 // 248
7.3.2 阅读产业升级所带来的新机会 // 249
7.3.3 书课融合的活动运营创新模式 // 250

后记 // 261

参考文献 // 267

第 1 章

**品牌塑造，
打造爆款课程**

1.1 什么样的课程属于爆款课？

不管你有什么样的背景，有过什么样的经历，做过什么样的课程，只要你在知识付费领域摸爬滚打过，就一定思考过这样的问题：

为什么有些课程能实现知识变现？
为什么有些课程不能实现知识变现？
为什么有些课程能成为品牌？
为什么有些课程不能成为品牌？
为什么有些课程能够成为爆款课？
为什么有些课程做着做着就销声匿迹了？
看完这一节之后，这些疑惑就会迎刃而解。

1.1.1 为什么有些课程不能实现知识变现？

有些培训师辛辛苦苦地开发出一门课程，前期大范围收集素材，找目标学员进行调研，咨询行业相关的专业人士，花费大量的时间进行课程开发和设计，可为什么做出来的课程投放市场后就是无人问津呢？

有些培训师与一些培训机构建立了比较好的合作关系，通过培训机构给企业授课，原本以为课量比较稳定，可为什么课量越来越少，课酬也上不去，逐渐沦为"边缘培训师"呢？

有些培训师的课程在互联网平台上运营得还不错，可为什么一拿到线下，当课程价格从线上课的几十元转变成线下课的几千元之后，就面临口碑变差、学员失望、不得不降价招生的艰难局面呢？

其实，观察一下目前的培训市场和知识付费领域，对比那些已经"实现了知识变现"的课程和"没有实现知识变现"的课程，你会发现一些隐藏的规律，如表1-1所示。

表1-1 能实现知识变现的课程与不能实现知识变现的课程

目标	能实现知识变现的课程		不能实现知识变现的课程	
学	易学	1. 课程框架完整 2. 课程结构清晰 3. 要点提炼到位	学习不到位	1. 学习过程中不需要动脑思考 2. 学习过程中没有体验和感受 3. 学习过程中没有探讨和共创
懂	易懂	1. 深入浅出讲解 2. 案例契合主题 3. 满足学员需求	感受不到位	1. 缺乏案例支撑 2. 缺乏学习活动 3. 缺乏实践练习
用	易用	1. 注重实践演练 2. 课程体验感强 3. 培训形式多样 4. 提供应用场景	应用不到位	1. 学了以后没有"收获感" 2. 学了以后无法应用和迁移

表1-1清晰地揭露了为什么有些课程能实现知识变现,有些课程不能实现知识变现。实现知识变现的课程都拥有专业有效的课程设计,易学、易懂、易用;反之,不能实现知识变现的课程普遍存在着学员在课堂中学习不到位、感受不到位、应用不到位的情况。

信息爆炸的时代,每个人都不缺知识,他们缺的是经过加工处理、看得懂、可感知、便于理解和应用的知识。

在互联网免费思维盛行的时代,知识供过于求,人们反而陷入识别和筛选知识的焦虑中。

人们其实并不愿意为所有信息付费,只愿意为能带来改变的、能指导工作和生活的"有效知识"付费。

对于很多爱智求真的人来说,值得付费的学习能**在最短时间内以最高的效率获得最优的学习效果。**

所谓最优的学习效果,是指在这个过程中,学习者能够"看"到自己思维的进步和能力的蜕变。

人人都想实现知识变现,但你是否想过,你是做了什么而实现知识变现的?**在实现知识变现的过程中,你创造了什么价值,以至于别人愿意为之付费?**

有人说,知识变现就是把知识变成产品或服务,通过售卖给需要的人以实现商业价值。

这样的理解,未免太狭隘了。

固然,知识可以以产品(文字、图片PPT、音频、视频)的形式实现商业价值,但是人们真的愿意为任何知识付费吗?

如果你只是把别人的知识(比如你听过的微课、看过的视频、阅读过的书籍)不经改造、不经过滤、不经转化地直接变成图文产品、音频产品或者微课产品,这不是"知识变现",而是"知识复制"。

这些年来，的确有很多人通过"知识复制"来赚钱，但是，这样的套路只能赚快钱，只能赚一时的钱，不能长久，也不能持续，还有可能损害自己的口碑。我们应该去做真正对自己、对他人有益的事情，做从长远看能够带来复利的事情。

有三种能力，在知识变现的过程中非常重要：

第一种是对知识由表及里的挖掘能力。这个能力会让你不局限于知识的表面含义，而是能透过纷乱的知识表象看到背后的规律和本质。

第二种是把知识系统化应用的能力。通过这个能力，你可以在头脑里面建立一个知识仓库，把你从不同渠道获得的知识分门别类地装在里面，并且在需要时随时调用，将知识转化为方法。

第三种是对知识进行加工优化的能力。拥有这个能力，你能够在输入知识的过程中，探明知识的适用边界，根据不同的应用场景，在原知识的基础上进行适当的增加、删减、优化、创新，以便在当前的局势中得心应手地运用。

"化书成课"的技术就非常注重培养上述三种能力。在具备了这三种能力的基础上，基于建构主义来进行课程的开发和设计，才能做出有市场价值的、能实现知识变现的课程。

1.1.2 为什么有些课程不能成为品牌？

市场上有上万名职业培训师、上万门不同的培训课程，如此多的课程，你能叫出名字的课程有多少？

5个？10个？20个？

为什么这么多的课程，你能记住的只有少数几个呢？

为什么企业请老师讲课，经常指定某某老师的某某课程呢？

为什么有些课程一说出来，你就觉得有些熟悉，有些课程说出来你却感觉很陌生呢？

这就涉及课程的品牌定位。说到品牌定位，很多人不太理解，那么我们先来思考几个生活现象。

和朋友聚会吃麻辣火锅，怕上火，想要请服务员拿饮料的时候，你会选什么饮料？大部分人会选择加多宝或者王老吉。再如，跑步或爬山前后，如果想要提升精力的话，你会选什么饮料？大部分人会选择红牛。

当你听到任正非这个名字的时候，你会想到什么？

当你听到雷军这个名字的时候，你会想到什么？

当你听到樊登这个名字的时候,你会想到什么?

——你会想到他们的公司,他们所做的产品。

当你听到"海底捞"的时候,你会想到什么?

当你听到"老干妈"的时候,你会想到什么?

当你听到"罗辑思维"的时候,你会想到什么?

——你会想到他们品牌特色、品牌思想。

在你想吃外卖的时候,第一时间会想到"饿了么";

在你想要打车出行的时候,第一时间会想到"滴滴";

在你想要旅行的时候,第一时间会想到"去哪儿网"。

——这是因为它们关于品牌概念的打造非常成功。

人靠衣装,佛靠金装,品牌概念的确立就是在为企业和个人量体裁衣。在自身优势、消费者需求以及市场趋势三者的结合处,找到能够打动目标受众的概念切入点,镶嵌独特的品牌概念,能够最大限度地吸引受众关注。

对于课程而言,这个道理同样适用,你要在目标学员或目标用户的大脑中确定一个合适的位置,就像上述品牌一样,让用户在某种情况下自然而然想到你。下面我给大家分享一个简单的课程定位工具(见表1-2)。

表1-2 课程定位工具

课程	目标学员	对学员的价值 (帮助目标学员解决什么问题)	特色	口碑

在表1-2中,你会看到5个标签,分别是课程、目标学员、对学员的价值、特色、口碑。你可以根据自己的课程情况,在每个标签下面填充具体的内容。为了方便大家理解,下面以"化书成课"的课程来举例说明(见表1-3)。

表1-3 课程定位工具之"化书成课"

课程	目标学员	对学员的价值 (帮助目标学员解决什么问题)	特色	口碑
化书成课	企业培训师	帮助培训师快速开发出课程	用这套技术做出来的课程能够因材施教,千变万化	专业性强 体验感强 创新性强

从表1-3中,你可以知道,这个课程的名称是"化书成课",目标学员是企业培训师,对学员的价值是帮助学员快速开发出一门课。课程特色是让培训师开发的课程能够因材施教。市场上对这门课程的普遍评价是专业性强、体验感强、创新性强。

这些标签最后可以合成这样一句话:**"化书成课"这门课程专业性强、体验感**

强、创新性强，能够帮助企业培训师快速开发出因材施教的课程。**

这就是课程品牌概念的打造。作为培训师，我们每个人都应该确定自己课程的独特品牌概念，让你的课程形成一个市场上耳熟能详的品牌。当人们提到你的时候，就会自然想到这个课程；提到这个课程的时候，就能感受到它的价值。

比如说：

一提到余世维老师的名字，大家就会自然想到管理课程；

一提到李海峰老师的名字，大家就会自然想到DISC课程；

一提到史蒂芬·柯维，大家就会想到高效能人士的7个习惯。

这就是品牌的力量。

为了找到你的课程的独特品牌概念，你需要考虑以下三个问题。

(1) 我的课程定位是什么？这个定位能帮助学员解决什么问题？

(2) 我的课程特色是什么？与同类课程相比有什么不一样？

(3) 我的课程如何在市场上获得好口碑？

下面我们来做个连线题(见图1-1)，看看课程定位、课程特色、课程口碑的定义有什么不一样。

图1-1　连线：课程定位、课程特色、课程口碑

上面是一道有趣的连线题，左边是课程定位、课程特色、课程口碑，右边是关于这些概念相应的解释。如果左边和右边连线的话，你会怎么连呢？

课程定位是在开发课程之前就需要进行思考和规划的。定位好了课程方向，再来进行课程开发，才会有的放矢、见兔放鹰。

课程特色是指要在课程开发之前确定的风格、课程开发当中确定的细节。在课程内容或者课程形式上，要么超好，要么不同！在本书第6章第2节中将详细分享增添课程特色的策略。

课程价值来源于哪里？来源于差异，有差异才会有价值，如果某一门课程，每个培训师授课都能讲，内容没有差异，那这门课程就不会有多大的价值。所以凡是市场上受欢迎的课程，都有各自的特色，这种特色体现的就是差异性。

差异来源于什么？来源于个人经历，每个人都有不同的经历，由于经历的不同，导致我们有不同的技能、经验、知识，构成了我们彼此的差异性。所以，我们要从自己的经历中去挖掘出有价值的差异，来形成我们的课程特色(见图1-2)。

图1-2　课程价值来源于哪里

课程口碑往往取决于以下三个方面。

第一，你的课程是不是能够帮助学员解决问题，学员学完之后能不能做成他以前做不了的事情？

第二，学员在课堂当中的体验是不是足够好？有没有产生醍醐灌顶的感觉？

第三，你能否帮助学员把学到的东西落地？培训结束之后，你还能陪伴学员走多远？

不能成为品牌的课程具有以下一些特征。

- 课程没有明确的授课对象，针对性不强
- 课程演绎精彩，但是不能解决实际问题
- 课程没有市场需求
- 课程内容与受训对象不匹配
- 宣传夸张，导致学员预期和课程实际相差太大

相信看到这里，你已经知道前面的连线题怎么做了。接下来，我们就来揭晓答案，如图1-3所示。

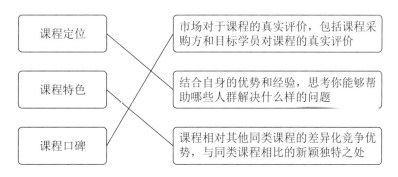

图1-3　答案：课程定位、课程特色、课程口碑

课程定位就是结合自身的优势和经验，思考你能够帮助哪些人群解决什么样的问题，解决这样的问题能够给他们带来什么样的价值。

我曾经写过一篇有关课程定位的文章——《如何明确你的课程定位》，关注"醒

职场"微信公众号,回复"定位",即可看到这篇文章。

课程特色是课程相对其他同类课程的差异化竞争优势,与同类课程相比的新颖独特之处,也就是"人无我有""人有我优"的方面。

课程口碑是市场对于课程的真实评价,包括课程采购方、目标学员、培训评估方对课程的真实评价。

举个例子来说,"化书成课"第13期的学员陈柏伊老师,如今也是行业内小有名气的培训师了。她的"视觉思维工作坊"已经开了12期,期期好评如潮。

"视觉思维工作坊"的**课程定位**:解决职场人笔记死板、杂乱、无用的窘境,帮助职场人高效、美观地记录笔记,做一个有趣又有创意的高效人士。

"视觉思维工作坊"的**课程特色**:开动全脑思维,让学员在轻松有趣的氛围中收获视觉技能,只要在课堂现场实践,笔记水平立马改善。

"视觉思维工作坊"的**课程口碑**:学员认为她的课程有温度,能够"突破绘画的恐惧,唤醒原始的本能",能够帮助学员厘清思路,抓住重点,更加准确表达和传递信息。

综上,**课程定位是用户思维**,强调帮助学员解决什么问题,解决问题给学员带来什么好处;**课程特色是营销思维**,不拘一格,独树一帜,对症下药;**课程口碑是品牌思维**,注重课程体验,不仅让学员有认知和行为层面的改变,还有持续的温度留存。

由此,我们可以得出这样一套公式(见图1-4)。

图1-4 品牌课程公式

按照这个公式来进行课程定位,你的课程才有机会成为品牌课程。

1.1.3 大家对爆款课的认识存在哪些误区?

"爆款课"这个名称,更多地出现在培训行业、在线教育行业、知识付费行业等领域。每个培训师都希望自己能拥有一门或几门"爆款课",但大家对于爆款课的认识,存在着以下几个误区。

【**误区一**】**爆款课受众面广**

人们一般认为,覆盖人群广的课程才能成为爆款课。例如,开设一门摄影课,会有很多人想来学习,可是如果开设一门花卉摄影课,100个人当中可能才有1个人来听。因为通过摄影课,学员可以学到比较全面的摄影技巧,拍摄人物、拍摄建筑、拍摄风景、拍摄花草、拍摄物品……应有尽有,何必再单独去学习一门专门教授如何拍摄花卉的课程呢？

从第一个误区——"受众面广"的角度来说，爆款课一定是受众面广的课程吗？小众课就不能成为爆款课吗？

摄影课覆盖的人群虽然很广，但因为开课的机构多、老师多，所以竞争也很激烈，摄影课的市场已经是一片红海了。这时候就有人另辟蹊径：学习摄影和学习花艺的人都有一个共同点，就是喜欢文艺、喜欢美好的事物、渴望发挥创造力，那么可不可以把摄影和花艺结合起来，做成一门"花卉摄影"方面的课程呢？

"花卉摄影"虽然是一门小众课，但是课程中既有摄影知识，又有花艺知识，对文艺青年还是很有吸引力的。如果把想要学习这门课的人聚集起来，人数也不容小觑，对于一个培训师或者一个小机构来说，这里面的利润也是很可观的。更重要的是，由于这个市场过于细分，没有人同你竞争，那么就很可能突破红海的同质化竞争，做成国内知名的花卉摄影课程，这样反倒比那些大同小异的摄影课程，更容易崭露头角。

可见，小众有小众的玩法，细分市场有细分市场的活法。

【误区二】爆款课是刚需课程

刚需的产品在市场上，总是更容易推广，也更容易脱销，课程也是一样。这也是K12教育比面向企业培训的培训机构做得好、针对职业技能的培训(比如英语培训、软件技能培训等)比通用课程的培训做得好的原因。人们普遍认为刚需课程在市场上更受欢迎。

从第二个误区——"课程刚需"的角度来说，试问，非刚需的课能不能成为爆款课？

在当今的培训市场上，结构性思维、高效能人士的7个习惯、DISC性格分析……哪一门课不是爆款课？但哪一门课是真正的刚需呢？

没有掌握结构性思维，就没法在职场上工作顺畅、沟通到位吗？

没有具备高效能人士的7个习惯，就一定会面临职场危机吗？

没有学会DISC性格分析的技巧，就一定缺乏人际敏感度吗？

很明显，这些课程不是刚需，但是它们依然成为爆款课。可见，一门课程是不是刚需，并不影响它能否成为爆款。只要市场有需求，对学员有启发，这门课就有机会成为爆款课，关键看怎么运营和打造课程。在本书第6章，将会分享如何进行课程的规划和运营，提高课程的爆款指数。

【误区三】爆款课要有名师光环

名师光环，即名人效应。同样的课程，讲师分别是清华大学的教授和不知名的老师，人们会选择前者；同样的课程，讲师分别是从阿里巴巴出来的高管和从不知名公司出来的管理者，人们也会青睐前者。

从第三个误区——"名师光环"的角度来说，什么样的老师算是"名师"，你如何评估这个老师是不是"名师"？

清华北大的教授就一定是名师吗？

从BAT(百度、阿里巴巴、腾讯)三家公司出来的高管就一定是名师吗？

拿到了高级职业培训师证书的培训师就一定是名师吗？

写过很多10万+爆文的老师就是文案领域的名师吗？

……

其实，对于什么是"名师"，市场上并没有定论和标准，人们大多根据主观来判断。有的人重视老师的资质，认为老师的资质证书越多，这个老师就越适合；有的人重视老师的出身，他们会选择从世界500强或者知名上市公司出来的老师；有的人重视老师的经历和口碑，他们看老师做过哪些培训，培训过的企业或学员对其评价如何。

由此可见，不同的人评价同一个老师，因为关注点不一样，看到的是不同的面，可能会形成相同的判断，也可能会形成完全相反的判断。

那我们不如追根溯源想一想，名师是怎样成为"名师"的。

其实，名师也是从"不出名"逐渐发展到"出名"的，这是一个过程，也是一条必经之路，那么名师是怎么从"无名"到"出名"的呢？

想想看，明星是靠什么出名的？很多歌手是靠某一首风靡大街小巷的歌曲出名的，比如唱《他一定很爱你》的阿杜，唱《两只蝴蝶》的庞龙，唱《为什么相爱的人不能在一起》的郑源……很多演员，是靠一部收视率极高的电视剧出名的，比如赵雅芝从《新白娘子传奇》出名、朱一龙从《镇魂》出名……

那么，培训师怎么出名？当然首先要靠有口皆碑的课程，只要你的课程有口碑，就会有人愿意为之买单；同时，与培训师的"成功案例"数量、课程的推广渠道和推广方式有关。

【误区四】爆款课要有干货

有干货的课程，一定要会让学员学习完之后有"获得感"和"超值感"。

从第四个误区——"干货"的角度来说，什么叫做干货？让学员有"获得感"和"超值感"的课程就一定有干货吗？有没有可能是因为老师讲的知识点很多？有没有可能是因为课程结束后送的礼物比较多？有没有可能是因为老师把一些常见的概念进行了包装，让学员误以为是"干货"？

什么样的课程才算有"干货"呢？那就是有价值的课程。而课程的价值体现在哪些方面？**课程价值不是取决于课堂上所讲的知识点，而是取决于学员学完之后能够做成什么事情。**也就是说，**课程价值=学员学后应用产生的价值。**这个课程价值体现在三个方面：一是从不会到会；二是效率提升；三是产生收益。

首先，学员学后从不会到会。比如，现在市场对于新媒体运营职位的人才需求量很大，各种企业都在高薪招募新媒体运营人才，但是新媒体运营也是需要技术的，你不会这个技术的话就无法从事这方面的工作，但是如果你系统地学习了新媒体运营，学会了相关技术和套路，具备了新媒体运营的能力，就可以胜任这方面的工作。这就是通过课程实现了价值。

其次，学员学后效率提升。举个例子，比如说，杨隆恺老师的版权课程"转智成视，1天驾驭PPT2016"，可以让学员的PPT制作效率直线提升。很多培训师没有学习这个课程之前，做一个完整的课件可能需要7天，学习了这个课程之后，做一个课件只需要2天，节约了5天时间，这就是大大提高效率的体现。毕竟，培训师都是按天计算课酬的，假如一个培训师一天的课酬是8千，那么这个培训师一天的时间价值就是8千，能够节约5天的时间，就相当于节约了4万元。

最后，学员学后产生收益。产生收益是指学过课程之后，学员能够运用这个知识或技能为自己带来收益。比如说，我有一门有关社群运营的课程，叫做"三招九式玩转学习型社群"。该课程融汇了我多年运营社群的经验，可以帮助一些有社群但没有实现社群变现的伙伴规划出自己社群的商业变现模式，从而实现社群变现。这门课程就能够让学员通过学习来产生实际收益。

如果你的课程能够让学员从不会到会，或者提升效率，或者产生收益，那么这个课程就是一个很有必要学习的课程，就是一个真正有"干货"的课程。

归根结底，能体现课程价值的课，才能被称为"干货课"，而课程价值体现为学员学习课程之后产生的变化(见图1-5)。

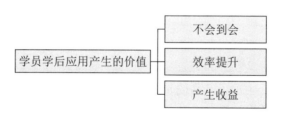

图1-5　课程价值的体现

【误区五】爆款课要有令人尖叫的价格

爆款课要么符合学员的学习预期价格(甚至比预期还低一些)，要么性价比超高，价格惊喜到令学员无法拒绝。

从第五个误区——"价格尖叫"的角度来说，产生这种想法其实缘于没有掌握定价的原理。

《让顾客自己来定价》一书中提到，悲观主义者往往认为，一旦提升产品的价格，销量就会受影响，而作者经过大量研究和咨询后发现，在不改变其他因素的情况下，固定成本削减1%，盈利能力平均提升2.45%；销量提升1%，盈利能力提升

3.28%；降低1%的可变成本，盈利能力提升6.25%；然而，提升1%的价格，盈利能力可以提升10.29%！所以，**善于拉动价格杠杆的公司面临的收益远大于风险。**

误区五中提到的"价格尖叫"，其本质是基于成本和竞争对手来定价。基于成本的定价方法指的是根据目标投入回报率来定价。基于成本和竞争对手来定价的逻辑如图1-6所示。

图1-6　基于成本定价的逻辑

另一种定价方式是基于价值定价。基于价值的定价方法以购买者的感知价值作为标尺，而不是以卖者的成本作为定价基础。这种定价的起点在于充分地理解你的这个产品或服务为顾客创造的价值。基于价值来定价的逻辑如图1-7所示。

图1-7　基于价值定价的逻辑

基于成本的定价是以产品为导向的，基于价值的定价是以用户为导向的。后一种定价决策以消费者需求调研、消费者价值感知分析为基础，最终制定出来的价格，符合消费者感知到的产品或服务价值。

用户的价值感知度决定了产品的价格上限，而成本则设定了产品定价的底线。也许你会说，我怎么知道我的产品定价是不是符合用户预期呢？的确，这是一个问题，没有任何一个新产品研发出来的时候是完美的，所以每一个新产品都需要经过市场的验证，这也是许多品牌商招募新产品测试者或体验者在小范围内测试的原因。

通过对定价规律的洞察和分析，我们可以得出以下三个结论。

第一，每一种定价都可能导致不同水平的需求。课程的产品结构不能过于依赖单一品类，要做系列化的课程矩阵，选择更有优势的差异化细分市场，用不同课程产品的差异化定价覆盖尽可能多的人群。

第二，价格可以随着价值的变化而变化。如果你的课程持续进行迭代，成功案例越积越多，培养出的优秀人才越来越多，那么，随着课程价值和口碑的增加，课程价格也可以同步增长。这也是我建议很多想转型成为职业培训师的朋友，不要一开始就做免费课程的原因。你的课程需要付费，不仅是因为你的知识和经验值得付费，也不仅是因为人们对于付费的学习产品在学习时会更投入，也不仅是因为这样有助于你建立自己的价格标杆，最重要的是，你会努力地、想方设法地把这个课程产品打磨到匹配这个价格甚至高于这个价格的质量。价格和价值之间是相辅相成、相互制约的。

第三，课程产品和其他产品一样，也有品牌溢价。 面对同样的产品和服务，不同的顾客有着不同的支付意愿，这就产生了品牌溢价。拿奢侈品箱包来举例，同样的材质、同样的做工、同样的设计、同样的图案，爱马仕、普拉达、LV等品牌要比没有品牌的箱包贵上几千甚至几万，而高端消费者情愿为此买单。课程也是一样，如果你的课程能做成爆款课，能在行业里面拥有一定的品牌知名度，那么你的课程也会产生品牌溢价。因为品牌课或爆款课通常会供不应求，当需求大于供应时，产品提供方就会有更大的定价权。

产品价格是否合适，最终由用户决定，所以价格并不是越低或者越高越好，价格的确定是建立在对市场需求的洞察、对用户感知价值的理解之上的。

综上所述，对爆款课认识的误区如表1-4所示。

表1-4 对爆款课认识的误区

误区	更正
受众面广	小众有小众的玩法，细分市场有细分市场的活法
课程刚需	只要是市场有需求的课程，就有机会成为爆款课，与是否刚需关系不大
名师光环	"名师"的打造与课程口碑、成功案例、推广渠道和推广方式有关
干货满满	能体现课程价值的课，才能被称为"干货课"，而课程价值、体现为学员学习课程之后产生的变化
价格尖叫	价格并不是越低或者越高越好，价格的确定是建立在对市场需求的洞察、对用户感知价值的理解之上的

1.2 为什么要学习"化书成课"？

1.2.1 为什么内训师要学习"化书成课"？

1. 企业组建内训师团队的必要性

不知道大家有没有发现，近年来达到一定规模的企业越来越重视**内训师的培养**，甚至开始组建**企业商学院或者企业大学**。为什么会这样呢？主要有以下三点原因。

第一，内训师与外部讲师相比，更加熟悉企业内部的情况，对内部业务流程和管理模式更加了解，可以运用企业的真实事件作为教学素材和案例，让培训课程更有针对性。

第二，培训结束之后，受训学员如果对课程内容有什么疑问，或者在运用所学内容的过程中出现什么问题，可以随时找内训师解答疑惑，让**培训更有延续性**。

第三，内训师授课比在外部找讲师授课成本要低。

2. 内训师在成长过程中的难题

优秀的内训师团队能够帮助企业提高培训效率，降低培训成本，促进学习效果的转化。因此，内训师可以说是各个企业隐藏的宝藏。但是，内训师在成长过程中，面临着三个难题。

第一，内训师会根据上级领导或人力资源部的要求编写课件和进行授课，授课内容普遍是专业性、技术性较强的内容，但是企业内训师研究外部优秀的专业理论的时间较少，所以课程内容的理论支撑或许不够。

第二，由于工作繁忙，内训师也许抽不出太多时间准备课程，因此授课内容可能不够系统化和丰富化，由此导致培训中参训学员的参与度不高，课程实践性不强，培训效果不明显。

第三，内训师除了讲授与自己经验高度相关的专业课题之外，有时候也要讲一些自己不擅长的课程，面对这种"规定讲授"而自己却没有太多内容可以分享的课程，很多内训师会寻求网络帮助。但是，百度上能够搜索到的课件资料，要么已经过时，要么没有太多技术含量，要么与公司业务不匹配，要么不够实用。如果我们拿着这样的课件去做内训，很难达到培训效果。

由此可见，内训师在课程开发能力的夯实上，需要提升课程内容的系统化和实用性，增加课程内容的丰富性，提高交付效率，即提高自己的核心能力。

3. 内训师提高核心能力的途径

内训师提高自己核心能力的途径有两种。

第一种途径是认证版权课。

现在市面上有很多成熟的版权课程可以认证，比如华商基业的"结构性思维"、格诺威的"情境高尔夫"系列课程、"领导者之剑——问题分析与解决"等。相对来说，认证版权课程比较快捷。因为版权课程有一整套完整的工具，包括课件PPT、课程讲义、学员手册、案例手册、课程流程图等，甚至精确到每10分钟你需要做什么，每一个知识点怎么讲，每个案例以什么样的方式呈现，每一个学习活动怎么安排。

版权课程一般经过严谨的设计和论证，符合成年人的学习特点和记忆规律，认证了之后，只要按照规则来授课，就不会有什么失误，并且可以为自己后期开发课程提供参考。内训师认证版权课程之后，可以根据企业内部的培训需求和管理现状，进行深度二次开发，让这个课程和企业的实际情况相匹配。

内训师提高自己核心能力的第二种途径就是化书成课，也就是从专业的书籍中提取能够开发为课程的智力资源。

什么是"化书成课"呢？很多人认为就是将一本书的内容转化为一门课。然而，作者写书就像是搭建一座高楼大厦一样，这座高楼大厦里面，有他的阅历、经验和知识结构，如果你只是依葫芦画瓢般再修建一座一模一样的"楼房"，那么这座"楼房"只是虚有其表，里面却是"空"的。真正的化书成课，其实是在你自己多年积累的"建筑材料"中选取合适的部分与作者的"建筑材料"进行连接与整合，然后重新搭建起一座新的高楼大厦。这才是化书成课的意义所在。

化书成课的前提条件是要把书的内容内化成自己的知识体系，所以对于内训师来说，**化书成课的过程其实就是学以致用的过程。**

内化之后，你搭建起来的一定是一座新的"楼房"，而不是作者原来的那座"楼房"，因为这是以你的思维模式为地基修建的"楼房"。

因此，化书成课是将书中的内容进行拆解、整合、重建、延伸、设计、创新，最终形成可被分享的、体系完整的课程。"化书成课"的实质就是将书本知识快速内化并转化输出，最终呈现的是，书中知识与你的经验结合而成的"智识"。

1.2.2 为什么职业培训师要学习"化书成课"？

1. 课程特色是培训成功的关键

现在的培训市场上，培训师很多，同质化的课程也很多。无论是自我提升类的课程，还是企业管理类的课程；无论是技能训练类的课程，还是思维更新类的课程，只要市场有需求，培训师就能讲授。企业一旦抛出一个培训课程需求，就会涌现出无数能讲授这门课的培训师。

随着培训平台越来越多，课程采购方获取信息的渠道也越来越多，企业的选择也越来越多。企业在选择培训老师的时候，越来越挑剔；学员在选择培训课程的时候，也越来越谨慎。在这种情况下，你的课程如何脱颖而出？这就需要**你的课程相比其他同类课程，有不一样的特色，有独具匠心的亮点，能在众多同质化的课程中显得与众**

不同，从而崭露头角。

一般来说，一门独具特色的课程可以在培训效果方面起到四个作用。

第一个作用是吸引学员的注意力。

现在互联网上各种雷同的、相似的信息太多，如果你的课程独树一帜，就很容易吸引学员眼球。

第二个作用是激发学员投入学习。

学习实际上是一件需要投入注意的事情，如果你的课程没有什么特色，学员就会觉得枯燥乏味，学不下去。而如果你的课程有特色，总是让学员觉得别出心裁，总是给学员带来不一样的新鲜体验，那么学员就会持续投入学习，在课程的神秘海洋中不断探索。

第三个作用是提升授课效果。

在很多课堂上，常常有人昏昏欲睡或者上课玩手机，从某种意义来说，这些现象其实反映出了课程没有足够的特色和价值，学员会觉得听课还不如玩手机，而独树一帜的课程会提升授课效果，为成功培训助力。

第四个作用是让你的课程在市场上形成差异化优势。

如果你的课程与同类课程大同小异，那你的课程就没有什么竞争力。但如果你的课程能让人眼前一亮，那么你就取得了先胜后战的战略优势。

2. 如何塑造课程特色

既然课程特色如此重要，那如何来塑造我们的课程特色呢？针对一门课程，我们可以从两个维度去塑造课程特色。

第一个是内容维度。

当开发一门课程的时候，我们会思考课程内容是不是新颖、丰富，是不是有新的见解、独创的概念、有趣的类比，是否能给人带来认知高潮和颅内巅峰？而"化书成课"的技术能够把书中的内容进行横向、纵向、斜向的拓展，从书中的一个点延伸出一个大千世界，为课程储备丰富的内容资源。同时"化书成课"能够把书中不同章节的知识点串联起来，也能够把不同类型的书籍进行联通，这些不同领域的知识点，可以被整合成为一个新的方法论、新的思路、新的见解，让学员产生耳目一新的感觉。

第二个是形式维度。

如果课程的内容无法创新、无法突出特色的话，也可以从课程培训形式上进行创新。

"化书成课"的方法中有一个关于创新的理念：把支持事物成立的条件加加减减，颠来倒去，进行各种异想天开的组合，就像搭积木一样，这是一种很好的创新方式。举个例子来说，一个房子由若干颜色、大小不一的方块堆砌而成，每一个方块都是一种"元素"或者"条件"，不同的方块组合成不同的房子。每一座房子的组成方块可以挪来挪去，小的挪动没问题，挪动大了，房子就面目全非，甚至有可能倒了。你不停尝试，直到有一款房子的造型，很漂亮，你自己满意，大家喜欢，就实现了创新。

"化书成课"第37期课程的一位学员，在分享"故事思维"一课时，讲解了故事的六个核心要素之后，就把学员分成三组，让各组的学员通过团队讨论，绘制出一棵"树"，这棵"树"代表的就是一个完整的故事，而**树根、树干、树叶、树皮、树枝、果实**分别代表故事的6个核心要素。

在这个绘图的活动中，每一组学员绘制出来的树都不一样，因为这是每组学员集体智慧的融合，建构出来的"故事树"自然不一样，树根、树干、树叶、树皮、树枝、果实这六样东西所代表的元素也就不一样。

在小组分享的环节，由于三个小组分享的结果不一样，大家就可以从三个不同的角度来看故事的核心要素，这样更容易跳出原有编写故事的条条框框，从而进行更加多元的思考。

这就是运用了"化书成课"中的创新思维，这样的培训形式会给学员带来极强的体验感，并且让学员通过体验，自己得出结论。

有了"化书成课"的系统工具，学员就能"驯服"头脑中的思维，让人从书中获取的各种思想不再零碎孤立，而是能够进行各种连接和创造。

其实，樊登读书会的所有内容都是樊登老师化书成课得来的，并且得到了很好的市场反馈和听众认同。

那么在化书成课的时候，是不是只需要在自己所授课程的领域，找一本书来内化就可以了呢？并不是这样的。

化书成课，并不是把一本书转化成一门课程。当然，刚开始的时候，你可以通过这样的方式来刻意练习，但是这种方式运用熟练以后，最好把一个领域的同类书籍合并起来开发，这样可以增加你看问题的角度，拓宽你的思路。因为一本书对于一个问题的解释毕竟是单一的，但是同类书对于一个问题的解释就是多元的，这样有助于我们带着辩证的观点去学习书中的内容，也便于把书中的内容进行整合加工，升级成为新的方法论。

"化书成课"的每一门课程都是在"书中精华+你的知识经验+你的思维模式"的基础之上，经过重新"生产"与"组合"才构造出来的。这门课既有书中精华，又有你的个人思想和个人特色，自然是独一无二的课程(见图1-8)。

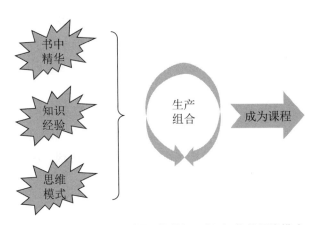

图1-8　成为课程=书中精华+你的知识经验+你的思维模式

很多职业培训师发现，随着"化书成课"的技巧运用频次的增加，会形成复利效应，每一次授课都会比上一次更有针对性，更有体验感，更有创新性，更能有助于学员学以致用。

1.2.3　为什么阅读爱好者要学习"化书成课"？

回想一下，你是从什么时候开始喜欢读书的呢？从什么时候开始，你真正体会到"书中自有黄金屋，书中自有颜如玉"的感觉？也许是你偶然读到了一本特别适合你的书，你读得津津有味、废寝忘食，一个字、一句话都不想错过的时候；也许是你遇到不如意或困惑从书中找到答案的时候；也许是你在读书的过程中不知不觉获得认知提升的时候；也许是有一个机会出现在你面前，你能够应用书中的方法及时抓住这个机会的时候……

然而，很多阅读爱好者都有如下的一些困惑：为什么一本书总是读不完？为什么看过的书总是记不住？为什么明明理解了书中提到的方法，到了现实生活中却无法很好地运用？为什么感觉自己读了那么多书，却好像没有什么明显的变化……

首先，我们思考一个问题：读书的本质是什么？

其实，无论你读的是文学类的书，还是实用类的书，本质都是一样的：把书里的文本转化成有用的信息，让这些信息进入脑中已有的知识网络，经过分析、分类、联结，再消化后，这些新信息会内化成为自己"知识仓库"的一部分。

这些知识，有些是显性知识，你比较容易回想起来，并能够有意识地进行运用；有些是隐性知识，你未必能在需要用到的时候想到它们，但它们会潜移默化地改变你的价值观、思维方式、谈吐举止。

这就是我们所说的"读书塑造性格"。吸收知识和应用知识的框架如图1-9所示。

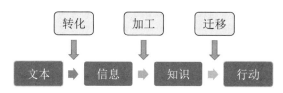

图1-9 吸收知识和应用知识的框架

从这个吸收知识和应用知识的框架来思考，我们就会知道，读了很多书却总是记不住、用不上的原因，主要是文本转化为行动的三个环节出了纰漏。

- 没有将书中的文本内容转化成有效的信息；
- 信息被大脑摄入之后，没有进行必要的加工，没有形成知识；
- 没有考虑到应用这些知识的场景，没能在实践中去迁移应用知识。

学习的本质不是一种存储和输入活动，而是一种生产和输出活动。当大量材料输入的时候，我们如果不进行转化和输出，或者说不进行分类编码，那么这些材料就会像一堆没有地址的邮件，只会显示"查无此人"，最后移入回收站。

简单来说，如果你只是输入而没有输出，那么你从书中"学到"的知识，只是经过你的眼，没有经过你的心。就因为你没有输出，这些知识和方法没有在你的大脑中留下痕迹，没有经过从吸收到理解再到迁移的内化过程，没有和你已有的经验结合，没有经过举一反三的运用。

输出带给你的，不仅仅是帮助你触类旁通和应用自如，还能在无形之中帮助你建立起个人品牌，给你带来源源不断的资源和机会。所以，读一本书之前，你就要想清楚，在读完这本书之后，你会以什么样的形式输出：分享给别人？写读后感？教别人应用？设计成一幅图？构造出一个模型……

你可以根据你的输出方式和输出途径，来选择你要阅读的书，即每个读书人都应该建立一套适合自己的读书输出体系。那么，如何建立自己的读书输出体系呢？

建立读书输出体系的第一步是按照自己看事物的角度、广度、深度、宽度，对市面上的书籍进行分类。

比如说，我们可以把所有的书籍分为5种类型。

(1) 技能方法类。技能方法类图书就是能够提供一些实用方法和技巧的书，比如讲PPT、Excel、思维导图方面的书。

(2) 专业知识类。所谓专业知识，即具备之后才能从事某项工作的知识，这类知识往往需要系统化的学习才能掌握，比如财务知识、法律知识、供应链知识等。

(3) 故事文学类。故事文学类图书是指与故事和文学相关的书，比如《西游记》《红楼梦》《明朝那些事儿》这一类型的书。读这类书时，我们不要局限于书中能够找到的东西，而应该把作者当成导游，从他口中得知一些事情……当我们用与作者不同的视角来探索观察的时候，也许会看到不一样的点。这是一种动态的读书方法——

你说个事儿，我也有些想法，咱们切磋一下！

(4) 态度理念类。态度理念类图书是指心态类、心理学方面的书籍，比如《重塑心灵》《感谢自己的不完美》《积极达成》等书籍。这类书能够帮助你更好地探索自己、理解自己、接纳自己，调整自己的能量状态。

(5) 思维格局类。思维格局类书籍是指能对思维方式、世界观、人生观、价值观产生影响的书籍，比如《资本论》《博弈论》《你的灯亮着吗？》等类型的书。纵向生长的触发点往往发生在现有世界观无法解决重大生活挑战的时候，当面对这样的挑战，我们要么上升到一个能为自己的问题提供解决方案的视角，要么试图忽略或逃避，更加顽固地依赖现有的世界观，而阅读思维格局类书籍可能会给你提供一个解决问题的突破口。

以上是我列举的书籍分类方式，那么这些书籍的类型如何与读书之后的输出方式相匹配呢？

举例来说：

如果你计划的输出方式是分享和写作，那么可以选择专业知识类和态度理念类的书；

如果你计划的输出方式是教别人如何应用，那么可以选择技能方法类、专业知识类、态度理念类的书；

如果你计划的输出方式是用一张图来涵盖这本书的内容，那么可以选择专业知识类、思维格局类的书；

如果你计划的输出方式是做一场演讲或者排一个戏剧，那么可以选择故事文学类的书；

如果你计划的输出方式是重新建构一套模型，那么可以选择思维格局类、态度理念类的书。

坚持读书的最好动力就是输出。只有从输出中体会到满足感和成就感，你才会产生坚持读书的动力，而不是强迫自己每天读书1小时或2小时。持续的输出可以不断打磨你的"操作系统"；"操作系统"升级了，你才有可能创造出有市场价值的课程产品，吸引更多的资源和机会。

其中，输出的最佳方式就是转化为课程。一方面，课程产品可以承载任何领域——心理学、法律、亲子教育、沟通、情感、历史、旅行、文化等；另一方面，把一本书或者几本书变成一门有益的课程，通过授课，既能让自己的思维得到**升华**，又能给他人带来**启示和帮助**，还能**获得课酬**，何乐而不为呢？

现代人读书时间越来越少，看了书也难以学以致用，"书课融合"产品的出现是市场发展的必然趋势。由此，"化书成课"的技术成为知识圈的宠儿。"化书成课分享者"这个新兴职业，也从2016年开始萌芽，到2020年达到高峰。

通过"化书成课"的技术，一本书可以开发成5~10门不同的课程；几本书(同类书或者不同类的书)也可以开发为一门课程。这些"化书成课"的课程既可以面向大众市场开设线下私房课，也可以做成企业内训课，还可以做成线上微课、线上读书会、线上训练营、视频课……只要拥有了自己独一无二的课程产品，就能给你带来源源不断的财富、人脉、资源。

从单纯地看书到看书分享，不仅能学到更多的知识，提升自己的能力，还能增加自己的影响力，实现自我价值，这才是阅读爱好者的最佳出路。

【第1章回顾】

(注：每章结束，我们会通过一些互动趣味的练习，来帮你回顾所学内容，让你既能够及时巩固这一章的核心内容，又能够借此机会自我检测，看看自己究竟学到了多少。)

1.【填表题】请将下面的表格补充完整，把易学、易懂、易用的标准写出来。

目标	能实现知识变现的课程		不能实现知识变现的课程
学	易学	学习不到位	学习过程中不需要动脑思考 学习过程中没有体验和感受 学习过程中没有探讨和共创
懂	易懂	感受不到位	缺乏案例支撑 缺乏学习活动 缺乏实践练习
用	易用	应用不到位	学了以后没有"收获感" 学了以后无法应用和迁移

2.【填空题】"课程定位工具"包含5个基本要素，分别是课程、目标学员、对学员的价值点、_____和_____。

3.【填空题】请补充下面这个公式。

4.【连线题】

课程定位 —— 市场对于课程的真实评价，包括课程采购方和目标学员对课程的真实评价

课程特色 —— 结合自身的优势和经验，思考你能够帮助哪些人群解决什么样的问题

课程口碑 —— 课程相对其他同类课程的差异化竞争优势，与同类课程相比的新颖独特之处

5.【简答题】请挑选括号里你认为正确的答案：在本书看来，课程价值体现在哪三个方面？

(效率提升、干货满满、提高业绩、从不会到会、赋能他人、产生收益)

6.【选择题】关于"课程特色"的说法，下面哪一项是错误的？　　　　（　　）

A. 有特色的课程比较容易吸引学员的注意力

B. 没有特色的课程在市场上缺乏差异化竞争力

C. 有特色的课程容易让学员之间形成社交化学习的氛围

D. 有特色的课程更容易提升授课效果

7.【思考题】你在分享或授课过程中，用过哪些有特色的教学方法？现在回想一下，这些方法有什么优劣势，分别适用于什么样的情况？

【第1章回顾答案】

1.易学：课程框架完整、课程结构清晰、要点提炼到位；

易懂：深入浅出讲解、案例契合主题、满足学员需求；

易用：注重实践演练、课程体验感强、培训形式多样、提供应用场景。

2. 特色、口碑

3. 课程特色、课程口碑

4.
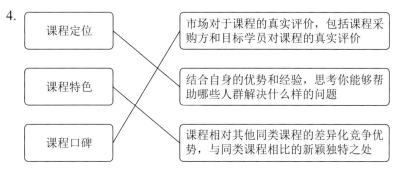

5. 从不会到会、效率提升、产生收益

6. C

7. 略

第 2 章

化书成课，突破思维局限

2.1 "化书成课"的三重价值

2.1.1 "化书成课"——这样选书才能学有所成

> 书读得越多而不加思索,你就会觉得你知道得很多;但当你读书而思考越多的时候,你就会清楚地看到,你知道得还很少。
>
> ——伏尔泰

信息爆炸的时代,世界在加速变化,对人的要求也越来越高,想要在快速变化的世界建立自己的核心竞争优势,学习和成长的速度越来越重要。我们人生中的方方面面有很多的大循环与小循环,这些循环加速运作,不断反馈,促进反思,我们便以一种指数型的速度成长。

随着时代的快速发展,我们变得越来越浮躁,越来越焦虑,渴望快速阅读和高效学习,但总感觉时间不够用,毕竟一年只有365天,好书却是无穷尽。所以在这样的时代,我们尤其需要提高自己选书的能力。

不知道你有没有发现一个现象——很多人喜欢向别人索要书单?我多次在培训活动现场看到这样的场面:当某位大咖老师做了一场分享之后,有很多人举手提问,请大咖推荐书单。在很多和读书有关的微信公众号上,书单推荐内容也占据了半壁江山。如果你曾经参考过书单,那么请思考三个问题。

- 你买下了书单上的大部分甚至所有书吗?
- 你认真阅读了书单上的大部分甚至所有书吗?
- 买回来的书有多少本书没有看完和吃透?

如果你只是看了一看书单,没有购买书单上的任何一本书,那么书单对你来说就是无用的;如果你买下了书单中的大部分书,但拿回来之后却没有认真阅读,那么书单对你来说也是无用的;如果你读了书单中的部分书,其他书还没有来得及看,就又买了另一书单推荐的书,结果没有阅读过的书越积越多,那么书单对你来说还是无用的。

选书其实是每个人自己的事情,索要书单,在大部分情况下都是做了无用功。

从某个层面来说,选书也是一种能力。你读过的书越多,选书的眼光往往就会越好,选出来的书就越适合当下的自己。那么,我们该如何选出"对"的书呢?

以往,当你判断一本书是否值得去买、是否值得去读的时候,可能会从5个角度来考虑。

- 这本书对你的个人的职业发展有什么价值?
- 这本书对你认识这个世界、有什么价值?
- 这本书对你构建自己的知识体系有什么价值?这本书中的内容是否能够成为你现有的知识框架的一部分?
- 这本书里面讲到的一些知识点能不能引发你对自己过去已有的观点或者知识进行反思和重构?
- 这本书里面的内容在你未来面临难题或需要做出决策的时候,能不能起到指引和启发作用?

这5个问题里面,你认为最重要的是哪个问题?这里没有标准答案,仁者见仁,智者见智,但这5个问题有一个共同点——它们都是从实用性的角度来判断一本书是否值得去阅读。通过这5个问题,你足以选出一本实用类的书。

但是,仅仅思考以上几个问题还不能为你的选书决策提供充分的依据。判断一本书本身的价值、含金量、对你未来的影响力需要考虑多种因素。

其实选书和选对象是同样的思维逻辑。回想一下,你选对象的时候考虑的因素有哪些?通常选对象的时候,大部分人都会考虑5个因素:是否年龄相当,是否门当户对,是否志趣相投,是否有认知差距,是否有高频率互动,如图2-1所示。

接下来,我们可以结合这5个因素,从5个维度来具体分析一下怎么选书。

第1个维度是解决问题的效果,相当于找对象时考虑的认知差距因素。

图2-1 选对象的5个考虑因素

怎么判断一本书解决问题的效果呢?你可以翻开这本书的目录,大致浏览一遍,了解书的大概内容,然后问自己6个问题。

- 这本书解决了什么样的问题?
- 它是如何解决这个问题的?
- 这种解决问题的方法或者思路适用于哪种类型的问题?
- 这种解决问题的策略有什么样的利弊?

- 只能从这几个维度来解决这样的问题吗？
- 还有没有更好的办法解决同类型的问题？

当你从这6个角度思考的时候，你就能大致了解这本书作者的思维模式和思考框架。所以，这个维度就对应着选对象时的一个考虑因素——认知差距。你越是清楚这本书是如何解决问题的，你越能发现作者解决问题的底层逻辑，你就越容易把这本书吃透。

第2个维度是知识迁移角度，相当于找对象时考虑是否有高频互动。

当你看过的书多到一定程度的时候，你会发现书与书之间是存在联系的，没有任何一本书中的思想或者知识是完全独立存在的。不可否认，书是作者智慧的结晶，但同时，它也建立在很多其他相关的知识体系上，作者在写书的过程中总是有意识或者无意识地对存在于他头脑中的知识进行深度加工或者延伸拓展。

如果你能把这本书中的知识点与你的"记忆仓库"中已有的知识点相关联，你的大脑皮层中与这个知识点相关的沟回和褶皱就会增加，你对于这个知识点的记忆就会更加深刻。

当你看到一本书时，你要思考：这本书中的知识点有哪些是你可以用得上的？这些你能应用的知识点可以迁移到你工作、生活的哪些场景？

举个例子来说，古典老师在《你的生命有什么可能》一书中，提出了一个经典的"三叶草模型"，模型里面包含的三个元素，分别是兴趣、能力、价值观。这个模型用在生涯咨询的时候，可以用来做自我探索、自我评估，找到适合自己的工作。根据"三叶草模型"，只有当一份工作同时符合你的兴趣，你也有能力胜任，工作带来的价值又满足你当前价值观的时候，你才能工作得开心快乐，并且在工作中发挥出自己最大的潜能。当你从书中领悟到这个信息后，你就应该思考：这个"三叶草模型"，还可以迁移到哪些地方？

"三叶草模型"是否可以迁移到管理中？当然可以。你可以用"三叶草模型"来观察员工的工作状态，如果发现员工在工作中总是提不起精神，那可能是对工作缺乏兴趣；如果发现员工的工作总是做得不到位，总是需要你的指导和纠偏，那可能是能力不足；如果发现员工做事情总是纠结，总是犹豫不决，举棋不定，那可能是他做的事情和他的价值观有冲突。这就是通过迁移思考，把这个知识点与带团队的工作相结合。

"三叶草模型"是否可以迁移到营销策划中？当然可以。你可以在做营销策划的时候从不同的角度考虑：怎么样在短时间内引发用户对活动的兴趣？这是从兴趣的角度考虑。怎么样让用户能够简单快速、不需要多少环节就能参与进来？这是从能力的角度考虑。怎么样让用户觉得参加这样的活动能够彰显他的身份或者给他带来优越感？这是从价值观的角度考虑。

你发现了吗？你能想到的应用场景越多，你对这个知识运用得越好，当然你和它之间的高频互动也就越多。所以这个维度对应着选对象时的一个考虑因素——高频互动。

过去通过看书，你只是知道了一个知识，而现在通过高频互动，你可以把它融会到你的工作和生活中，在未来各种不同的时刻，它都会为你服务，你的能力会一点一滴地积累起来，这会在未来给你带来源源不断的价值。

第3个维度是同行角度，相当于找对象时考虑是否门当户对。

所谓同行角度就是站在这本书的作者同行的专业角度重新审视这本书。为什么要从同行角度来看呢？在商业市场，对于一个新产品能否取得成功，投资人的意见往往是靠不住的，消费者调查得出的结论也一样靠不住。原因是这两个群体都太重视过往经验了，而过往经验预测的准确率并不高。相对而言，最准确的预测来源于同行，因为同行才是对行业趋势最敏感、对专业判断最准确的人。选书其实也一样，我们不仅要关注序言、导读和后记，还要看看书评，尤其是看看与这本书的作者同行业或同领域或同专业的人是如何评价这本书的？他们是否认可作者的观点？他们有什么不一样的见解？从同行的角度来看一本书有没有必要阅读，就相当于评价这本书的作者在其行业中的社会地位，所以这个维度对应着选对象时的一个考虑因素——门当户对。

第4个维度是时间跨度，相当于找对象时考虑的年龄因素。

这个维度涉及两条时间线，一个是书本身的时间线，一个是你自己的时间线。

对于书本身的时间线，你需要了解：

- 这本书是什么时候出版的？
- 书中有多少内容受到了时代背景的影响？
- 在当今社会文化背景下，书中给出的一些理念和方法是否还有借鉴和参考价值？

举个例子来说，《娱乐至死》一书，是尼尔·波兹曼在1985年出版的一本著作。作者认为，以电视为主要信息媒介的当代文化正因为其娱乐化、庸俗化、碎片化而逐渐失去生命力，作者对人类文化的前景表达了深深的忧虑。对于这种文化危机，作者将其概括为"娱乐至死"。

在《娱乐至死》这本书问世35年后，互联网已经代替电视成为新的大众主流媒介，当下的社会现象，社会的现实需求，媒介的发达程度、多元化程度远远高于波兹曼那个时代所面临的状况。关于娱乐至死的命题也需要重新审视。

在《娱乐至死》一书中，"娱乐"是一个贬义词，泛指电视媒体一味地追求娱乐化，人类心甘情愿成为娱乐的附庸，最终导致人们丧失理性和独立的思考能力。

然而在当代，大多数人的脑力劳动远远超出了体力劳动的总和，面临的生存压力也无处不在，焦虑和过劳如影随形，大众媒体的碎片化、简单化、娱乐化的传播方式，有时候反而以一种轻松的方式丰富了人们的精神世界。

但这并不是鼓励一味地放任娱乐需求，无限制地追求感官刺激，而是提倡通过高质量的文化产品对大众的文化需求进行正确引导。比如，中国传统文化在B站受到越来越多的关注，一些具有传统文化底蕴的节目都是在受到B站追捧后反哺于传统电视台。如《我在故宫修文物》《寻找手艺》《国家宝藏》等传统文化类节目在B站的口碑持续发酵。

客观来看，娱乐并没有高级和低级之分，但娱乐带来的体验感却有着以"精神浸润度"为标尺的层次之分。娱乐本身不管是高雅还是所谓的低俗，都有对应的消费人群，每个人的素养各异，能够接受的娱乐内容也自然不同。

在这样的时代，关于娱乐至死的命题需要重新思考，如何在娱乐的同时掌握合适的火候，如何运用媒介的进步在合理范围内满足人们的需求；如何在大众文化、精英文化、娱乐文化、严肃文化等领域提供不同的文化产品以满足不同层次的需求，引导文化消费分层，是我们这个时代面临的新命题。

所以，你必须清楚地知道书中哪些知识点在当时是适用的，哪些知识点在现在是适用的，书中的知识才能为你所用。

对于你自己的时间线，你需要了解：

- 当下，适合我读的书是哪一类？
- 一年之后，适合我读的书又是哪一类？
- 五年以后，我会喜欢阅读哪一类书？
- 十年之后，对自己来说，什么类型的书最重要？

这是一种"**活在未来**"的思考问题模式。

你会发现，不同的时间段，你喜欢阅读的书、适合你阅读的书、**能给你带来能量的书**是不一样的。

第5个维度是影响范围，相当于找对象时看双方是否志趣相投。

一本好书不会只在一个领域产生影响，也不会只有一种类型的读者。你可以搜索看看，凡是经典的好书必然会**突破行业的限制、突破时间的跨度、突破区域的圈子，在更广、更大的范围内产生影响力**。

很多时候，一本书的影响范围体现在作者的影响力层面，而作者的影响力，归根结底是作者思想的影响力。能对更大范围的人产生思想冲击的书，能让更多不同领域的人产生颅内高潮的书，是非常值得一看的。看这类书，一方面，可以**探索出作者的思考路径和思维模式**，另一方面，也可以学习到牛人是如何**通过有效表达来影响众人的**。

很多优秀的作者都不会只写一本书，如果你看完某本书之后，觉得本书作者的思想很有价值，思考问题的角度独树一帜，思维方式很值得借鉴学习，你可以找出他写的其他相关书籍来阅读。比如，你觉得《黑天鹅》这本书非常棒，那就不要错过作者塔勒布同样经典的另外两本书：《反脆弱》和《随机漫步的傻瓜》。这是你深度研究作者思想的最佳方式。

下面我们来回顾一下，选书的时候，我们应该从哪5个维度来考虑。请从下面9项内容中找出选书的5个思考维度。

(1) 解决问题效果

(2) 应用书的角度

(3) 受欢迎的程度

(4) 知识迁移角度

(5) 同行角度

(6) 外行角度

(7) 时间跨度

(8) 影响范围

(9) 知识涉猎的广度

下面揭晓答案，选书的5个思考维度：

- 解决问题效果
- 知识迁移角度
- 同行角度
- 时间跨度
- 影响范围

根据这5个维度选择的每一本书都能拓展你的思维，开阔你的视野，增添你的体验，加速你的成长，而你如果能把读过的书都进行输出，也能够给你自己和你身边的朋友带来更多的满足感、成长感、成就感。

其实，你选书的角度和方式或多或少受到你心中固有"框架"的影响，只是一直没有被"显现化"而已。

举个例子，一个女权主义的人，很可能把书中看到的很多信息，都往"女权"上靠；一个崇尚阴谋论的人，在他眼中，书中的任何一段内容，背后都能解读出"一盘大棋"；一个崇尚民主自由的人，面对书中的很多信息，都会习惯性用"民主自由"来"筛选"一下。

这些框架和思维角度对不对呢？无所谓对错，但重点在于，你能够清晰认识到你的思维框架和选书之间的联系，能够看到这些思维模式对你选书和读书的影响，能够不断复盘和验证自己选的书是否适合自己，这样才能建立一套适合自己的选书系统。

每次选书时，你都可以按照这套系统的指引去做。

2.1.2 "化书成课"——这样读书才能知行合一

> 不加思考地滥读或无休止地读书，所读过的东西无法刻骨铭心，其大部分终将消失殆尽。
>
> ——叔本华

在培训中，很多学员跟我说"我看了很多书，我平均每周看2本书""我用了快速阅读法，能够30分钟之内就读完一本书""我每次看书都会记录好几十页的读书笔记，我所选择的书都是对我目前工作有用的书……可是为什么看了这些书以后，我却没有办法把书中的知识点用起来，自己也并没有因为书读得多，而发生喜人的变化呢？"

很多人容易陷入的"自欺欺人"的陷阱，不断地看书，不断地发现书读过就忘，不断地怀疑读书没有效果，最后产生了"读书无用"的结论。之所以会走入这样的误区，原因在于很多人都不明白："读书"并不等于"获得知识"。

很多人喜欢用读书来彰显自己的格调，认为书读得多就高人一等，比如，在交际时，他会问："我每年读300本书，你呢？"其实，书并不是读得越多越好，要看你读的是什么书，读了以后有什么启示，读到什么程度，能够吸收多少，能够运用多少。

读书的过程是信息输入的过程，而它也只是众多输入方式的一种。事实上，读书跟听公开课、看微信文章、刷知乎朋友圈，甚至跟别人交流沟通，都是一样的。只是其他信息输入方式比较碎片化，而读书相对来说系统化。

读书所追求的并不是"我读了多少本书""我读书读得有多快""我在读书时记了多少感悟笔记"，而是"通过读书，我的哪些思想发生了改变""通过读书，我的哪些行为发生了改变""通过读书，我输出了什么"。

曾经有一段时间，我也特别喜欢做读书笔记，甚至还在电脑里面建了一个专属文件夹，把读书笔记分门别类地保存。每次做完一本书的读书笔记，我都会产生很强的满足感、愉悦感和成长感，感觉自己今天又进步了1%。就这样坚持2年之后，我发现了两件事情：第一，保存完读书笔记之后，我再也没有回头去看过。第二，我的生活没有发生任何改变。

那时候正巧是"断舍离"风靡大街小巷的时候，于是，我狠了狠心，把数千份读书笔记清理掉了。然后我发现，我似乎并没有少了什么，我的生活并没有因此而产生任何不便。这意味着什么呢？这意味着那数千份的读书笔记其实没有什么用处。

这就是信息时代带给我们的错觉。我们以为，读过的书都会形成我们大脑里面的"知识库";我们认为,只要写了读书笔记,这本书中的知识点就被我们完全内化了。

但是,通过读书,我们创造了什么?改变了什么?

好好思考一下:过去一年里面,你看过的书里面的知识点或者方法论,你应用的部分有没有超过10%?

你的确可以通过大量读书、快速读书,获取车载斗量的信息,但真正属于自己的"知识"是你能够应用并让你的生活产生变化的那部分。书渗透给你的,只是包含了文字、图表、数据、图片的信息而已,只有这个信息让你的行为发生变化,你的工作和生活都变得越来越好了,这个时候,你才算是真正地获得了这个"知识"。

举个例子来说:

FAB是三个英文单词Feature (属性、特性)、Advantage(优势、作用)、Benefit (好处、利益)的缩写,通常用于销售过程中向客户这样介绍产品:根据客户的需求,首先告诉客户这个产品有什么样的特点,然后引申出这个特点的优势及作用,最后阐述这个作用给客户带来的利益和好处。

如果我仅仅是知道FAB这个知识点而不去使用的话,那么它就无法让我的行为发生变化,我也就无法让这个知识点成为我行走江湖的一套"武器";但如果在学到这个知识点之后,我可以尝试着应用FAB模型向他人介绍某个东西,比如这样介绍"樊登读书"App:

"樊登读书"是每年带你阅读50本书的App(F——属性),它每周讲一本书,可以让你用碎片化时间听书;同时它讲的每本书都生动有趣(A——优势),这样一来,你就可以每年轻轻松松学习到50本书中的精华内容(B——利益)。

当我尝试用这种方式向其他人推荐"樊登读书"App并取得了一定效果之后,这个FAB模型就成了我的知识体系的一部分。

所以,每当你看到一个有用、有效的知识点时,就要立刻思考,**这个知识点可以用在工作和生活的哪些方面?**

你以前看书的时候可能没有这样的思考习惯,你仅仅是在用眼睛"看"书,你仅仅是享受着看书给你带来的"快感",而并没有让书中的知识点进入你的头脑,融入你的知识体系,转化为你行为层面的"驱动力"。

所以,你需要在头脑中安装一台驱动器,当书中的信息透过你的眼睛进入你的头脑之后,这台驱动器就会积极运转起来,对这个知识点做一些加工和转化,**建立起"认知层"到"应用层"的联系。**

一个有效的驱动器既能帮助你在读书之后**学以致用、知行合一**,又能让你在读书之后**用恰当的方式把书中的内容分享给别人。**

从图2-2的学习金字塔中,你获得了什么信息?

图2-2 学习金字塔

这个学习金字塔是美国缅因州的国家训练实验室的研究成果,它用数字形象显示出,采用不同的学习方式,学习者在两周以后还能记住多少内容(即平均学习保持率)多少。它是一种现代学习理论,由美国学者、著名学习专家爱德加·戴尔1946年首先发现并提出。

根据学习金字塔理论,我们会发现,教授给他人的学习内容平均留存率是90%,这意味着,教是最好的学。知识是个奇妙的东西,在分享的过程中,分享者往往能对知识理解得更透彻,对原理挖掘得更深入,对方法掌握得更精湛。

下面我们来看看,一个有效的驱动器,一个能驱动你的行为发生改变的驱动器,一个能让你从一本书中获得多重体验的驱动器,是什么样子的。这就是我们接下来要和大家分享的**"论景象"**驱动器(见图2-3)。

- 论——多元结论法
- 景——场景预设法
- 象——双向(象)考虑法

图2-3 "论景象"驱动器

"论"代表"多元结论法"。所谓"多元结论法"就是当你看到书中一个有价值的知识点时,你要思考两个问题:

- 作者是如何论证这个知识点的?
- 从作者提出的论据中,你还能得出什么结论?

"景"代表"场景预设法",即预设你可以使用这个知识点的场景,从使用它的角度提出"在……情况下,如何用"类型的问题,帮助你有意识地把这个知识点转化为探索性的思考,这个探索性的思考会变成行为上的尝试。

"象"代表"双向考虑法"。双向考虑法既要考虑这个知识点的实用价值,也要考虑这个知识点使用的局限性。所以,我们可以提出这样两个问题:

- 这个知识点的价值是什么？它能够帮助我解决什么问题？
- 这个知识点的局限性是什么？它在什么情况下没有用？

任何知识点都有其适用场景和使用边界，当你把这个知识点分享给别人的时候，就能告诉学员这套方法在什么情况下可以使用，在什么情况下不可以使用，这样才不会误导学员，这样才是用心做教育。

"论景象"驱动器的具体使用方法，我们举个例子来说明。

【案例】

《细节》(罗伯特·西奥迪尼著)一书提到了很多人的痛点：原本说好的事情，对方不遵守怎么办？书里给的方法：要让对方主动承诺。原因是大部分人都有信守承诺的强烈愿望，尤其是当这个承诺是他们自己主动做出的时候。

书中提到了这样一个实验：

研究人员假扮成海滩上的游客，故意把收音机放在晒太阳的其他游客旁边，然后下海游泳。实验会分为两种情况：一种是研究人员什么都不说，直接离开；另一种是研究人员主动请求这位游客帮忙看着点儿，并提示对方做出口头承诺，比如"没问题"。接下来，再让另一个研究人员假扮成小偷，拿起收音机就跑。这时，凡是做出过承诺的游客都会起身追小偷，而那些没有做出承诺的游客，几乎没什么反应。

这就是一个小小的承诺对人的行为产生的影响。所以说，在平时的生活和工作中，要想不被人"放鸽子"，至少要得到对方的一句承诺。

书中也提到了这样一个实验：

英国医疗机构被病人"放鸽子"，每年损失达71亿，后来了解到了这个"承诺效应"之后，只改变了其中一个环节——他们不再让护士帮病人填写预约时间了，而是改成让病人自己填，这等于病人自己做出了承诺。

就这一点小改动，病人"放鸽子"的概率就下降了18%，相当于省下了12亿人民币。所以说，让对方做出一个小小的承诺，可以大大增加其行动的概率。

但有的时候，即使你引导对方承诺了，可能还是会被"放鸽子"，这时该怎么办？书中还给了一个招式，叫做巧用"执行意向"。简单地说，就是引导对方思考具体的执行计划，这也会增加其行动的可能性。

书中也提到了这样一个实验：

西方很多年轻人不爱参与政治，大选投票率不断下降，虽然人们嘴上说一定参加，但事后就"放鸽子"。怎么办呢？研究人员设计了一封"动员信"，这封信和其他鼓励投票的信不一样的地方在于它添加了三个问题：第一个问题是："你会在什么时间投票？"第二个问题是："你在哪个渠道投票？"第三个问题是："投票之前你计划做点什么？"结果回答了这几个问题的选民，大多参加了投票，大选投票率大大提高。

所以说，只有承诺还不够，你还得让对方想想，怎么去执行，想得越细，未来其行动的可能性就越大。比如说，你要确保一个同事参加会议，可以在会议前问他："明天下午4点开会之前，你计划做点什么啊？"只要这个问题在他脑子里面稍微过一遍，他就离准时参会迈进了一大步。

下面我们就用"论景象"驱动器来化一下这段内容。

第一步，运用"多元结论法"。

- 作者是如何论证这个知识点的？

通过在海滩假扮游客和小偷、英国医疗机构修改预约环节的两个实验，论证了"自主承诺"的重要性；通过西方投票动员的案例，启发读者在实际运用中，不仅要让对方主动承诺，还要引导对方思考如何执行。

- 从作者提出的论据中，你还能得出什么结论？

(1) 让对方自主承诺需要一定的技巧，可以把承诺环节巧妙地设置在一系列流程中，让对方潜移默化地做出承诺。

(2) "引导对方思考如何执行"的提问方式非常重要，既要问到细节处，又不能让对方轻易察觉到。

(3) 动员信中的三个问题，如果用电视街头采访的方式提出来，同样也能达到增加投票率的效果。

第二步，运用"场景预设法"。

- 我要在微信群里给其他团队成员安排一些事情，在这种情况下，如何用这个方法？

为确保所有人都能按照要求去做，信息结尾要加一句"收到请回复预计完成时间"，让团队成员自己承诺完成任务的时间。

- 我希望会议中协商好的事情能够快速执行，在这种情况下，如何运用这个方法？

会议结束前，与会者以项目来分组，各组经过协商讨论，填写一份《会议事项落地清单》，里面包含组内每个人的分工项目、事项完成评估标准、完成时间段、所需资源及相关负责人。

- 我希望论坛邀请的演讲嘉宾都按约定来到现场，在这种情况下，如何运用这个方法？

(1) 提前请嘉宾提交分享PPT，以便按照统一格式调整美化。

(2) 提前给嘉宾透露互动环节、观众可能提出的问题，请嘉宾提前做好准备。

(3) 提前与嘉宾沟通用餐、住宿、交通等细节的安排。

第三步，运用"双向考虑法"。

- 这个知识点的价值是什么？它能够帮助我解决什么问题？

这个知识点的价值在于，提供了一些有用的"套路"，让我们能够尽量规避"他人违反约定"的可能。

它能够解决工作和生活中的很多问题，比如怎么样让上司按约定办事儿，怎么样让同事按约定办事儿，怎么样引导孩子自主承诺、自己为自己的行为负责等。

- 这个知识点的局限性是什么？它在什么情况下没有用？

(1) 如果你和对方是平等的关系，或者你的影响力/权力地位高于对方，这个方法比较适用，但如果对方的影响力/权力地位高于你，那么这个方法就不一定适用。

(2) 每个人对于"承诺"的定义是不同的。也许你认为，只要对方说好了明天会面，这就是一个承诺；而对方可能认为，双方需要确定会面的具体时间、地点之后，那才算是一个承诺。

(3) 这种"引导对方自主承诺"的方法，适用于一些事情、事项和角色都明确的情况；当情况较为复杂的时候，比如涉及公司并购之后的股权分配，就不适用了。

讲到这里，我才可以说：我把书中给的这个知识点成功转化为自己的知识。

正是通过这样一环扣一环的"提问回答"，让这个知识点始终处于流动和演化之中，使我对它的认识一点点加深，从而更好地了解这个知识点。

这就是最简单的，让知识流动起来，将其内化的方法。

前面列举我自己做读书笔记的例子，并不是想说做读书笔记没有用，只是想启发大家意识到，不要把读书笔记做"死"了，要想办法让它"活"起来、"流动"起来。

你发现了吗？短短的一段文字，当你用向"论景象"驱动器来"化"这段内容的时候，你就会经历三个不同维度的思考。

如果你只是单纯地阅读书面上的文字，那么你用的是**存量思维**；如果你在看书的同时，利用这三个维度进行思考，那么你用的就是**增量思维**。而只有增量思维，才能帮助你发展自己的**思维系统**，才能帮助你构建自己的**知识体系**，也才能让你真正地获得**"成长率"**，而不仅仅是成长。

当你给学员分享书中某个知识点的时候，也可以**采用"论景象"驱动器来创设学习体验**。

首先，采用"案例分析"的教学方式，给学员展示一段案例，让学员根据"多元结论法"中的两个问题，最大限度地从这个案例中挖掘出有价值、用得上的"珍宝"。这是因为群体阅读一定会显示出差异化，你的视角再完善，别人也会有不一样的视角，与你的观点对立或者互补。毕竟，每个人看问题的视角是不一样的，**别人看到的点，可能是你从未想到的。**

接下来，"场景预设法"登场，你可以提出一系列"在……情况下，如何用"类型的问题，引导学员思考：如何在各种不同的场景下应用这个知识点。

在培训领域，很多老师的课程内容很好，但学员却无法迁移到工作中，原因是什么呢？原因就是他讲的内容和员工的实际工作场景是脱节的。

所以在这个环节，不仅培训师或分享者要提出"在……情况下，如何用"的问题，让学员来回答；也要有意识地启发学员自己思考：这个知识点还能在哪些场景中应用，如何去用。有的课程还可以用"情景模拟"或者"角色扮演"的方式，让学员把应用方式给演绎出来。在学员演绎的过程中，培训师或分享者也可以通过观察，了解学员究竟有没有学到位，哪里学得好、哪里学得不太好，从而有针对性地进行纠偏和指正。

对于成人而言，学习是为了更好地工作，因此，我们要将学员的工作融入学习，从学员的工作目标和绩效要求出发，**把学员的工作任务和应用场景设计到学习项目中，这将会进一步促进学习的转化和应用。**

最后，通过带领学员对"双向考虑法"中的两个问题进行思考和探索，你能帮助学员突破单一思维的限制，用包容性思维获得更加多元化的视角。

什么是单一思维呢？举个例子：对小孩来说，世界上的人可以分为"好人"和"坏人"，所以小孩子看电视剧的时候都会问：这个人是好人还是坏人？但长大后，我们知道，这样的分类是不完备的。因为每个人都是复杂的，每个人都会根据当前面临的环境、需求、对象，采取不同的行为方式。这些行为方式，有些是好的，有些是坏的，关键看站在哪个角度、哪个立场，所以，人不能单纯地用"好人"和"坏人"来区分——这就是一种"包容性思维"。

这一点很好理解，但阅读书籍的时候，我们却往往容易落入其他的陷阱。

比如说，书中提到某个行业未来的形势是非常明朗的，而你恰好在这个行业，恰好这本书作者的表达方式符合你的阅读习惯，你恰好认同作者的观点，于是你可能会心存侥幸，甚至可能会把书中提到的趋势分享给身边的同事。然而，一个行业的形势，究竟是好还是坏？在大多数情况下，这个问题都是无解的。因为在演化过程中，也可能发生各种意想不到的变化。每一个相关的条件发生变化时，都会产生新的市场空白。

再比如说，一本时间管理的书中提到"番茄工作法"可以提升专注力，但你用番茄工作法时，并没有达到提升专注力的效果，甚至还带来了一些负面作用——比如在你灵感迸发的时候，番茄闹钟突然响起来，打断了你的思绪。于是，你会认为，这本时间管理的书不值得阅读，而不会考虑是不是自己没有采用合理的方式来使用"番茄工作法"。由此错过这本书中其他对你有用的方法论。

然而，一个具备"包容性思维"的人，他能够接受事物的复杂性和多元化，不会试图用一个简单的判断来定义某个事物。**当他们遇到相互矛盾的观点和认知时，会任由这些想法在大脑中共存共生、彼此支撑、相互抗衡。**因为他们理解这个世界的本质——万千事物之间就是矛盾、冲突、不协调的，无须把它们调整到一致。好与不好，对与不对，每种事物或观点都能共存，因为这个世界不是非黑即白的。

所以通过"双向考虑法"，你能让学员知道：阅读可以使思路越来越宽，不确定性越来越多,读到最后,不确定性相互矛盾却又达到了奇妙的平衡。

所以,如果你想学以致用,如果你想化书成课,如果你想把书中的内容更好地分享给别人,你就不能仅仅只是"看"书而已,你要用"论景象"驱动器,对书中的知识内容进行**加工、转换、考量、推敲**。

通过"**论景象**"驱动器的运作(见图2-4),书中的知识点会成为你知识网络中的一环,会成为你行为改变的"驱动力",会成为你带给学员的一份珍贵"礼物"。

图2-4 "论景象"驱动器的应用顺序

学以致用,学了就要用。所以下面我给大家提供一段新的内容。请大家尝试着用我们刚刚学过的"论景象"驱动器,来"化"这段内容,看看你能"化"出一些什么样的"火花"。看到的知识不是你的,学到的东西也不是你的,只有你能"使用"的知识才是属于你的。

【作业】

菲多利公司是一家咸味零食生产公司,占有美国咸味零食40%的市场份额,乐事薯片就是他们生产的。

菲多利公司在整个行业中,有着最好的产品线、最好的物流系统、最好的广告投放渠道……尽管如此,在过去10年时间里面,他们已经损失了1/5的市场份额。

公司新上任CEO的任务,就是止住下滑趋势,收复失地。新CEO原以为公司内部管理出了问题,需要进行制度更新、流程优化和员工激励,但是调查之后发现,内部的管理机制并没有出现问题。而且,管理者一直在想方设法地提高效率,绞尽脑汁地考虑如何提升各项指标。每个季度的各项业务指标都呈现上升趋势,但是上升得非常缓慢。

后来,新CEO发现,菲多利公司拥有全行业90%的研发能力,80%的销售渠道,可是却只占了40%的市场份额,这说明什么呢?说明市场还没有得到充分开发。

于是他立刻召开员工大会,告诉大家,我们现在要做的事情,不是在已有的市场上精耕细作,艰难提升,而是应该利用自己的巨大优势,开拓新的市场——进军日本、印度、东欧等市场。

《洞见远胜创意》一书中,列举了这个案例,想表达的观点是:人们总是倾向于移动那些看似正确却提升微小的"指针",但只有移动真正重要的"指针",才能带来离目标更近的变化。

这是《洞见远胜创意》书中的一个重要观点，请你结合这个知识点，用**"论景象"驱动器**来化一下这段内容。

第一步，运用多元结论法。
- 作者是如何论证这个知识点的？

- 从作者提出的论据中，你还能得出什么结论？

第二步，运用"场景预设法"。
- 在"……"情况下，如何用？

- 在"……"情况下，如何用？

- 在"……"情况下，如何用？

第三步，运用"双向考虑法"。
- 这个知识点的价值是什么？它能够帮助我解决什么问题？

- 这个知识点的局限性是什么？它在什么情况下没有用？

2.1.3 "化书成课"——让你快速开发出一门课

读书就是将别人的思想变成一块块石头，然后建筑起自己的思想殿堂。

—— 培根

为什么说用"化书成课"方式开发出来的课程能够让课程内容更丰富？

"化书成课"技术与常规的课程开发方式有什么不一样？

"化书成课"的学员是如何把一本书变成多门课、把多本书变成一门课的？

为什么用"化书成课"技术做出来的课程能够让参训者感觉比一般的课程收获更多？

下面我们从三个方面来探究"化书成课"是如何让你快速开发出一门高质量的课程的。

1. "化书成课"技术能提高课程开发效率

快速开发课程离不开教学系统设计。熟悉教学系统设计的人都知道，教学设计是在第二次世界大战期间由军事推动而创建的，许许多多的教学系统设计模型都诞生于那个时期，包括广为人知的ADDIE模型。

作为一种"通用教学设计模型"，ADDIE模型阐明了教学设计的一系列核心步骤，它以教学目标为导向，提供了一整套培训教学的系统化流程，具有提高培训效率，满足组织发展需求的作用，其最大的特点是系统性和针对性。

目前，有很多企业运用ADDIE模型来设计和开发培训项目，以提高培训的针对性和实用性；也有很多管理咨询公司，例如普尔摩企管顾问、e-Learning培训服务公司、上海汇旌等，都针对培训师开设了ADDIE方面的培训课程。

ADDIE模型包含三个方面的内容，即要学什么(学习目标的制定)、如何去学(学习策略的应用)、如何去判断学习者已达到学习效果(学习考评实施)。

ADDIE模型如图2-5所示。

Analysis——分析，包括对培训目标、培训对象、课程内容、培训工具、培训环境的分析等，其目的是找出培训对象的现状和预计达成目标之间的绩效差距。

Design——设计，包括课程大纲的制定、课程体系的规划、培训目标的撰写、评估方法的设计等，其目的是让培训课程中的知识和技能，符合学习者的特点。

Development——开发，是指针对已经设计好的课程框架、评估手段等进行相应的课程内容撰写、页面设计、教学活动设计、测试方法设计，其目的是让教学课件成形、教学思路清晰。

Implement——实施，是指对已经开发的课程进行教学实施，同时予以支持，并记录教学和培训过程。

Evaluation——评估，是指对已经完成的教学课程及受众学习效果进行评估，确定培训活动是否有效，其目的是根据学员需求和实际反馈，对课程进行迭代优化。

图2-5　ADDIE模型

评估阶段包括两个部分，即形成性评估以及总结性评估。形成性评估在ADDIE流程的每个阶段都要进行，而总结性评估通常在项目实施之后进行。

ADDIE模型是一个循环。"化书成课"在"成课"阶段就是遵循ADDIE模型来进行课程开发的。下面我们一起来了解下，"化书成课"技术在哪些环节帮助我们加快了课程开发的速度。

首先，ADDIE模型中"Design"环节的目的是让培训课程中的知识和技能，符合学习者的特点，所以我们"化书成课"的时候，就要根据"培训预计达成的目标"和"学员希望收获的价值"入手，从相关书籍中搜寻能同时满足这两个条件的素材，作为课程内容。我们要把满足上述条件的素材罗列出来，根据学员的能力特点筛选出符合学员认知水平的内容，再根据这些内容之间的关联性来"排兵布阵"，合理安排这些内容的呈现顺序(这个环节涉及的方法技术在本书第4章中会详细讲到)。在设计环节这样做，就比绞尽脑汁地去规划课程体系、制定课程大纲、搭建课程框架要省心、省力、省时，同时能有的放矢地收集各种相关理论资料，更容易在课程实施时引经据典、追根溯源。

很多企业内训师会根据公司的要求编写课件并授课，授课内容普遍是专业性、技术性较强的内容，但是他们研究外部优秀专业理论的时间较少，所以课程内容的高度和深度还有待改进，而"化书成课"技术就可以弥补内训师理论方面的不足。

其次，ADDIE模型中"Development"环节的目的是让教学课件成形、教学思路清晰。为了达到这个目标，培训师需要进行相应的课件PPT设计、案例设计、教学活动设计、学习效果评估工具的设计。其实，在"化书成课"的开发环节，我们同样也要做流程化的设计，而且我们是以书为载体的，在设计案例的时候，就可以根据培训目标和学员需求改编书中已有案例；也可以在设计教学活动的时候，根据不同的知识点类型**把书中知识转化为有趣、有料的学习活动**，让学员在奇妙的体验中不知不觉地掌握课程中的知识点(这个环节涉及的方法技术在本书第5章中会详细讲到)。有了这样的一些方法技术，我们在开发案例、开发教学活动、开发学习效果评估工具的时候，就会有的放矢，事半功倍。

值得一提的是，有些书籍的作者特别注重和读者之间的互动，所以，你在参考书中内容的时候，也可以顺便观察一下，书的作者是如何跟读者进行互动交流的，这里面的一些小技巧也能为你在课堂上和学员之间的互动提供一些思路，可谓一箭双雕。

综上，"化书成课"的技术能够在ADDIE模型的设计环节和开发环节帮助我们大大节省时间，同时还能夯实我们课程的理论基础，促进我们和学员之间的互动和连接，所以，"化书成课"技术能让你的课程开发效率得到大幅度提高。

2. "化书成课"的课程能将书中的内容升华成一套全新的知识体系

为什么"化书成课"的课程架构与原书的架构不一样呢？因为我们在化书成课的过程中，把原书的知识进行了加工、优化、重构，最终形成的课程是融合了我们的个人经验、个人思想和书中精华的一套全新的知识体系。

认知的形成很像一个拼图游戏，化书成课的过程也像是一个拼图游戏，你对书中内容的认知、你头脑中已有的知识、你多年沉淀的经验、你根据书中内容产生的联想、你和他人谈到这本书时所产生的新观点……这些都是碎片。"化书成课"的过程就是把这些碎片拼在一起，让它们合并起来，创造价值的过程。

"化书成课"的技术让读书不再是简单的认知囤积和存储，而是**对书中的"原材料"进行加工、升级**，并针对具体的授课场景**再创造**，让这些知识不仅可以成为你的"智能工具"，也可以通过你的开发设计让他人受益。

举个例子来说，"化书成课"第14期的学员李亚红老师学习了"化书成课"之后，结合以下6本书(见图2-6)实施"化书成课"。

《非暴力沟通》

《焦点解决模式：理论和应用》

《不懂带人，你就自己干到死》

《心理咨询师基础知识》

《唤醒沉睡的天才》

《儿童技能教养法》

李亚红老师把这6本书化成了一门"幸福力修炼——二法三招轻松搞定冲突管理"的课程，在【化书成课研习社】的分享中，这门课程理性和感性的充分结合、案例和学习活动的巧妙搭配，让到场的每一个人都有了超越时空的感悟。

通过这样的方式，一门"化书成课"的课程就有机会让学员学到了6本书中的精华内容，是不是超级划算？对于学员来说，参加这样的培训分享

图2-6　李亚红老师"化书成课"的书籍

不仅节省了自己看书的时间，还节省了归纳、对比、整合的时间。

所以"化书成课"的课程能让学员在短时间内学到多本书中的精华内容，或者让学员花很少的时间就能掌握多本书融合之后形成的一套新的知识框架。对学习者而言，**学习的投入回报率相当高。**

刚才分享的是多本书化为一门课，下面我们说说怎么样把一本书化成多门课。

"化书成课"第27期有三位学员同时带了《非暴力沟通》这本书，通过2天的学习，A学员把这本书化为了亲子沟通的课程，B学员把这本书化为了情绪管理的课程，C学员把这本书化为了领导力的课程。为什么会出现这样的情况呢？为什么同样的一本书化成了三门毫不相关的课程呢？这与三位学员看问题的视角及其阅历有关。

A学员"化书"的时候，把《非暴力沟通》这本书与她自己及她身边优秀的家长教育孩子的经验相结合，所以化出了亲子关系的课程；B学员"化书"的时候，把《非暴力沟通》这本书与《重塑心灵》《积极达成》《掌控情绪，从来都不靠忍》这三本书相结合，相互印证、取舍、互补，所以化出了情绪管理的课程；C学员"化书"的时候，把《非暴力沟通》这本书中的方法、技巧、步骤、思路，转换到管理者带团队的工作中，所以"化"出了领导力课程。可见，一千个人眼中有一千个哈姆雷

特，每一门"化书成课"的课程，都是独一无二的。

可以这样来想象，在你的素材盒子里面有很多的小球，有些小球是你在某方面的经验，有些小球是你对某个事物的认知，有些小球是书中的某个知识点……在开发课程的时候，你可以从这个盒子中抽取出适合当前内容的小球；同样的，你也可以把不同书中的不同知识点变成小球装在盒子里面，作为素材，为你所用。

再举个例子，"化书成课"第38期北京班中，有一位学员带来的书是**《不急不吼，轻松养出好孩子》**，而她通过"化"这本书，最后开发出来的课程是**"轻松带好下属，实现绩效倍增"**。她是如何把一本亲子关系的书化为领导力的课程的呢？这是因为"化书成课"运用了一种促动技术——开放空间(关注微信公众号"醒职场"，回复"促动技术"，即可了解促动技术是什么)。在"开放空间"的环节，她带着这本书加入了管理类课程的小组。经过大家的头脑风暴，他们发现这本书中的很多教育孩子的思路与培养下属的思路是一脉相承的。比如说，书中有一个章节是《学会四叶草法则，帮孩子改掉不良习惯》，这个章节提出了"四片叶子"的概念。

第一片叶子：提前约定，让孩子心中有数
第二片叶子：制定目标，有目标的人才不会迷路
第三片叶子：有限选择，孩子更愿意合作
第四片叶子：认可孩子，让孩子更有价值感

如果把这个内容迁移到培养下属的工作中，就可以转换成以下"四片叶子"，如图2-7所示。

第一片叶子：提前制定标准，让下属心中有数
第二片叶子：制定目标，有目标的下属才不会迷路
第三片叶子：给下属有限选择，下属更愿意合作
第四片叶子：认可下属，让下属更有价值感

亲子关系的书	领导力的课
第一片叶子：提前约定，让孩子心中有数	第一片叶子：提前制定标准，让下属心中有数
第二片叶子：制定目标，有目标的人才不会迷路	第二片叶子：制定目标，有目标的下属才不会迷路
第三片叶子：有限选择，孩子更愿意合作	第三片叶子：给下属有限选择，下属更愿意合作
第四片叶子：认可孩子，让孩子更有价值感	第四片叶子：认可下属，让下属更有价值感

图2-7 开放空间：一本书化为多门课——轻松带好下属，实现绩效倍增

这两者的内容是不是无缝衔接了？所以，这本亲子关系书中的很多内容都被她用类似的方式，巧妙地迁移到了"轻松带好下属，实现绩效倍增"的课程中。

而在"化书成课"第44期上海班中，有一位学员带来的书也是这本**《不急不吼，轻松养出好孩子》**的亲子关系书，而她最后开发出来的课程竟然是**"有效的职业规划助你成为人生赢家"**。她是如何把一本亲子关系的书化为职业规划的课程的呢？在"开放空间"的环节，她带着这本书加入了职场提升类课程的小组。经过大家的头脑风暴，他们发现这本书中提到的教育孩子的思路与做职业规划的思路也是相通或类似的。

我们还是以《学会四叶草法则，帮孩子改掉不良习惯》这个章节来说。这位学员把给家长的四片叶子迁移到职业规划的课程中，转换成以下"四片叶子"，如图2-8所示。

亲子关系的书	职业规划的课
第一片叶子：提前约定，让孩子心中有数	第一片叶子：探索自我，全方位剖析自己
第二片叶子：制定目标，有目标的人才不会迷路	第二片叶子：制定人生目标，有目标的人才不会迷路
第三片叶子：有限选择，孩子更愿意合作	第三片叶子：寻找通往目标的路，潜意识更愿意合作
第四片叶子：认可孩子，让孩子更有价值感	第四片叶子：给自己阶段性反馈，让自己有成就感

图2-8　开放空间：一本书化为多门课——有效的职业规划助你成为人生赢家

所以，这本亲子关系书中的很多内容都被她用类似的方式，巧妙地迁移到了"有效的职业规划助你成为人生赢家"的课程中。

由此可见，**在化书成课的过程中，我们可以在原书的基础上进行加工、拓展、升华，最终你的学员听你授课，得到的不是原书知识的复制，而是一套全新的知识体系。**

3. "化书成课"的课程能让你开发出独具匠心的课程

"化书成课"的过程就是不断建立、扩大、完善一座"城市"的过程。一座城市的价值不仅在于它内部体系的贯通、基础设施的健全，还取决于它与外部的连接，比如高速公路、航空、水运等。只有内部连接和外部连接系统都发达的城市，产能才会巨大。

"化书成课"的课程也是一样的逻辑。在内部，我们通过"化书"的过程，能建立一套内化和加工系统；在外部，我们通过融合多本书，能够跨越一本书本身的局限性，突破既有的认知体系。"化书成课"的城市逻辑如图2-9所示。

图2-9 "化书成课"的城市逻辑

"化书成课"的过程中，你会与这些书的作者来一场深入骨髓的"对话"。在这场对话中，你们的观点会相互影响，你们的构思会相互叠加，**最后转化而成的课程内容肯定会高于你们双方原有的结论，出乎意料而又自成体系。** 因此，你去讲授"化书成课"的课程，你的学员得到的是思想和方法，而不是这本书的学习大纲。

比如"化书成课"第13期的学员安语老师带着《产品故事地图》和《销售就是卖故事》两本书来到【化书成课研习社】分享，最后化出的课程为"用故事性思维引爆顾客购买力"。这个课程结构如下所述。

- 为什么要用故事卖产品
- 故事结构搭建的三重门
- 故事情节必备的六元素
- 传播故事的双重技巧

如果你阅读过《产品故事地图》《销售就是卖故事》两本书，你就会发现这个课程的结构和这两本书的目录结构并不一样；但安语老师的这个结构更适合教学，因为它是符合学员的学习规律和认知规律的一种结构，更有利于学员的学习和吸收。

再举个例子，我把《创新公司：皮克斯的启示》《大卫·奥格威自传》《洞见远胜创意》这三本书化为"激活创新思维的四把利剑"一课，课程的核心知识点是以下4种技巧。

- 自我设限法
- 转换角色法
- 创意联想法
- 重新定义法

然而，如果你阅读过《创新公司：皮克斯的启示》《大卫·奥格威自传》《洞见远胜创意》这三本书，你就会发现在这三本书中你是找不出这4种技巧的。原因很简单,这4种技巧是我根据这个课程的课程目标、授课对象的特点和需求、课程要解决的实际问题,对这三本书中的内容进行分拆、统合、重组、改造之后,形成的一套全新的知识脉络。

总之,当我们将书中的知识点拆成一张张卡片的时候,它们彼此之间就有重新排序、优化整合的可能。这个过程相当于把原材料加工成不同于原材料的成品,也相当于重新编写代码让整套系统升级更新。

书中的内容呈现了一些场景、一些形态、一些观点、一些方法,而你通过"化书成课"的技术转化得到的课程,是你和作者双方都没有意识到的一个新的思维模型,且这套思维模型融合了你和作者思维中的底层代码,是一门别具匠心的课程。所以,**"化书成课"的课程不仅能让你的课程内容更加丰富(融汇多本书籍智慧),还能让你开发出来的课程比原书更高级、更全面、更有含金量。**

2.2 关于"化书成课"你不知道的事儿

2.2.1 "化书成课"的"化"的具体含义

经常有人问我:"化书成课"中的"化",究竟是什么意思?其实,"化"就是升华思想,"化"就是转化结构,"化"就是重新建构。

"化书成课"后的课程之所以能够源于书籍又高于书籍,是因为我们对书中的内容进行了重新定义——解构之后再建构。

化书成课过程中,我们把某一类书聚拢起来,打乱原书结构,重组原书内容,加上自己在这一领域的经验和感悟,再延伸到和学员相关的场景,组织成新的案例和方法论,以解决问题为目标来进行整个课程的架构设计和内容陈列,这样开发出来的课程才能为学员所用,学员学完之后才能举一反三,触类旁通。

这个"化"的过程与认知发展理论中的同化、顺应、平衡有异曲同工之妙。

1. 认知发展理论中的同化、顺应、平衡

建构主义理论是认知心理学派中的一个分支。建构主义理论的一个重要概念是图式,图式是指个体对世界的知觉理解和思考的方式,也可以把它看作心理活动的框架或组织结构。图式是认知的起点和核心,或者说是人类认识事物的基础。因此,图式的形成和变化是认知发展的实质,认知发展受三个过程的影响:同化、顺应和平衡。

认知发展理论是著名发展心理学家让·皮亚杰提出的,被公认为20世纪发展心理学上最权威的理论。皮亚杰是发生认识论的开创者,被誉为心理学史上除了弗洛伊德以外的另一位"巨人"。

根据认知发展理论,我们出生时几乎是一片空白的,不同之处是上一代给我们的遗传图式,这是我们人生的起点,但是未来会有新的、更高一级的图式在它的基础上建立。有了基础图式,主体(人)才能够对客体(环境)做出反应,而在反应的过程中,会不断丰富原有的图式。

个体在与外界接触中把环境因素纳入已有的图式中,让它成为自身的一部分,让图式有一个量变的过程,叫做同化。

为了适应环境现实,调整和改变自己原有的图式,使之适应环境,让图式有一个质变的过程,叫做顺应。

认知图式通过同化和顺应不断发展、变化、迭代,以适应新的环境,叫做平衡。平衡状态是暂时的,而不是绝对的。当旧的平衡被打破时,你就会自然而然地寻求新的平衡,让自己的认知系统不断更新,使内在的认知和外界的环境达到一个平衡态。

这样说可能比较抽象,我们举个例子来说明。

富兰克林年轻的时候,偶然看到一期名为《观察家》的英国杂志,他被杂志中高质量的文章所吸引,他希望自己也能写出这么好的文章。在没有人教他的情况下,他尝试着自己练习写文章。

首先,富兰克林选择了自己喜欢的几篇文章,在看文章的时候,记录一些"线索",然后他脱离文章,根据自己刚才记录的"线索",试着重写这篇文章。一段时间之后,他不再记录线索,而是看完一些文章之后,以同样的主题,自己写一篇文章,回头再找到杂志上最初的那篇文章,与自己写出来的文章进行对比,并在必要时纠正自己写的文章。

他这样做的目的并不是逐字逐句地复写那些文章,而是要写出自己的文章,并且让自己的文章和那些文章一样用词精准、简练。

——这就是同化的过程,将新的外部信息纳入已有的知识结构,使知识结构得到充实和强化。

之后,富兰克林在练习中发现,他的词汇并不像《观察家》杂志中的文章那样丰富。这是因为他原有图式的词汇量不够,无法做到写作时"文思泉涌""信手拈来"。于是,他想到了用诗歌和散文形式刻意扩大词汇量。他先是把《观察家》杂志上的一些文章改写成诗句。一段时间后,他又尝试把这些诗句改写成散文。通过这样的积累,他的词汇量不断丰富,可以迅速从记忆中调用各种各样的词汇。

——这就是顺应的过程,是个体调节自己的内部结构以适应特定刺激的过程,是改变已有的知识结构或能力结构,以便更有效应对和处理外界信息的过程。

富兰克林先前复写文章的时候,用自己的语言来表达同样的意思,就是一种平衡状态。后来,他意识到自己词汇量欠缺,通过刻意练习达到"词汇量丰富"的状态,又到了一个新的平衡。

——这就是平衡的过程。

综上,当我们遇到一个新的刺激时,能够利用已有的图式把刺激整合到自己的认知结构中,这就叫同化;当我们不能利用原有的图式接受和解释当前的刺激时,认知结构由于刺激的影响而发生改变,这就叫顺应;而我们的一生,就是在原有的图式基础上,不断通过同化、顺应,从一个平衡到另一个平衡的演进,如图2-10所示。"化书成课"中的"化"的过程,其实也用到了"同化、顺应和平衡"的思维逻辑。

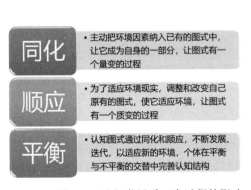

图2-10 认知发展受三个过程的影响

2. "化书成课"过程中的同化、顺应、平衡

由前面的分析可知,同化就是个体把外界刺激纳入已有图示的过程,类似于我们进食的消化吸收过程。这就像我们学习了"绿茶"这个概念,知道了它是茶的一种,就会把它放在脑袋中"茶"的"仓库"里面。同样的,我们在阅读的时候,也可以把一类书中的知识摄取出来,分门别类地装在大脑的"知识仓库"中。

比如,你对"社群"这个主题非常感兴趣,你就可以通过"主题阅读"的方式,把市面上各种各样与"社群"有关的书籍全部买回来(或者借回来),之后进行对比阅读。你可以比较这些作者对于"社群"的不同观点和见解,剖析不同书籍的作者心目中的"社群"含义,咀嚼这些书籍对于"社群"的不同定位,梳理这些书中的社群运营思路,整合这些书中的社群运营方法,让它们能够统一协调,组合成一套新的知识体系。当然,你也要通过亲身实践,去验证这套知识体系的有效性。

这样,你的大脑就与这个主题有关的知识点和方法论建立起丰富的、全方位的、自成一格的网络连接,分布式储存在你脑中和社群相关的"知识仓库"的各个抽屉里面,供你随时取用。有了这个"知识仓库",你能根据任一社群的细枝末节,很快地剖析出它的社群定位、商业模式、运营方法等。

顺应是个体的认知结构因外部刺激的影响而发生改变的过程。

比如，你采用"群机器人"的方式管理社群，刚开始你会感觉群机器人很给力，替你回答问题，替你管理社群，你愈加清闲。可时间久了，你发现，这样做会导致社群成员之间缺少了情感连接，心灵距离越来越远，不利于社群的长久发展，所以你就让"群机器人"歇业了，自己重新来管理社群，这就是顺应。

同样，在读书的过程中，你会发现有些书很好，但是你的思维模式(或思考角度，或行事的出发点)与这本书的作者不一样，这时候你需要思考，针对你要"化课"的课程来说，是你的想法更适用还是作者的想法更适用？当然也可以把你和作者的想法融合起来。

比如，你觉得某本书里的一些内容很有意义，可以加入你的课程，但想要学员有效掌握这个知识点，做到学后能融会贯通，还需要在这些内容的基础上进行"再创造"。于是，你找了一系列这个领域的书籍来阅读，在这个过程中，你形成了新的图式。有了这个基础，你根据教学目标就能轻易地从这些书中提取出有价值的信息，对它们进行改造加工。总体说来，"加工"的方式是先破后立，先打碎再重组，即把这些内容进行分层分类之后，你可以考虑，这些"散装"的内容以什么样的逻辑、什么样的形式重新组装起来，更利于你的教学目标的达成？当你经过思考，把这些知识点像拼图一样，以一种全新的方式重新拼合起来，再用图像化的方式展示出来时，就成了一个新的知识模型。整个过程如图2-11所示。

图2-11 "顺应"在"化书成课"中的应用

这个过程就如同古大陆崩裂、碎片四处漂移，最终形成了今天被大洋分隔的各个大陆板块一样。这就是顺应。顺应是新图式的创造和旧图式的改造。

所以，当我们发现原书中的内容不能完全满足授课目标时，可以汇聚多本书，集合更多的信息，对作者原有的图式加以修改或重建，以适应学员的需求和教学的需要。这个过程也会引发我们自己的认知结构不断发展。

可见，同化和顺应是学习者认知结构发生变化的两种途径。同化是认知结构的量变，而顺应则是认知结构的质变。

同化—顺应—同化—顺应……循环往复；平衡—不平衡—平衡—不平衡，相互交替，人的认知水平的发展就是这样的一个过程。

学习不是简单的信息积累，更重要的是包含新旧知识或经验的冲突，以及由此引发的认知结构的重组。学习过程不是简单的信息输入、存储和提取，是新旧知识或经验之间双向的相互作用过程，也就是学习者与学习环境之间互动的过程。

所以，"化书成课"的过程其实是你和书之间的互动与碰撞的过程，最后碰撞出来的内容一定会"青出于蓝而胜于蓝"。

在"化书成课"的过程中，书籍的真正作用是激活旧知，点燃新知，"化书"的过程，其实就是建构新知的过程。

2.2.2 "化书"和"拆书"的区别

> 只有你将书中的文字从容地咀嚼、消化，并嵌入灵魂中，你才会发觉，阅读实在是上天赐予人类的厚礼。
>
> —— 尤金·H.彼得森

随着【化书成课研习社】在多个城市生根发芽、茁壮成长，经常有人咨询这样的问题："化书"和"拆书"的区别是什么？

每次听到这类问题的时候，我都感觉哭笑不得：一个是**通过读书开发课程**的技术(化书)，一个是**通过读书学以致用**的技术(拆书)，明明不是一回事儿，为啥要牵扯到一起呢？但是鉴于这类问题确实很多，所以我还是和大家分享一下"化书"与"拆书"的区别。

1. 什么是"拆书"

拆书帮创始人是赵周老师，赵周老师2012年出版作品《这样读书就够了》(见图2-12)，这本书自出版以来一直畅销不衰，全国各地掀起了一股拆书热潮。书中提到的"拆书帮便签读书法"，在各地的拆书帮盛行——通过一种方式能够促使你从初级学习者迅速升级为高级学习者。

使用"便签读书法"之前，我们需要先准备3本不同颜色的便签，分别用来做三类笔记(I、A1、A2)。

第一类拆解，在I类笔记上用自己的语言重述知识。

第二类拆解，在A1类笔记上描述自己的相关

图2-12 《这样读书就够了》封面

经验。

第三类拆解，在A2类笔记上思考以后怎样应用这个知识。

A1类笔记内容指向过去，A2类笔记内容指向未来，这3张便签便把书中的知识拆为己用。形式其实并不重要，重要的是形成这样一种思维方式。

拆书帮便签读书法的操作步骤如下所述。

第一步，选择致用类的图书来读(拆书帮学习法只适用于致用类图书的阅读)。

第二步，用较快的速度阅读书籍。

第三步，遇到书中的理论、观点、概念或者较难理解的地方，先判断这个知识点是否有用；如果有用，则放慢阅读速度，仔细阅读相关内容。

第四步，用自己的语言简要复述知识点，或者总结自己从这段文字中得到的有价值的启示，写在I便签上，并贴在相应书页。

第五步，对同一个信息，回顾自己有没有经历过或者见到过类似的事情，写在A1便签上，并贴在I便签旁边。

第六步，结合读到的知识(观点/思想/启示)与自己的经验，设想自己今后如何具体运用这个知识点，写在一张A2便签上，并贴在相应位置。

第七步，在有便签的页面边缘贴上一张小小的指示标签，提醒自己这一页有需要实践的知识点。

第八步，用这个方法读完整本书后(或者读完自己认为值得读的部分后)，把所有的A2便签拿出来，贴在某个地方，提醒自己日后应用，促进学习转化。

拆书法分为两种，一种是个人拆书法，另一种是组织拆书法。刚才分享的是个人拆书法，而拆书帮组织的线下活动法就是组织拆书法——学习者坐在一起，在拆书家的引导下学习拆书。拆书家多用RIA拆书法带领学习者拆书。

- R=Read(阅读原文片段)
- I=Interpretation(引导促进)
- A=Appropriation(拆为己用)

第一个环节，在读书时，遇到某一个心动片段，停下来，标注出来。

第二个环节，用自己的话复述原文知识，达到理解知识本身。

第三个环节分两步进行，一是在A1类笔记上描述自己的相关经验，目的是通过反思让这个知识真正与自己建立联系；二是在A2笔记上写出针对这个知识的下一步行动，让知识真正运用在自己的工作和生活中。

由于这种"拆书学习法"有效地运用了教育学五大公理(自我导向、关联学习者经验、强调实践、聚焦于解决实际问题、内在驱动)，所以既能有效促进学以致用，也能培养学习者自己解决问题的能力。同时，在拆书帮的线下活动中，大家也能共享经验。

2. 什么是"化书"

"化书成课"是一门课程开发和设计的技术。具备了"化书成课"的能力，你就能快速将各种碎片化的知识(书中的、头脑中的、经验中的……)进行梳理、分类、拆解、归纳、重组、融合，然后设计出可被分享的、体系完整的课程。

1)"化书成课"技术的价值

"化书成课"技术对于"化书者"的价值体现为三个方面。

第一个价值，"化书成课"技术能够帮助化书者**内化书中知识**。

"化书成课"的前提条件是将书中的内容内化成自己的知识体系，所以对于我们自己来说，"化书成课"的这个过程其实就是我们自己学以致用的过程，是一种高强度的自我升级过程。因为在这个过程中，你需要识别书中的知识漏洞，你需要提炼书中的有效方法，你需要多角度优化书中的理念，你需要从不同的书中横向、纵向拓展你的知识面——通过教别人，你完成了一个高强度、卓有成效的学习过程。

第二个价值，"化书成课"技术能够帮助化书者**创设学习体验**。

我们一直在强调"以学员为中心"，然而，如何真正做到"以学员为中心"呢？关键在于创设学习体验。每个学员都是带着自己的知识和经验来到课堂上的，我们通过设计恰当的体验式活动才能激活学员头脑中已有的经验和观点。只有学员在体验中受到不同程度的内心触动之后，才会不知不觉、心甘情愿地被吸引着参与，进而融入课程，享受学习的乐趣。

"化书成课"的技术将书中的知识点分类，再将不同类型的知识点转化为不同的学习活动。由此，沉静的、严肃的"书籍大厦"在"化书成课"技术的精心装扮下"活"起来了。这座"书籍大厦"开始变得灵动和调皮，一会儿变成迷宫，激发学员的好奇心和探索欲；一会儿变出有趣的动植物，让学员在惊喜中产生求知欲；一会儿把解决方案隐藏在一间堆满杂物的房间里面，引发学员自动自发地寻找答案……

在这些学习活动的"陪伴"和"引导"下，学员从以往看书时被动地吸收知识转变成主动地思考，主动地体验和感受书中的理念与智慧，主动地构思和探讨如何实践所学内容，从而让过去"苦逼"的学习过程变成了一段快乐的学习旅程。

第三个价值，"化书成课"技术能够帮助化书者**形成复利效应**。

德鲁克说，我们常常高估3个月或6个月的变化，而低估5年或10年的变化，原因是我们常常忘了"复利"的存在。所谓知识复利，就是新知识不断成为下一次思考素材的积累，从而让知识以"复利"速度快速迭代。

化书者运用"化书成课"的技术，有六重复利：

一是可以化书成灵感，记录在微博和微头条上，让自己的灵感沉淀下来，进而流动起来。

二是可以化书成文章，发布在微信公众号或者简书这样的自媒体上。

三是可以化书成答案，用来回答知乎、悟空问答等平台的用户提问，创造更多价值。

四是可以化书成"图"，用图像化、视觉笔记、思维导图等方式来形象展示书中内容，这样既能有效地归纳书中内容，又能增添学习的乐趣。

五是可以化书成"戏"，用戏剧化的方式把书中的内容演绎出来——让学习者在电影级的体验中领略书中内容的精髓。而这出"戏"，也可以发布到视频号、抖音、快手等平台，激活全民的学习热情，弘扬多元的价值文化。

六是可以化书成课，这些课包括音频课、线上微课和线下课，音频课可以在喜马拉雅平台播放，满足听觉型学习者的需求；线上微课可以放到千聊、小鹅通、荔枝微课等线上平台，既能直播也能录播。线下课包含了分享课、私房课，内训课三种类型，既能满足C端学习者的需求，也能满足B端学习者的需求。

这样一来，你就能借助"化书成课"的技术，在各个平台、各个渠道留下你的痕迹，让你的目标学员不仅轻易发现你，还能多维度地感知你的专业。这种方式既有助于你把书中获得的知识进行反复利用、多渠道传播，也有利于你在能力提升的过程中打造个人品牌。

2) 化书成课的具体实施流程

化书成课的**具体实施流程**如下所述。

第一步，通过前期的需求调研和差距分析，**确定课程方向**、明确授课对象和课程目标。

第二步，根据课程目标和受众需求，选择匹配的书单，再从书单中**筛选出适合转化为课程的书籍**。

第三步，**梳理课程内容**，缩小目标范围，根据"目标导向"和"用户视角"两个原则确定书中适合转化为课程的内容。

第四步，用"化书成课"的创新思维工具把书中的内容进行**升级更新**、**优化重构**，转化为比原书内容更有含金量的课程。

第五步，根据"化书"的内容，**确定课程价值**。所谓课程价值，就是学员学了这门课程之后能够收获和感悟到的东西。

第六步，用"化书"技术中"由外到内"或者"由内到外"的方法来**搭建课程结构**，并根据金字塔原理调整课程结构。

第七步，设计内容的转化形式，把书中的理论性知识点**转化为案例**，把书中已有的案例"改编"成与学员对象更加匹配的案例。

第八步，把书中的概念性知识、流程性知识、方法性知识、反思性知识**转化为有体验感的学习活动**，让学员通过体验就能得出结论。

第九步，从"激发学习动机、塑造学习价值、促进学习转化"三个维度**规划课程实施流程**。

每一门"化书"的课程既来源于书，又不止于书，它有着更多的延展和拓宽，有着更强的张力和生命力。更重要的是，"化书"的课程不仅强调书中原在知识，还强调每个人本身具备的资源，能够将书中知识和你的思想、资源、创意、阅历有效结合。

总之，"化书"和"拆书"都是美妙的技术，各有各的适用场景，各有各的独特优势，各有各的智慧技术，都是高强度的自我升级过程。看书的时候，如果你能综合运用这两种技术，那么你对书中内容的**觉察力**、**探索力**、**转换力**都会明显提升，通过"化书"或者"拆书"，你能**实现自己独立思考无法获得的认知迭代**。

2.2.3　不要锁死在原书的轨道上

读书有三种方法：一种是读而不懂，另一种是既读也懂，还有一种是读而懂得书上所没有的东西。

——克尼雅日宁

如果读一本书仅仅将其中的观点记住，或者以另一种方式表达出来，那么你只是在做知识搬运工，并没有真正地跳出书的框架。这种情况下，你的视野就会被**局限在作者的视野中**，无法得到扩展。而读书的真正价值是**思考观点背后的思维模式和逻辑体系**。思考观点从何而来，如何推理和佐证这个思维模式，同样的思维模式是否适用于其他问题，这个思维模式在实际应用中应该注意哪些问题，自己的思维模式与作者的思维模式有何不同，造成这个差异的原因是什么，等等。

只有不锁死在原书的轨道上，你才有更多的机会发展你的**洞察力、理解力、整合力**，才能从书中探索出更广阔的天地。

在读书的过程中，有些人为了辨别内容框架、识别主要问题、厘清作者观点，通常会在读完之后，问自己以下5个问题：

(1) 阅读这本书的主要目的是什么？
(2) 这本书的作者试图解决什么样的问题？
(3) 深入学习这本书需要哪些信息作为基础？
(4) 这本书基本的观点、假设或者原理是什么？
(5) 阅读这本书将会对我的价值观产生何种影响？

这5个问题都是基于书籍本身的思考，思考出来的答案自然也是对书中内容的总结、萃取和深入，**或多或少受到作者观念的影响**。

比如说，当阅读《人类简史》这本书(见图2-13)时，这5个问题的答案可能是这样：

(1) 阅读这本书的主要目的是什么？

——收集有关过去的信息，弄清过去发生的事实，对于它的动态性变化有深刻的洞察，从而在当下和未来帮助我们做出决策。

(2) 这本书的作者试图解决什么样的问题？

图2-13 《人类简史》封面

——用一种物种研究的视角来纵览世界历史，勾勒人类进步发展的本质，以便预测人类未来的走向。

(3) 深入学习这本书需要哪些信息作为基础？

——生物学、物理学、历史学、金融学。

(4) 这本书基本的观点、假设或者原理是什么？

——人类不仅生活在真实的世界里，还生活在一个虚构的世界里。人类"一起"想象，编织出共同虚构故事的能力，赋予智人前所未有的能力，让人类得以发展和前进。

(5) 阅读这本书将会对我的价值观产生何种影响？

——一个又一个虚构的故事之所以有力量，不在于它们是否客观存在，而在于它们能让人们信以为真，并为之付出行动，建立实实在在的合作。

当然，不同的人阅读这本书，对这5个问题的回答肯定是不一样的，因为每个人的答案中都会透露出他的知识背景、经验阅历、世界观和价值观。

不过，我们还可以**打破原书的枷锁，跳出作者的思路**，拓展广度，询问另外5个问题：

(1) 这本书中的知识点运用到日常生活中会有怎样的成果？
(2) 如果你来写这本书，你会怎么写？你需要哪些信息和数据才能完成这本书的写作？
(3) 你觉得这本书可以补充些什么内容？删减些什么内容？
(4) 如果测试他人有没有看懂这本书，你会出一些什么样的题目？
(5) 你觉得这本书的内容与你看过的哪些书能联系起来？

这样的问题一问出来，是不是探询到的答案又是另外一个维度了？

通过这样的拓展，我们就能以不同的方式来提取和应用书中的内容，从而让一个知识点在多个不同的场景下创造出更多的价值。

在我们"化书成课"的过程中，通过运用"化书成课"的技术和工具，同样能打破原书的枷锁，跨越书中的"南墙"，突破作者的思维空间，转而在自己构筑的世界中，重新设计出一座全新的、不同于原书的"城市"。这座"城市"更适宜我们自己的学员居住和生活，更匹配我们的授课对象，而不像原书一样，面向所有的大众群体。

正因为如此，"化书成课"的技术，可以让我们做到：

- 把一本书化成不同领域的课
- 从书中截取一个点放大成课
- 化多本不同的书为一门课

跳出原书轨道提取书籍内容的思维方式与"意会"的思维模式有异曲同工之妙。我们先通过一个例子来了解"意会"的思维模式。

19世纪，有一家英国锁具公司向印度出口门锁，出口量很大。每年销售的五金产品加起来，可以堆满一艘轮船。但这个锁的质量不是很好，稍微用什么东西插一下就打开了。

20世纪20年代，随着人们收入的增加，这个品牌的门锁销量不断下降，于是该企业重新设计了门锁，提高了门锁的质量。可是该品牌门锁的销量还是没有增加，没过多久，这家英国公司就破产了。

当时，市场上还有一家规模很小的锁具公司，规模大概是英国锁具公司的1/10，这家小公司意识到，锁具销量下降不仅是质量的问题，更重要的是用户需求发生了变化。他们调研后发现，印度人对锁具的使用与他们所在的区域有很大的相关性。比如，乡村地区的人对锁的使用有一些迷信色彩，他们觉得锁有神秘力量，小偷通常不会撬锁，怕冒犯了神灵，所以钥匙派不上用场。而城市里面的中产阶级对锁的质量要求非常高，英国锁具公司老式的锁具经过重新设计之后，对他们来说还是不够安全。

于是，这家小公司决定设计两种锁，一种没有钥匙和锁头，就是简单的门闩，专门销往乡村市场，价格只是原来的1/3；另一种是很牢靠和复杂的锁，配了3把钥匙，售价是老式锁的两倍，主要针对中产阶级。不久之后，这家小公司的市场份额和规模急剧扩大，成为向印度出口五金产品最大的公司。

这家小锁具公司的思维模式就是"意会"。**意会就是根据人的真实需求，把各个领域的资源整合到一起，来实现以人为本的解决方案。**它是一种解决问题的方法论，提倡用同理心去体察别人的想法和情绪、理解别人的立场和感受，发现他们的真正需求(说不出来但确定存在的)是什么。"意会"思维模式的具体实施流程如下所述。

第一步是预测用户需求，即在对行业、对市场、对目标用户的充分理解和客观洞察上预测。

第二步是客观陈述消费者的需求。

第三步是转变用户诉求。这一步，你可以通过提出一个问题来拓展思路：做什么事情能够把用户的核心诉求转变成产品策略？

第四步是跳出思维定式，跨界寻找解决方案。

第五步是落实执行，测试市场，获取反馈，持续优化，进行小幅度且频繁的更新，类似于PDCA循环。

经过上述5个步骤，你就能探索到用户的真实需求，并且在启发灵感的过程中获得洞见，然后整合资源，创造出满足用户需求的产品或服务。

这种"意会"的解决问题的思维方式**迁移到**我们阅读书籍的过程中同样表现为五步。

用"意会"读书的**第一步就是预测自己的变化**。这一步并非问自己："我想通过读这本书达到什么目标？"这样很容易让你错过书中的一些精彩内容，陷入狭隘的思维空间，并剥夺你产生"洞见"的机会。而是你要思考，**看了这本书之后，你可能会有哪些方面的收获？你可能会产生什么样的变化？**带着这样的问题，你在读书的过程中就可以捕捉到有利于成长的点点滴滴。

用"意会"读书的**第二步是复述作者观点**。你在读书的过程中，用自己的理解重新陈述一遍作者想要表达的意思，你才会从自己的思维角度来理解这段内容。

用"意会"读书的**第三步是转化书中内容**。你可以通过写文章的方式来转化，也可以通过勾画思维导图的方式来转化，也可以通过给别人讲述的方式来转化，还可以通过"化书成课"的方式来转化。

用"意会"读书的**第四步**是**跨界建立联系**。

如何跨界建立联系呢？我们举个简单的例子，看看波士顿矩阵的跨界应用。

如果你学过营销管理的话，应该在营销管理的相关书籍中见过波士顿矩阵(见图2-14)。

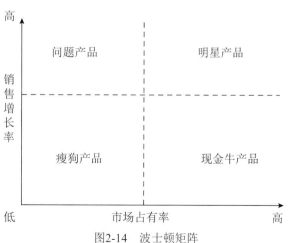

图2-14　波士顿矩阵

波士顿矩阵(BCG Matrix)，又称市场增长率-相对市场份额矩阵，由美国著名的管理学家、波士顿咨询公司创始人布鲁斯·亨德森于1970年首创。波士顿矩阵认为，决定产品结构、影响产品发展的基本因素有销售增长率和市场占有率。通过这两个因素的相互作用，会出现4种不同性质的产品类型，形成不同的产品发展前景。

现金牛产品，是指处于低销售增长率、高市场占有率象限内的产品群。该类产品已进入成熟期，其财务特点是销售量大，产品利润率高，负债比率低，可以为企业提供资金，而且由于增长率低，也无须增大投资。因而该类产品成为企业回收资金，支持其他产品的后盾。

明星产品，是指处于高销售增长率、高市场占有率象限内的产品群。这类产品可能成为企业的现金牛产品，需要加大投资，以支持其迅速发展。

问题产品，是指处于高销售增长率、低市场占有率象限内的产品群。该类产品的财务特点是利润率较低，所需资金不足，负债比率高。该类产品具备高成长的潜力，只要有财力资助、渠道资助和诱因引导，就会成为明星产品。

瘦狗产品，是指处在低销售增长率、低市场占有率象限内的产品群。该类产品的财务特点是利润率低、处于保本或亏损状态，负债比率高，无法为企业带来收益。这种产品的存在是过去的积累或基于财务以外的原因，对这类产品应采用撤退战略。

波士顿矩阵同样把企业战略业务单位分为了4种类型，即金牛、明星、问题、瘦狗。根据市场份额和市场占有率的不同，企业应投入不同的资源，采取不同的市场策略。

以上是波士顿矩阵在营销管理方面的应用，我们稍微拓宽一下思路就会发现，波士顿矩阵也可以用于合作伙伴关系方面的剖析。我们用"合作频率"替代矩阵中的"销售增长率"，用"宣传效果"替代矩阵中的"市场占有率"。通过这两个因素的作用，会出现4种不同的合作伙伴关系。

处于现金牛产品象限的合作伙伴，对于你的产品或服务的宣传力度很大，你们之间合作的频率比较稳定，能够持续给你带来利润增长。他们是你的核心合作伙伴。

处于明星产品象限的合作伙伴，对于你的产品或服务的宣传力度很大，你们之间合作的频率也很高，但是为了推广，你可能需要支出更多的市场费用，所以会稀释你的利润。这样的合作伙伴可以继续合作。

处于问题产品象限的合作伙伴，跟你合作的频率很高，有增加利润的潜力，但是目前看来，其对产品的推广力度不够，宣传面不广，给你带来的客户量并不多，需要考虑是否继续合作。

处于瘦狗产品象限的合作伙伴，合作频率也低，客户量也少，给你带来的利润也少，之所以还在继续合作，可能是历史因素，可以考虑终止合作。

用"意会"读书的**第五步是通过实践验证**。

书中给出的任何方法、技巧、思路都有其适用性和不适用性。一个方法在A场景和B场景里面适用，换到C场景和D场景就可能不适用了；一种策略在A环境下很适用，在B环境下也许就不适用了。

过去，很多商家给产品定价的时候，要么以成本为导向来定价，要么以竞争对手为导向来定价。所谓以成本为导向，就是商品的成本加上你要赚得的利润，就是最终售价。所谓以竞争对手为导向，就是在竞争对手价格的基础上稍微做一些调整，或者干脆直接和竞争对手用一样的价格。

而现在，随着时代的发展和进步，随着市场越来越透明化，随着消费需求的变化，顾客的消费开始逐渐从生活需求导向转变为价值需求导向，更多是为满足自己的内心体验。所以，很多商家开始改变策略，以顾客为导向来定价，清晰定位用户画像，明确自己面对的是怎样的顾客群，这些顾客群有怎样的需求、有怎样的消费模式、有怎样的情感触发点，然后为顾客匹配合适的产品、服务和价格。当然，匹配得合适不合适，也是要通过实践来验证。

所以，对于书中给出的任何知识点，你都要去实践验证，你实践过、运用过，才知道这个知识点在什么情况下可以用，在什么情况下不可以用。

这就是用"意会"方式来读书的5种策略，总结如下：
- 第一步，预测你的变化
- 第二步，复述作者观点
- 第三步，转化书中内容
- 第四步，跨界建立联系
- 第五步，通过实践验证

我们之所以能把"意会"解决问题的思维模式迁移到读书分析中，之所以能用"波士顿矩阵"分析"合作伙伴关系"，是因为我们在阅读的时候，**并没有锁死在原书的轨道上，而是在原书内容的基础上进行了自由的变化和天马行空的类推。**

【第2章回顾】

(注：每章结束，我们会通过一些互动趣味的练习，来帮你回顾所学内容，让你既能够及时巩固这一章的核心内容，又能够借此机会自我检测，看看自己究竟学到了多少。)

1.【填空题】选书的5个思考维度分别是解决问题的效果，知识迁移的角度、_____、_____和_____。

2.【多选题】"化书成课"的技术对于"化书者"的价值体现为(　　)三方面。
A. 内化书中知识
B. 增加阅读速度
C. 创设学习体验
D. 形成复利效应

3.【简答题】让你从一本书中获得多重体验的"论景象"驱动器是什么？

4.【填空题】请补充完整化书成课的具体实施流程。

确定课程方向 → 选择合适书籍 → 梳理课程内容 → 升级优化重构 → 确定课程价值 → 知识转为案例 → 规划实施流程

5.【填表题】制订你未来一年的读书计划，把表格补充完整。

未来一年读书计划(XXXX年X月)			
计划阅读的书籍	阅读本书能让我……	计划阅读周期	计划输出方式

【第2章回顾答案】
1. 同行角度、时间跨度、影响范围
2. ACD
3. 论——多元结论法，景——场景预设法，象——双向考虑法
4. 搭建课程结构、知识转为学习活动
5. 略

第 3 章

化铁为金，
升级书中内容

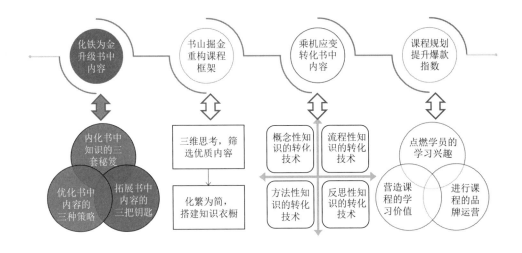

3.1 内化书中知识的三套秘笈

3.1.1 认知学习法

喜欢读书，就等于把生活中寂寞的时光换成巨大享受的时刻。

——莫泊桑

人们在生活中接触的信息极其有限，从纷繁复杂的环境中筛选出有价值的信息、探索事物发展变化的逻辑和规律更加需要时间，而读书可以拓宽你的眼界，让你触碰到现实世界中无法接触的环境；可以传递前人已经总结好的经验，帮助你省时省力地理解这个世界；可以在无意之中培养你的很多思维方式，让你在积累足够多的素材之后，总结出事物运行法则。

所以，读书是搭建**完整知识体系**的最短路径。在你的头脑中，知识网络的构建和思维框架的搭建取决于你读过什么样的书，以及你在看书的时候所采用的读书方式和思考路径。但是，单纯的阅读**并不能提高我们对任何事物的理解能力**，你要在读书的过程中"思考"，如何把书籍的价值变成自己的智慧。简而言之，你花费多少脑力就能获得多少知识。

伏尔泰曾经说过：书读得越多而不加思索，你就会觉得你知道得很多；但当你读书而思考越多的时候，你就会清楚地看到，你知道得很少。

读书的目的不是在于记忆，而是在于理解和吸收。所以，我们需要了解**认知学习法**的应用原理，用经过实践验证的科学的方法提升**读书效率、拓展记忆深度和扩大运用效果**。

接下来，我给大家分别介绍认知学习法的**5**个应用原理，学完之后，你会知道如何读书才是**思维系统升级**最快的方式。

1. 认知学习法之生成效应

生成效应就是用自己的语言讲述新学的知识。这种方式能够促使你用旧信息去理解新信息。

当你用自己的语言来阐述一个概念的时候，你不得不调用已有的知识、经验和观点来**解构、定义和描述**这个新知识。在看书的过程中，你可以通过以下两个步骤来促进内容生成。

第一步，看完一个章节或者学习完一个重要知识点后，合上书，用自己的语言把这个知识点阐述一遍，然后对照原书中的内容进行**检查修正**。接下来，再合上书，用自己的表达方式重新表述这个知识点(最好能讲给别人听，看看别人能不能听懂)，表达结束后，与书中内容进行对比，看看自己的理解是否**有偏差**。如果有偏差的话，一定要**找到偏差的原因**，想一想是什么原因导致的这个偏差：

- 是我缺乏理解这个知识点所必需的背景知识吗？
- 是我的思维模式和作者的思维模式不一样吗？
- 是我内心其实并不认可这个知识点吗？

……

找到原因之后，才能**对症下药**。

第二步，针对书中的内容，**提出一个问题**，然后尝试回答这个问题。

举个例子来说，《天下没有陌生人》这本书提出："在新的工作环境里，一定要知道谁是真正有影响力的那个人。"当你看到这里时，如果你觉得这个知识点很重要，那么你可以先用第一步的方法，试着用自己的语言复述这句话。这一步做好了之后，就可以进阶到第二步——提问："如何知道谁是真正有影响力的那个人呢？"

通过思考这个问题，你就能根据自己的经验阅历和知识储备，总结出"找到有影响力的人"的一些策略，当然，这个思考过程可能需要用到你的观察能力、分析能力和推理能力。这些策略被总结出来之后，你就会有一种想要试一试的冲动，因为大脑喜欢通过行动去验证自己的想法。

这种由表及里的思考能让你深入理解书中的内容，并且**跳出书本**，发现作者没有在书中给出的**假设条件**，挖掘出书中知识点背后的**思维脉络**，探索出更多和这个知识点有关的其他技巧。这样一来，你的学习深度、广度和宽度都会得到持续扩展。

2. 认知学习法之必要难度

如果把你的头脑比作**储物箱**，那么，当我们向大脑输入信息的时候，就是往这个储物箱里**存储东西**；当我们在回忆学过的知识或者看过的书时，就是在从这个储物箱里面**提取东西**。研究表明：**输入信息容易时，提取信息就会变得困难；输入信息困难时，提取信息就会变得比较容易。**

必要难度其实就是增加我们输入信息难度的一种方式。

你也许发现了这样一种现象，当你听课时，觉得这个知识或概念很容易理解，只是画一画重点，可当你合上书本想要表述这个知识或概念时，却发现自己很难精准地表达出来；而当你经过反复思考，用自己的表达方式给别人讲过这个知识或概念后，你便牢记了这个当时觉得很难的知识或概念，也能在以后应用时轻松提取。这就是必要难度存在的意义。

所以，在课堂上画重点其实用处不大，老师一边讲，你一边画，你会觉得知识点很简单，但如果课后不复习，未来想要从大脑"硬盘"中提取这段内容时，仍然没有头绪。看书也是一样，看完6小时后再做笔记，虽然相比边看书边做笔记更费脑，但是你却能牢记笔记里的知识点，方便日后提取。

同时，为了增加必要难度，你还可以把书中的内容勾画成**思维导图**，但不是按照作者写书的思路来勾画，而是根据你对书中内容的"**重构**"来勾画。通过这样的画图模式，书中的这些知识点会在你的头脑中找到"**生长点**"，在你已有的**知识树**上形成枝叶，继续生长。

3. 认知学习法之测试效应

通过测试，你头脑中的知识构成会发生改变，这就是测试效应。

测试能够增加我们对知识点的记忆时长。因为测试本身就是一种强效的学习过程，它可以改造你已有的知识体系，同时加深你对学习材料的记忆。

学生时代的题海战术之所以有效，原因就是测试对记忆有巩固作用。大量的测试让你见过很多不同类型的考题，也让你对那些被多次测试的知识点印象更加深刻，由此，你总结出考题的一般性规律。

在"化书成课"课程中，我是这样帮助学员运用测试效应的。我会在授课之前，让学员结合自己想"化"的书，思考这样一些问题，如表3-1所示。

表3-1 你和作者的思维模式对比

作者写书的思维模式	你化书成课的思维模式
作者为什么会写这本书？	你为什么想化这本书？
作者希望通过这本书给读者带来什么？	你希望通过这门课程给学员带来什么？
作者是如何证明书中的论点的？	你会用什么方法证明你的结论？
作者分析问题的流程步骤是怎么样的？	你分析问题的流程步骤是怎么样的？
作者是如何安排书的逻辑结构的？	你是如何设计课程的逻辑结构的？
作者是从什么样的角度来描述一件事情的？	你描述一件事情的角度有哪些？
作者在书中给出的方法和技巧，适用于什么场景？	在什么条件下，你运用书中的方法和技巧才能达到书中设定的目标？
如果作者遇到了××问题，他会如何解决？	如果你遇到了××问题，你会如何解决？

这些问题需要学员看书之后，根据自己的理解，在笔记本上写下自己的答案，并**用自己的语言**讲述出来。

当学员**分析、探索、对比和思考了**这些问题，并生成答案表述出来的时候，就能够在阅读这本书的过程中，收获以下三点：

- 对书中的知识点理解清晰且记忆深刻
- 能够总结出作者的思维模式和写作思路
- 了解书中的知识点适用于什么样的情况和场景

4.认知学习法之间隔效应

当你集中注意力阅读的时候，就能把书中的一些内容转为临时性"工作记忆"，但"工作记忆"转为"长期记忆"需具备两个前提条件：第一，便于记忆或者你能把信息组合成为模型；第二，这些信息需要重复。若这些内容能**间隔一段时间再重复学习一次**，效果会更好。

比如说，你看了一本很有价值的书之后，写了一篇书评或者感悟(**生成效应**)。过一两个月之后，你再来重读这本书(当然，这次会比上次的阅读速度快得多)，又有了一些和上次不同的领悟，你把这些想法添加到之前写的感悟中。再过**半年或者一年**，你经历了很多事情，或许你遇到了书中提到的类似问题；或许你在经历了一些事情的时候，已经不知不觉、潜移默化地用到了书中提到的一些方法。此时，你再次阅读这本书，你会有更多的**触动和启示**，因为，随着你的认知不断跃迁，你再走同一条路的时候，就会看到和以前**不一样的风景**。你可以继续利用"生成效应"把你此时的所思、所想、所感记录下来。

这样一来，这本书的精华内容就会在你的头脑中形成"长期记忆"而非短期记忆，就会长成你知识网络中的一片"枝叶"，跟你脑中的其他知识点连接起来。

总结一下，"间隔效应"的规律是**随着你对知识点的记忆逐渐加深，可以延长重**

复的间隔时间。

5. 认知学习法之交叉效应

你觉得**同一个时间段**里面，专注看一本书的效果比较好，还是同时看多本书的效果比较好？研究表明，一个时间段里面，**同时看多本书**的效果比专注看一本书的效果更好，原因在于后者的看书方式有利于知识体系的完善和丰富。

每本书中的知识点都是某一座"知识大厦"的碎片。知识是有网络效应的：任何一个知识点都不是孤立的，它一定要跟其他知识点联系起来，才能更好地发挥价值。只要你愿意把这些不同书中的**知识碎片**拼接在一起，就会发现它们之间的**隐性联系**。书中能够联系的知识点越多，书的价值越高。

人类的大脑有两个特点：一是大脑喜欢解读，所有的知识都是由人的大脑**解读**出来的；二是大脑喜欢建立联系，所以各种知识都能以不同的方式**结合与穿插**在一起。

从这个角度上来说，如果你在一段时间内**交叉阅读**不同书籍有两点好处：一是大脑会因为更换不同类型的知识而**"进化"**得更容易抓住书中的重点和关键点，这样有利于你更快地吸收新知识；二是你从不同书中获取到零散知识后，大脑会自然而然地将其与邻近知识串联起来，进行**对接和匹配**。每当匹配成功的时候，你会迸发出发现新大陆般的感叹："这个原理也可以用在我最近看的书中！"

假如A、B、C是三本不同的书，你以前的阅读方式可能是这样：A→A→A→B→B→B→C→C→C，前面三天看A书，之后三天看B书，最后三天看C书。但如果你要交叉阅读的话，最好是把你的阅读方式变成这样：A→B→C→A→B→C→A→B→C，每天穿插着看A、B、C三本书，这样更有利于记忆，也更有利于发散性创新。

这时候，你学习的过程就变成了创造的过程。

读书没有捷径。所有你走过的捷径，都是给自己挖下的坑。运用认知学习法，你在阅读中能够不断训练自己的思维方式、不断训练自己抽丝剥茧看事物的能力、不断训练自己找规律的能力，直到未来某一天，你会发现，你终于能**透过现象看本质**了。**那些你曾经读过的书会在未来某个时机创造你想都想不到的奇迹。**

3.1.2 过去未来法

如果你感到哪本书实在是一本好书的话，那么就请隔一段时间重新读一遍，而且每遍阅读，都用不同颜色的彩笔画上线，在空白处记下阅读时的杂感。这是一种有益的读书方法。

——大江健三郎

本书第2章2.1.1节已经讲过了如何选书，那我们怎样才能把选出来的这些书，有效吸收内化，为我们开发课程提供素材和思路呢？

这里我给大家分享一个工具——时光机。当你看到书中很有价值的一段内容之后，你可以乘坐这艘"时光机"到达过去，探寻过去和这段内容有关的"蛛丝马迹"，看看你的过去和这段内容会有什么联系，看看过去发生的哪些事情可以用到书中提到的方法。找到"线索"之后，你再乘坐这艘"时光机"到达未来，看看在未来的某个空间、某个场景运用书中这套方法是否能达到预期的结果。

看书的时候，乘坐"时光机"在过去和未来之间穿梭的方法，叫做"过去未来法"。运用这个方法来看书，有利于我们从不同的视角解读书中的内容，把一个情境中学到的东西迁移到新的情境。这不仅能解决单一问题，还能解决一系列类似问题。相当于通过这套方法，你可以获得一套框架，有了这套框架，你就能批量解决问题了。

当看到书中一个处理事情的方法或一个解决问题的思路的时候，你可以先乘坐时光机到达过去，以过去的立场来提问，具体如图3-1所示。

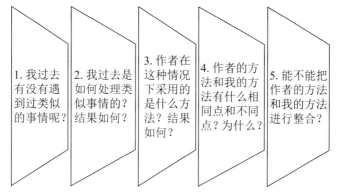

图3-1　站在过去的立场来提问

然后，你可以乘坐"时光机"来到未来，看看未来的哪些场景可以应用这套方法。要提升认知的质量，加快认知升级的速率，就要重视运用，而不仅仅是存储，因为收集和输入知识信息只是手段，运用才是你获取知识的真正目的。

当到达未来之后，你可以思索以下几个问题(见图3-2)。

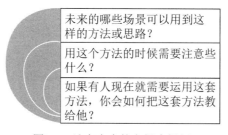

图3-2　站在未来的立场来提问

举个例子来说，在《没人懂你怎么办》一书中，作者提供了5个策略来帮助我们正确表达歉意：

第一，不要自我辩护。

第二，设想对方的观点。仔细考虑对方因你的过失受到了什么影响、有什么感受，以及需要从你那里获得什么，才能放下过去、向前看。

第三，承认对方的感受及价值观。鼓励他们谈论自己的感受和重视的事物，并表达出你的理解。

第四，重建"我们"的感觉。要提醒对方，你们共同经历的过去、拥有的共通性，以及共享的目标。

第五，根据道歉对象来调整道歉方式。

看完这段内容之后，我开始乘坐"时光机"回到过去，思考以下几个问题。

(1) 我过去有没有遇到过类似的事情呢？(你也可以趁此机会想一想，你过去有没有遇到过类似的事情)

答：遇到过，曾经做过一件事情，做这件事情的时候，由于考虑不够周全，导致一个朋友的利益受损，当时是真的觉得很抱歉，希望能够弥补自己的过失。

(2) 我过去是如何处理类似的事情的？结果如何？

答：当时我说了"对不起"三个字，我真诚地解释了自己为什么犯这样的错误，尽量把错误"合理化"。我也鼓励对方说出他的感受，认真聆听后表示认可，并提出了有利于对方的补偿方案。可由于我总是倾向于解释自己的错误，给对方的感觉是我在找借口，在淡化自己的错误，让人觉得道歉不真诚。

(3) 作者在这种情况下采用的是什么方法？结果如何？

答：作者的方法是"先跟后带"，即先让对方倾诉感受，作者表示理解，让对方感觉到"被同理"，再强调彼此的共同点和共同目标，拉近双方之间的关系。

(4) 作者的方法和我的方法有什么相同点和不同点？为什么？

答：我们都会说对不起，都会表达同理心，都会把焦点聚焦在共同目标上，但作者不会为自己的错误作解释，也不会在"对不起"后面加"但是"两个字。

为什么我和作者表达歉意的方式会有这样的区别呢？因为作者能够坦然接纳自己的错误，而我有时候不能全然接纳，因此在解释时会加上"但是"两字。

(5) 能不能把作者的方法和我的方法进行整合？

答：可以。可以把我"倾向于补偿对方"的这个意向与作者书中提到的5个步骤进行整合，也就是在作者原来表达歉意的五步基础上，再加上第六步：提出补偿或者承诺改变以往的某种行为，这样道歉的效果会更好。

接下来，我开始乘坐"时光机"到达未来，思考以下几个问题。

(1) 未来的哪些场景可以用到这样的方法或思路？(你也可以借此机会思考一下)

答：一个场景是在自己做错了事情，让别人受损或者受伤，需要向别人道歉的时候；另一个场景是项目没有达到预期目标的时候，也许项目没有达到目标的问题不在我，但我作为项目负责人，这种时刻需要代表团队表达歉意。

(2) 用这个方法的时候需要注意些什么？

第一，不能只说"对不起"，而不说具体原因，因为这样是无法化解矛盾的；不仅要表达歉意，也要说明自己哪方面没有考虑周全，这样的道歉才显得更加真诚。

第二，不是所有的道歉方都需要补偿。对于陌生人或者合作方来说，道歉的最好方式是提供补偿，但是对亲人或者朋友来说，道歉的最好方式是表达同理心，重建你和他们之间的亲密关系。

第三，道歉的时机很重要，不能太早也不能太晚。这就要根据你对对方的了解程度来把握了。

(3) 如果有人现在就需要运用这套方法，我会如何把这套方法教给他？

答：我会和他玩一个游戏，先告诉他，假设我今天做了一件错误的事情，这件事情给你造成了一些困扰，那么接下来，我会针对这件事情，这样跟你道歉。然后，我会把这一套道歉的思路，在跟他道歉的过程中演示一遍。演示之后，我会让他试着找出我刚才道歉过程中的一些关键点，包括关键话语和关键动作。他找出来的点，我会加以肯定和鼓励；没有找出来的点，我会提出来并加以强调。通过这样一个游戏，让他了解道歉的关键步骤。

所以，我把这套方法教给他人的方式，分为三个步骤：

(1) 角色演示

(2) 找关键点

(3) 补充说明

借由"时光机"，你就能顺利完成从过去到未来的这一段旅程，通过"过去未来法"中的提问方式，你不仅能把书中的内容吃透，让读书的过程变得更加有趣，还能让书中的各种方法都为你所用，在你的头脑中建立一条高带宽的路径。以后遇到类似的场景，你就会沿着这条高速路线，轻易提取到相关方法和技巧，形成一套完整的知识应用体系。

下面我们来回顾一下，有效内化书中知识的过去未来法。

当你看到书中一个对你来说很有价值的方法或思路时，你可以先以过去的角度来思考：

(1) 我过去有没有遇到过类似的事情呢？

(2) 我过去是如何处理类似的事情的？结果如何？

(3) 作者在这种情况下采用的是什么方法？结果如何？

(4) 作者的方法和我的方法有什么相同点和不同点？为什么？

(5) 能不能把作者的方法和我的方法进行整合？

从过去的角度回忆并进行对比分析之后，再以未来的角度进行想象和预演：

(1) 未来的哪些场景可以用到这样的方法或思路？

(2) 用这个方法的时候需要注意些什么？

(3) 如果有人现在就需要运用这套方法，你会如何把这套方法教给他？

接下来我想发出一个邀请，请大家找出一本书，找到书中的任意一个方法，我们用这个"过去未来法"来化书。这样做刚开始可能有一点难度，因为你没有习惯用这种方式来看书，这种感觉就像过独木舟一样，但只要敢上去，你就一定会看到一些奇妙的事情发生，你会体会到自己头脑中已有知识的浩瀚无边，同时也会感觉仿佛打通了你头脑中的"任督二脉"。这也是一个机会，能够让你更深入探索那个未知的自己。

3.1.3 收放自如化书法

> 经验丰富的人读书用两只眼睛，一只眼睛看到纸面上的话，另一只眼睛看到纸的背面。
>
> ——歌德

"化书成课"技术的变幻无穷之处在于：同样一本书，10个人来化，竟然可以化成10门完全不一样的课程！

比如说，几乎每一期"化书成课"的课程都有学员带《非暴力沟通》这本书来学习"化课"，可见这本书的市场口碑很好。不过，有趣的是，每一位带《非暴力沟通》这本书来参加"化书成课"的学员，都通过这本书"化"出了不同的课程。

有的人"化"出来的课程是"高情商的六项修炼"；

有的人"化"出来的课程是"孩子的心，需要你的倾听"；

有的人"化"出来的课程是"获取领导信任的三个锦囊"；

有的人"化"出来的课程是"做一个善于提问的管理者"……

可见，对于一本书，你可以有无数种化法，就像刺绣有无数种绣法一样。

这里给大家分享两种"化书"的思路，**一种思路是归纳法，即"收"；另一种思路是条件假设法，即"放"。一收一放，收放自如，所以叫做"收放自如化书法"。**这两种思路都可以让你在"化书成课"之前，快速在头脑中勾勒出课程轮廓，让书中的内容有逻辑性地呈现在你头脑中的画布上。当然，无论是化一本书还是化多本书，运用这两种思路的前提条件就是，要化的这本书是专业知识类的或者是技能方法类的。

专业知识类的书通常会以场景化、案例化、讲道理的方式输出专业知识或全新理念，比如说《定位》《文案策划与写作》《精益创业》等书籍；技能方法类的书往往会提供具体实用的做事方法和技巧，比如《视觉笔记术》《优势谈判》《新媒体运营实战技能》等书籍。

归纳法是逻辑推论的基本形式之一，是指人们以一系列经验事物或知识素材为依据，寻找出其服从的基本规律或共同规律，并假设同类事物中的其他事物也服从这些规律。在日常生活中，我们从事物中总结出观点的方法就是归纳法。

如果某一个具体问题适宜用归纳法来解决，那么你就可以收集其他和这个问题相似的案例，或收集其他同类问题的解决方法，以归纳出解决这类问题的规律性方法。

举个例子来说，感冒的病人一直咳嗽，为了解决咳嗽的问题，他可能会去询问身边的人怎么样止咳，也可能会自己去百度查询，也可能去观察其他咳嗽的人是怎么做的，根据收集到的信息，他可以归纳出一套普遍适用的方法——比如，吃银耳雪梨汤可以止咳。

另一种思路是**条件假设法**。条件假设法通常针对某一个具体情境提出"如果……怎么办"之类的问题，或者提问"如果改变这个事件中的一部分条件，会有什么样的可能"，即在具体问题中学习和思考。

再举个例子，在2016年初，巴西阿苏尔航空公司总负责人问过这样的问题：如果现有的顾客可支配收入缩水50%，我们要如何调整产品或服务？基于对这个问题的思考和评估，2016年5月，阿苏尔航空公司开始和旅行社合作：如果这家航空公司的会员预订合作旅行社的酒店能够享受很大幅度的折扣。

讯飞也曾经提出一个问题：很多人喜欢在通勤的路上看书，如果某个人很想阅读一本书，但又必须开车，怎么办呢？基于这个问题，讯飞发明了"文字转语音"的工具——讯飞快读。讯飞快读输入文字秒变语音，一键操作非常方便。

为了更好地说明归纳法和条件假设法，我们对比理解一下。假如你是一位服装设计师，要设计今年的服装，你可以把过去几年流行的服装找出来，找到它们的共同点，然后在这些共同点的基础上稍作加工和创新，就成了今年的新款式，这就是归纳法。

换一种思路，你也可以找出今年特别流行的一件服装，针对这件服装提出问题：如果这件服装既能在工作场合穿着，又能在朋友聚会时穿着，也能在轻度运动时穿着，那么这件衣服应该改成什么样子？这样一想，没准儿又会有新的设计思路诞生了，这就是条件假设法。

现在，你已经了解了什么是收(归纳法)、什么是放(条件假设法)了，那我们来思考一下，如果把几本书化为一门课程应该用归纳法的思路还是用条件假设法的思路？如果把一本书化为多门课程，应该是用归纳法的思路还是用条件假设法的思路？我们一起来连连线：

你做对了吗？

把多本书化为一门课，你可以采用归纳法。具体做法如下：找到同一领域的多本书籍，从这几本书中，找出相似的案例、相似的流程、相似的解决问题思路，先通过"过去未来法"把它们内化吸收，然后把它们归纳成一套系统的方法论，或者把它们整合成一套可用的思维模型。

举个例子来说，我有一门课程叫做"解决绩效问题的五步八器"。整个课程分为5个章节，分别是界定绩效问题、诊断问题原因、挖掘备选方案、选择备选方案、评估可实施性——这就是解决绩效问题的五步(见图3-3)。可见，这个课程是典型的流程式结构，章节和章节之间是层层递进的关系。

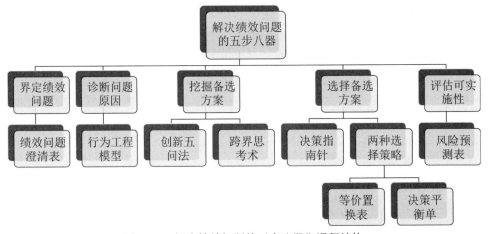

图3-3 "解决绩效问题的五步八器"课程结构

这个解决绩效问题的流程是怎么来的呢？是我从多本书中提取出来的。

开发这门课程的时候，我参考了很多书，包括《决策的艺术》《思考的艺术》《批判性思维》《刻意练习》《如何作出正确决策》《赢在决策力》《绩效改进基础》等书籍。但是我参考的这些书，解决问题的流程都不一样，于是我根据这个课程的定位、授课目的、目标学员、教学方式，从可操作性和便捷性的角度，对这些书中的流程方法进行了筛选合并、加工改造，优化成了图3-3中的流程。

因为这个流程经过了多轮提炼和多次验证，比那些书中的流程更具实战性和应用性，更容易被学员理解和吸收。这种从多本书中提取流程、内化加工的形式，就是典型的归纳法。

归纳法的本质就是从一系列元素中找出背后的共通点，把它们合并、加工、概括，改良成一个简单易学的的解决方案。

相对而言，条件假设法更适用于"把一本书化为多门课"。针对书中的某些知识点，问"如果……怎么办"之类的问题，不仅可以启发联想，还可以在化课的过程中把书中的知识点活学活用，融会贯通。

例如，"化书成课"的很多学员都化过《终身成长》这本书为课程。这本书主要讲了固定型思维模式和成长型思维模式的区别，以及不同的思维模式带来的不同影响（见图3-4）。

他们对自己能力的评估非好即坏，所以评估难免失真，有些评估结果被夸大，有些评估结果很模糊。

对自身评价的准确度不同

他们相信能力可以培养，所以能以开放的心态评估自己的现有水平。同时，由于以学习为目标，他们也能准确评估自己的现有水平。

他们希望自己永远成功，认为聪明人应该是永远成功的。这让他们极力掩饰自己的不足，最后变成不爱学习的人。如果他们在某件事情中失败了，他们就认为自己是失败者。这里的"失败"对他们而言是一种身份。

对成功失败的看法不同

他们认为，成功意味着拓展自己的能力，而这需要通过不断学习才能实现。在他们看来，即便失败是痛苦的，但也不能过早地扣下"帽子"，它只是一个需要面对和解决的问题，而且，我们能从失败和挫折中受益。

他们认为，只有无能的人才需要努力，如果你需要为某件事情付出努力，说明你不擅长做这件事。他们只对反映能力高低的反馈有兴趣。他们的注意力集中在答案的对错上，他们对帮助学习的信息没有兴趣。

对努力的看法不同

他们认为，即便是天才，也需要付出努力才能成功。他们欣赏天赋，更崇尚努力。他们高度关注提升知识水平的信息。对他们来说，学习才是第一要务。

图3-4　固定型思维模式和成长型思维模式的区别

《终身成长》是一本典型的专业知识类书籍，主张人们培养成长型思维模式。

A学员用这本书来化课的时候，是用"条件假设法"来思考的：如果《终身成长》这本书中的内容与管理团队相结合，那么固定型思维的管理者带团队会怎么样？成长型思维的管理者带团队又会怎么样？固定型思维的管理者怎么调整自己的管理方式，才能将自己的固定型思维转变为成长型思维？

他把这本书和一些团队管理的书做了对比分析，然后化成了领导力的课程。该课程提出，具有固定型思维模式的领导者，自我意识较强，在管理上，无心建立卓越的团队，因为他们想成为企业中唯一重要的人，以突显自己高人一等；而拥有成长型思维模式的领导者，他们的世界里充满了明亮、包容和正能量，对他们而言，经营公司不会为了突显自己的优越，而是为了促进自己、员工和整个企业的成长。所以，该课程的教学目标是培养管理者成为具有成长型思维模式的领导者。

B学员是一个婚恋网站的中层骨干，他工作多年，收集了很多婚恋相关的案例，在化《终身成长》这本书的时候，他也是用"条件假设法"来思考的：如果把这本书与两性关系相结合，那么，偏向于固定型思维的人在遇到感情问题时，会是什么样的表现？偏向于成长型思维的人在遇到感情问题时，又是什么样的表现？如何做才能把感情经营好？于是，他把这本书与一些婚恋情感的书和自己多年来收集的真实案例相结合，化出了一门亲密关系的课程。

这门课程提到，当人们在感情中表现出固定型思维模式的时候，不太愿意为对方做出改变，遇到问题或冲突时，总是倾向于责备对方，他们认为双方之间出现问题就意味着两个人不合适；而当人们在感情中表现出成长型思维模式的时候，他们会认为健康长久的亲密关系，需要彼此磨合，共同努力，一起面对问题和解决问题。这个亲密关系的课程帮助很多单身男女破解了内心当中的不合理信念，使其以更乐观的态度面对感情。

C学员是一个K12教育机构的负责人，多年来跟家长、跟孩子打交道，在教育孩子方面的经验很丰富。他在参加"化书成课"学习的时候，也带了《终身成长》这本书。通过"条件假设法"，他联想到，家长教育孩子的思维模式也可以分为固定型思维和成长型思维两种，那用不同的思维方式来教育孩子，会有什么不一样的结果？对父母来说，如何做才能让孩子拥有更美好的人生呢？于是，他结合自己的经验，开发出了一门亲子教育的课程。

该课程提到，具有固定型思维模式的父母往往不太在意孩子的兴趣和潜能，只要求孩子达成他们所期望的成就；若孩子没有达到他们的要求，他们就被认为是不优秀的；而拥有成长型思维模式的父母不仅会和孩子一起设定一个奋斗目标，还会赋予孩子充分的成长空间。他们尊重孩子的兴趣，希望孩子拥有完整的人格，鼓励孩子以自己的方式活得更好。后来，这门课程也成为他自己经营的K12教育机构的主打课。

你发现了吗？同样一本书，运用条件假设法，可以化为几门完全不同的课程。

运用归纳法和条件假设法开发出来的课程，课程的内容既来源于书，又不止于书。你可以把原书当作烹饪的原材料，而"做菜"(开发课程)的过程，即是对原材料进行洗切、添加调料、烹饪的过程，这样做出的美味佳肴("化书成课"的课程)比原材料更值得品尝。

所以，在"化书成课"的过程中，学员会有一种历险的感觉，仿佛相对虚拟地经历了一次又一次的认知小地震，你不断地把书中的知识进行内化、拆解、撕裂、融合、加工、优化，让你的认知世界出现一些"废墟"，从而在这些废墟上重建自己的认知"大厦"。

相对来说，归纳法更适合于"多本书化为一门课"的情况，条件假设法更适合"一本书化为多门课"的情况。归纳法的重点在于找规律，条件假设法的重点在于联想和迁移。

3.2 拓展书中内容的三把钥匙

3.2.1 深度挖掘技术

书籍是这种改造灵魂的工具。人类所需要的，是富有启发性的养料，而阅读正是这种养料。

——雨果

人们有两种不同的思维方式，一种是海绵式思维，一种是淘金式思维。

海绵式思维强调从单纯的知识中获取结果，所以这种思维会广泛快捷地从外部世界吸收各种各样的信息。

淘金式思维重视在获取知识的过程中与知识进行积极互动，所以这种思维会不断地衡量接收信息的真实性、可靠性和实用性。

拥有这两种不同思维方式的人会如何读书呢？

以海绵式思维读书的读者会逐字逐句地细读文章，尽可能地记住书中有条理和有趣的内容。他们可能会在关键词和重点句子下做标记，他们可能会做笔记来概括主题和要点。他们读书的主要目标是吸收书中概念、理解作者观点，但不对书中观点做出评价。

而以淘金式思维读书的读者在获取知识的同时，也会提出一系列和内容相关的逻辑性问题，以了解作者的观点、论据、理由、假设，并思考自己的观点和作者的观点有何不同，为什么会存在这样的不同。

举个例子来说，一本书中提到：

美国人大多数十分重视花园，在他们看来，花园主要有三大用途，一是体现主人的个性和情调，主人可以自己动手修剪草坪；二是可以让宠物在花园里面玩耍，融入大自然；三是可以在花园开派对，给人们带来清新的空气、愉快的心情和丰富的遐想。

美国人酷爱自己屋前的草坪已经成为一种传统。这个传统从何而来？有人认为美国人的祖先大都是农民，撤离田野、草原以后，屋前这片绿草坪可以聊寄现代人对以往田园生活的情思。

如果用海绵式思维来解读书中的这部分内容，也许你会记住美国人重视花园的三个理由，以及美国人酷爱草坪的历史渊源，并且把它们作为自己的谈资，而拥有淘金式思维的读者看了这部分内容之后，他们可能会思考以下几个问题：

(1) 作者提到的重视花园的"大多数"是个什么概念？不重视花园的美国人是因为本身真的不重视还是因为经济条件不支持？

(2) 对"这个传统从何而来"这个问题，作者给出的回答是"有人认为"，那个人是谁？"他"的这个观点来源于哪里？"他"为什么会有这样的观点？

(3) 文中有一个假设：所有重视花园的美国人，家里都有宠物，这是否是客观事实？

(4) 维护草坪需要花费很多的时间和精力，定期修剪、施肥，还要防治病虫害，可以说，维护草坪是非常费力的，美国人酷爱屋前草坪真的仅仅是因为喜欢吗？

你发现了吗？淘金式思维最大的特点就是参与和互动，这样，读者会和作者展开对话，和作者交换观点，所以他们对于书中的知识点会思考得更加透彻。

深度挖掘技术用的就是淘金式思维，它可以帮助我们深入探究书籍的知识背景。

让我们再回到草坪的话题。《人类简史》的作者郝拉利说："**我们今天面对的现实，不过是偶然事件的历史枷锁而已。**"欧美中产阶级之所以喜欢自己家门前有一片漂亮的草坪，并不是出于对自然的追求。对于工业革命之前欧洲的贵族来说，草坪是非常尊贵的身份象征。那时候还没有实现机械化，全靠人力维护草坪，而草坪除了好看、好玩之外，没有任何实际的用处——既贵又没用，一看就是贵族家东西。可是现在，家里面又有割草机又有自动灌溉系统，弄个草坪的成本和当年不可同日而语，已经没有了彰显贵族身份意义。之所以现在美国人屋前还留着草坪，是因为草坪代表着形象，代表着脸面。草坪其实是历史的遗留产物，屋前保留草坪不过是历史习惯而已。

只有通过这种淘金式思维的深度挖掘技术，你才能从书中汲取到真正的养分，你才能以一种客观的角度去学习书中的知识，你才能对书中的知识点有更加深入和确凿的认识。

3.2.2　横向延伸技术

> 举一而反三，闻一而知十，及学者用功之深，穷理之熟，然后能融会贯通，以至于此。
>
> ——朱熹

横向延伸技术就是把书中的知识与类似的知识联系起来。

随着阅读量的越来越多，你会发现，不同书中的知识点可以形成一个巨大的网络，在这个网络中，每本书都会和其他书相呼应。

先讲一个例子，经济学上有一个名词称为"价格分歧"，是指商家将同一种商品以不同价格出售给不同客户的行为。这些商品的成本是一样的，但是却存在着不同的价格。

价格分歧分为三种不同的情况：

情况一：为不同的消费者制定不同的价格，适用于方案合作型的交易。

情况二：为不同的购买数量制定不同的价格，比如买一送二、买二送三、商场的满800减200等。

情况三：按照不同的细分市场来制定不同的价格。

比如，服装零售商Syms的女装标签上通常会有三个价格：全国统一售价、本店售价、10天后的折扣价。有些女性顾客会立即购买，有些女性顾客则会在10天后购买。那些立即购买的女性顾客，她们的行为模式背后是这样的逻辑：我是一个别具慧眼、与时俱进的人，虽然现在购买贵些，但是我可以早买早穿。那些10天后再来店里购买的女性顾客，她们的行为模式背后是另一种逻辑：既然10天之后购买的价格会比现在便宜一些，那么为什么要现在买呢？买东西就要买性价比最高的。

而这个"价格分歧"的模式就可以横向延伸到我们工作、生活中的方方面面。

又比如，婚恋市场也是这样，婚恋机构针对不同的脱单方案有不同的价格：承诺"3个月成功脱单"和"一年内成功脱单"的售价是不一样的；脱单期间有红娘牵线和没有红娘牵线的价格也是不一样的。

有些婚恋机构还会专门开设情感课程，有些客户觉得"我"不太会跟别人搭讪，需要专门学习一下怎么跟人攀谈；有些客户觉得"我"的情商需要提高，需要专门学习一下怎么处理感情中的问题。这样就可以针对不同需求的用户，提供不同的产品和服务。

——这就是按照不同的细分市场来制定不同的价格。

再比如，很多管理咨询公司都会聘请咨询顾问，专职顾问和兼职顾问的薪酬和奖金也是不一样的。

咨询顾问所主导的项目不一样或在项目中所负责的工作事项不一样，薪酬也是有区别的。

有些项目特别复杂，难度高挑战大，需要多元化的知识，而且可能存在失败的风险，但如果做好了，奖金也是很诱人的。如果你愿意接受挑战并且足够自信和勤奋，那就可以去接这样的一些项目；如果你追求稳定与平和，那就接稍微简单一点但奖金不高的项目。

——这就是按照不同的细分人群来设定不同的薪酬方案。

以上这些案例都是在"价格分歧"这个概念上进行的**横向延伸**。当你在书中看到一个新知识点的时候，你有必要想一想，**与这个知识点类似的结论还有哪些？生活中哪些地方也同样运用到了这个知识点？**

横向延伸的底层逻辑是"举一反三"，就是把一个情境中学到的东西迁移到新情境中。

如果你不会举一反三，那当一些表面看起来不同、内在结构相通的问题摆在你面前的时候，你只会针对每个问题，单独寻找"术"层面的解决方案，而不会运用"道"层面的解决方案把这些问题批量解决。

一个人举一反三的前提条件就是能够把一个具体事情的内在结构或共性原理识别出来，然后尝试改变情境或改变这件事情的条件，看看这个结构或原理是否依然适用。这是不是很像我们前面提到过的"条件假设法"？没错，"条件假设法"的底层逻辑也是举一反三。

"化书成课"第37期上海班中，有一位学员带到课堂的书是马华兴老师的《思维破局》，这本书主要结合了作者20年的职业规划师生涯，从思维破局、职场投资、个人能力管理、资源活用、理性选择、行动模型六个角度帮助读者进行职场上的观念更新及行动纠偏。

这位学员参考这本书中的内容，根据自己的经验和擅长点，最后化出来的课程是**"未来简历——职业转型的小窍门"**。她并没有用到书中的全部内容，只是把书中有关求职、职场投资方面的内容进行了**横向延伸**，从而开发出了"大于"书中内容、能够对症下药的简历写作课，帮助她的目标学员，在简历的**写作、优化、包装**方面，获得更多的知识和技能。

同时，她的课程也应用了化书成课的**"学习活动转化技术"**，把很多知识点转化成有趣的演练环节，让她的学员在课堂实践练习中就能看到自己简历从"丑小鸭"变成"白天鹅"的全过程。

所以，在"化书成课"的过程中，一方面，**书中的内容在"创造"你的思维**；另一方面，**你也在对书中的内容进行"再创造"**。

这个过程中，也许你会遇到很多问题，比如：

- 书中的内容好像不太适合我的目标学员；
- 书中的方法论在实际运用中可能有一定的难度；
- 书中提到的做事方式需要满足一些条件才能做成；

……

这个时候的你，在这些问题的倒逼之下，会自然而然地运用"化书成课"中的创新思维工具对书中内容进行迭代，而这样的内容迭代也会引发你自己认知和思维的进化。

可见，创新既是创造的过程，也是被创造的过程。

孔子曾对他的学生说："举一隅，不以三隅反，则不复也。"只有广泛地进行横向延伸，你才能触类旁通，精一知十，开辟出更广阔的思维通道。

3.2.3 跨界拓展技术

看书不能光有信仰而无思考，大胆地提出问题，勤于摘录资料，分析资料，找出其中的相互关系，是做学问的一种方法。

——顾颉刚

善于创新的人总是会把看似不相关的事物、看似不匹配的想法联系在一起，形成的组合往往就是新的机会。比如"洗碗机"与"水果"联系在一起，就是洗水果机；"冰淇淋"和"健康减肥"联系在一起，就是酸奶；"幻灯片放映"和"移动"联系在一起，就是翻页笔。

"化书成课"的课程中，在给学员分享几种"化书"的创新思维工具之前，我会先组织他们做一个小游戏，使学员感受一下思维的发散和聚焦，这个游戏的名字叫做"书与书之间的奇妙碰撞"。

游戏之前，我会给每位学员发一张"碰撞之表"(见表3-2)。

表3-2　碰撞之表

书与书之间的奇妙碰撞			
本人所带的书	组员A所带的书	组员B所带的书	组员C所带的书
1	2	3	4
合并之后的课题	5	6	7

首先，学员随机与课堂上的一位伙伴组成临时搭档，两两一组，然后相互介绍自己带到课堂上的书。接下来，组内商讨这两本书可以合并化成一门什么样的课程。最后，把商量好的"合并之后的课题"记录下来。这时候，两个人所持表格中的"1""2""5"均已填充内容，"1"填写自己带来的书籍名称，"2"填写搭档带来的书籍名称，"5"填写两本书合并之后可以开发的课题。

接下来，学员更换搭档，以同样的步骤进行第二轮，这样，学员所持表格中的"3""6"均已填充。

最后，学员再次更换搭档，以同样的步骤进行第三轮，这样，学员所持表格中的"4""7"均已填充。

经过三轮游戏之后，"碰撞之表"就填写完整了，学员也会惊喜地发现，原来任何书都可以和自己所带的这本书结合。这时候，学员通常会觉得脑洞大开——原来万事万物之间都可以彼此联系、相互联通。同时，学员也会觉得这个跨界拓展的游戏很有趣。

看到这里你是不是有些蠢蠢欲动了？我们不妨来玩一下这个游戏。下面我罗列出一些书籍名称，两两一组(就像课堂中的游戏一样，假设你和你的搭档两两一组)，你可以来尝试探索一下，这两本书"拼"在一起，可以"碰撞"出什么样的课程？

如图3-5所示，两个框里面分别是两本书的书名，箭头所指向的方框里面，则填写他们组合之后可能形成的课题，看看你能联想到多少不同的课题？

第一轮游戏

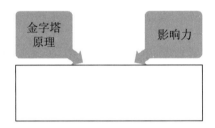

第二轮游戏

第三轮游戏

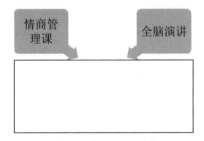

图3-5 书籍碰撞游戏

你在玩这个游戏的过程中，可能会消耗比较多的脑细胞，但是当整合之后的课题浮现在你脑海中的时候，你会为此欢呼雀跃，感到妙不可言。

我们在第一轮游戏中选的书籍是《金字塔原理》和《影响力》，两本书合并之后可以化成什么课题呢？

《金字塔原理》一书主讲结构化思考，讲如何通过逻辑思考，提升分析力和表达力。《影响力》一书主讲如何通过心理学影响他人和避免被影响。两本书合并之后，也许可以化成这么几个课题：

- 如何有章法的影响他人？
- 如何提升洞察力？
- 如何在沟通中分析他人的心理诉求？
- 在谈判中如何有效表达？

……

我们在第二轮游戏中选的书籍是《品牌思维》和《可复制的领导力》，两本书合并之后可以化成什么课题呢？

《品牌思维》分享了爱马仕、苹果、LV等品牌的经营哲学，主讲品牌的运营。《可复制的领导力》是樊登老师的书，是教授管理者如何定位好自己的角色并提高领导能力的。两本书合并之后，或许可以化成这么几个课题：

- 打造管理者的个人品牌。
- 对用户的倾听和反馈是塑造品牌的关键。
- 用游戏化的方式做品牌管理。
- 如何用品牌故事塑造企业文化？

……

我们在第三轮游戏中选的书籍是《情商管理课》和《全脑演讲》，一本书讲情商，一本书讲演讲，两本书合并之后可以化成这么几个课题：

- 如何在演讲中与观众共鸣？
- 演讲的各个环节如何掌控情绪？
- 有效表达，让下属心甘情愿追随你。
- 如何说话才会让人舒服？

……

学员可以在这场游戏中，共享书籍、共享智慧，在共享中产生思维的冲击，在冲击下贡献自己的灵感，在灵感中产生激荡的创意，在创意中形成书籍融合之后的奇妙成果。

当然，这个跨界拓展的游戏，也有很多种不同的玩法。比如，在"化书成课"第40期广州班的课堂"以书会友"的学习活动中，其中一个组的三个伙伴把《故事经济学》《决策的艺术》《领导梯队》三本书合并起来，化成了一门针对管理者的领导力提升课程；另一个组则把《结构思考力》《销售管理的关键控制点》《活法》三本书合并起来，化成了一门职场能力进阶的课程。

通过这种"跨界拓展法"得出的课程，既能提炼出多本书的精华，又能在书与书的对比、融合过程中，自然地对一个问题进行了多角度、多层次的思考，这样化出来的课程，自然会更有深度，内容也比同类型的课程更为丰富。

如果你的思维只是停留在手中这本书，那么你就容易陷于片面，难以窥见世界的全貌。不妨把视野拓宽一点，站得更远一些，连接得更多一些，碰撞得更激烈一点，这样一来，我们就会发现，尽管大家带到课堂的书只有几本，但是这些书的**跨界拓展**能够带来无穷的可能性。

你也可以试一试，闭着眼睛从你的书架上抽出2本或3本书籍，想想看，这几本书融合之后，可以变成一门什么样的课程？

3.3 优化书中内容的三种策略

3.3.1 什么情况下可以优化书中内容？

> 当我们第一遍读一本好书的时候，我们仿佛觉得找到了一个朋友；当我们再一次读这本书的时候，仿佛又和老朋友重逢。
>
> ——伏尔泰

我们都知道：尽信书不如无书。所以，在读书的过程中，你和书的作者完全可以以平等的身份、求知的心态、切磋的角度来进行"交流"和"探讨"。

在与书的作者"对话"的过程中，你能把书中的内容进行全新的升级，创造出一个优于你和作者双方认知的新线索。

当然，你也可以在恰当的时机，根据自己的理解和领悟，对书中的内容进行优化更新，转化为比原书中的内容更有价值的课程。

既然要对书中的内容进行优化，那我们来探讨一个问题——**什么情况下可以优化书中内容？**

你可以先尝试自己思索一下这个问题，然后把你想到的答案记录下来，答案没有数量限制。当你试着自己思考这个问题的时候，一方面在"激活旧知"，另一方面也在延长你的"思考线"。

白岩松在《白说》中写道:"我们读所有书,最终的目的都是读到自己。真正的阅读是一种深刻而愉悦的体验,从中找到了自己,塑造了自己;而每一本在心目中值得阅读和记住的书,都是因为其中蕴藏着未来你更期待的那个自己。"

所以,你能对书中的很多内容进行**重新建构、优化创新**。因为你和作者有着不同的经历和见识,你在读书的过程中,完全可以用你自己的阅历和经验,去重新定义书中的内容;也可以用你的感性和理性,与书中的内容进行碰撞之后形成新的主张;当你要"化书成课"的时候,也可以基于你的授课对象,基于他们的喜好、习惯、经验、品味,将书中的内容进行针对性的优化与革新。

根据十多年来"化书成课"的经验,我总结了5种比较常见的、可对书中内容进行优化重塑的情况,供参考。

第一种情况,书中给出的方法和你处理事情的思维方式不一样。

比如,有关谈判技巧的书中提到:在谈判前,要清楚了解谈判方的筹码和目标,做到知己知彼,百战不殆;而你习惯于在谈判前,了解谈判方的喜好点和恐惧点。

这就是典型的思维方式不一样。你可以不完全遵循书中的思路来行事。当然,如果你觉得书中的方法值得效仿的话,也可以把书中的这套方法与你常用的方法结合起来。

第二种情况,书中给出的策略、方法、步骤,需要更加细化才能落地。

比如,针对"组织经验萃取",书中给出的萃取方案包含4个步骤:

第一步,梳理——典型场景

分析岗位和任务、萃取典型场景、梳理工作流程

第二步,提炼——相关经验

访谈技巧、引导技巧、整合技巧、提炼技巧

第三步,开发——案例手册

开发案例、岗位指导手册、工作辅助工具

第四步,设计——呈现形式

设计课程、案例手册的呈现形式,便于经验复制

阅读完这段内容,你觉得这一套萃取经验方案还需要更加细化,才能落地实施。

比如,在第一步"梳理——典型场景"中,需要识别什么样的场景是典型场景;再如,在第二步"提炼——相关经验"中,既要提炼个人的经验,也要提炼团队的经验;又如,在第三步"开发——案例手册"中,应该在这个过程中形成不同案例的分类模板……顺着这些思路,你可以充实、完善书中的方法和步骤。

第三种情况,从不同角度看书中的知识点,会得出不同的结论。

你一定听过这样一句话:"把每天当成最后一天来活,你就不会虚度光阴了。"有的人认为"把每天当成最后一天来过"这个想法能够带来十足的动力,因为你会

竭尽全力地发挥自己的才能和智慧，让生命中的"最后一天"过得无悔无憾；但另一些人会觉得，如果今天已经是生命中的最后一天了，那么"我"更倾向于尽情享受生活，而不是努力拼搏，因为"我"希望生命中的"最后一天"过得有滋有味，放纵不羁。

你认为你的受众会如何理解这个知识点，或者你希望你的受众如何理解这个知识点，你就可以从什么角度去解读它和塑造它。

第四种情况，书中描述的做事方式在实际工作中运用有一定的难度，此时，你可以设法把它简化。

简化的意思就是将实现一件事情的多种元素还原为少数元素，用少量元素进行排列组合，这其实也是一个编码的过程。

编码是一种简化的过程。这种简化不是粗暴的简化，而是通过**大量观察、归纳，反复试错**以后的一种简化。

第五种情况，书中的内容比较抽象，过于理论化、概念化，这时候，我们需要把书中的内容转化为生动形象的比喻，或者转化为有体验感的活动，方便学员学习和理解。

首先是把书中的内容转化为比喻。比如说，"圈子"的概念并不好理解，我们可以这样来讲：圈子就像一块磁铁，如果你是一块木头，你无论如何也融不进这个圈子，但如果你是一块铁，你不需要费什么力，圈子就会把你吸进去。这样一讲，"如何融入圈子"这个概念就比较容易延伸和拓展了。

当我们在授课分享中运用比喻时，学员的右脑就会自动开启，这会让学员产生丰富的联想，同时帮助学员克服学习的枯燥感。

再比如说，"组织边界"这个概念很抽象，我们可以这样形象化表述：它就像你整理抽屉，抽屉里面能装多少东西，一取决于容量，这就是管理幅度；二取决于东西是不是都有合理的摆放位置，这个对应的就是组织架构的设计；三取决于物品之间的相容程度，这个相当于组织的文化。通过比喻，"组织边界"这个概念就容易理解了。

其次是把书中的内容转化为有体验感的活动。

知识本身是没有生命的，只有从中提炼出体验、情感和价值，它才会形成学员独特"经历"的一部分。

如果你设计一些体验式的学习活动，让学员自己得出某个结论(不是你把方法直接灌输给学员，而是学员通过体验式活动自己总结出方法)，那么，这种活动不仅仅让学员有丰富的体验，还能让学员在你的课程中有更深入的自我探索和自我觉察。本书在第5章第2节中将专门讲如何化书中内容为学习活动。

可见，读书最重要的永远不是"这本书讲了什么"，而是在读书过程中，我思考了什么，想到了什么，**和作者的思维碰撞激发出了什么火花**——这才是我们读书的真正收获。

3.3.2 三种策略在化书成课中的应用

欲速是读书第一大病,功夫只在绵密不间断,不在速也。

——陆珑

当我们看到书中的某一段内容,发现其价值性和延展性,并在优化它的过程中,逐渐形成一套新方法论的时候,书中的这段内容所扮演的角色是什么?选一选吧!

A．导师

B．教练

C．咨询师

D．灵感触发器

从书中提炼出来的精华内容,与你的天赋、能量、创造力,在整合加工的过程中不期而遇,并瞬间蓬勃而生。当这段内容经过精雕细琢的优化,最终形成一套解决某问题的方法论时,这个方法论应该看起来更像是一件受到灵感触发的艺术品,而非统一包装的标准化商品。

所以,我更倾向于认为,书中的这段内容所扮演的角色是灵感触发器。

那么,如何优化书中内容呢?如何应用这个"灵感触发器"呢?笔者认为,优化书中内容的策略主要有三种:**增添情节、删减情节、改写剧本**(见图3-6)。

图3-6 优化书中内容的三种策略

1. 增添情节

增添情节,就是通过诊断和评估,在原书内容的基础上增加新的内容,或是方法的延伸,或是内容的补充,或是流程的细化,以使课程中的方法论更充实、更落地、更容易被学员理解。

"增添情节"有两个显著特点,一是可以变简为繁,使简单的内容"枝繁叶茂",使简单的方法"血肉丰满";二是具有制约性,就是添加的内容要受书中已有内容的限制,关系上或相对或近似,或因果联结,或互衬互补。这样,添加的材料才能与原书中的内容合体,实用的意义才可以充分显示出来。

【原书内容】《情绪勒索》节选

当一个人在职场、伴侣、亲子等关系中,容易感受到压力,难以和对方相处时,很有可能是因为他遭遇了情绪勒索。情绪勒索是什么呢?简单来说,就是一方通过一些手段,给另一方带来心理压力,让对方产生挫败、恐惧等不太好的情绪。于是,为了减少这种不舒服的感受,受到压力的一方就很有可能会妥协,按照对方的要求去行事。

自我价值感低或者受到权威影响的人,很容易被情绪勒索,一旦被勒索就容易迷失自我或者彼此之间互相伤害。摆脱情绪勒索需要做到三步，分别是停、看、应。

这套方法的确有助于帮助你建立情绪界限，不受情绪勒索者的控制和影响。

"停"指的是停止对话、转移情绪、离开现场。为什么要采取"停"的方式呢？因为当"情绪勒索者"对你提出要求时，可能伴随着声音、情绪，以及一些特有的表达方式，会让你感觉到很大很大的压力。这时候，你很可能在焦虑的情绪影响下去响应对方的需求。"停"就是强迫自己先等一下，先给自己一点思考的时间。

"看"指的是觉察自己的情绪，了解刚刚发生了什么，练习安抚自己的焦虑，提醒自己的情绪界限。

"应"指的是合理应对，这里涉及的应对行为，其实是因人而异的，并没有标准答案。

【应用场景】

我们怎样把这套方法"化书成课"呢？首先需要考虑学员应用这套方法的场景和目标，依此对这套方法进行适当的优化。

假设我们的学员从事营销相关工作，他们可能在与客户谈判的时候，容易受到客户的"情绪勒索"。

销售人员或许有过这样的经验，当客户不停地用言语逼迫你，告诉你这件事对他有多么重要，或者时间多么紧张，并营造出一种"你非得马上答应他不可"的氛围时，即使你不想答应，可能也迫于压力或者焦虑，反射性地答应了对方的要求。这些压力与焦虑，让你当时没办法做出客观判断，在仓促间就答应了对方的要求，事后你才发现答应了不该答应的条件。

那当我们把这套方法教给学员的时候，就可以以"和客户沟通谈判"的场景为背景，在此基础上增添情节。

首先，是"停"。我们可以把"停"分解成"**停止**"和"**请示**"两个步骤。

停止——试着转移情绪，中止被对方继续影响，这样可以避免"马上响应对方的需求"。在无法判断对方的要求是否合理的情况下，你可以先不拒绝他，也不答应他。

请示——你可以告诉对方，这个事情我没有权限，我不能做主，我需要请示上级，麻烦你稍微等一等，这样就可以避免被对方情绪勒索，也可以为你争取一些时间，让自己的焦虑情绪得到缓解。如果没有上级怎么办？你可以请示合伙人，可以请示股东，或者可以告诉对方，这个事情你需要和团队商议，总之要找到"挡箭牌"。

接下来的一步是"看"，书中的思路是觉察自己的情绪，提醒自己的情绪界限。

由于当前的场景是与客户沟通谈判，需要知己知彼，所以我们可以把"看"进一步分解成**"觉察"**和**"分析"**。

觉察——对方做了什么事、说了什么话，引发了自己的焦虑感？看到情绪勒索者给你贴的标签后，我们要撕下这个标签，避免再受到这类行为或语言的影响。

分析——对方提出来的要求是"真"还是"假"？是对方的确有这方面的需求还是对方另有目的，或者是他在用"拆屋效应"(先提一个高于目标的要求，提高对方的底线，然后再提一个较小的要求)？

最后一步是"应"，《情绪勒索》这本书给出的做法是向情绪勒索者表达自己的感受，以促成正向的互动循环。由于书中的案例是家庭关系方面的，所以这种回应方式无可厚非，但如果针对与客户沟通谈判的场景，那么"应"的方式就应该有变化了。我们可以根据情境的需要把"应"分解成**"回应"**和**"交换"**。

回应——向上级请示或者和团队商议之后，你需要给客户一个回应。如果客户之前提出来的要求你不能做到，那么你可以"晓之以理，动之以情"地解释，让客户意识到他的要求不够合理，你可以在你的权限范围内，给客户赠送一些礼品；如果客户之前提出来的要求你可以做到，那么你一定要向客户提出一个新的条件，这就是所谓的交换。

交换——为什么要进行交换呢？有三个原因：第一，你可能真的会得以实现向对方要求的那个条件。比如说我可以便宜一点，但是你得一次性付款，而不是分两次付。第二，交换条件可以提升你让步的价值，让客户感觉你不是轻易让步，不是平白无故答应对方的要求。第三，你这样可以避免对方不断提出要求。

这时候你的"顺从"和"答应"，不再是因为受到焦虑情绪的影响，而是你自己的主动选择。你摆脱了情绪的控制，掌握了控制权。

所以，当我们把《情绪勒索》一书中的这段内容分享给营销工作者的时候，就可以把原书中的"停、看、应"这个方法论优化成"如何避免被客户情绪勒索"的6个步骤，如图3-7所示。

图3-7 如何避免被客户情绪勒索

这就是增添情节的优化策略，这样优化之后的内容更适合学员吸收和应用。

在刚才的案例中，我们是根据学员的应用场景对原书中的方法论进行了优化和扩充。除此之外，**也可以根据方法论的适用范围、应用环境、学员的认知水平、期望的授课效果等因素来进行相应的优化。**

2. 删减情节

有些书为了帮助读者解决问题，会针对某一类问题给出多种解决方案。也许作者考虑到读者的层次、性格、喜好和品味，会把所有知识点都放在书里，让读者选择适合的那套来用。

《专注力：化繁为简的惊人力量》这本书就是这样。这是一本典型的工具书，能够帮助你探索出自己真正的目标，找出干扰你实现目标的"元凶"，最后通过提升专注力的策略帮助你达成目标。

在这本书的第二部分《专注策略》中，作者提供了16种能够帮助我们提升专注力的方法：

(1) 了解自己习惯性的行为模式，把无效的行为模式转化为有效的行为模式；

(2) 当一个干扰模式出现的时候，把它记录下来，并及时拉回正轨；

(3) 避免过多的承诺，认真考虑你答应的事情是否能排进自己的日程；

(4) 专注于所做事情中关键的20%，摆脱那些没给你带来很好回报的80%的事情；

(5) 删除日程表中不必要的事项，分配事情给其他人，都能为你赢得更多的时间；

(6) 将主要任务分解成多个小任务之后再开始做；

(7) 用纸、笔，或者索引卡，及时捕捉你的灵感；

(8) 创造适合自己的学习环境；

(9) 充分利用自己的琐碎时间；

(10) 完成一件事情后，适当给自己一定的奖励；

(11) 跟别人打赌，如果自己完不成将付给对方多少报酬；

(12) 自己向自己学习，记录自己高效完成工作的办法，下一次需要做相同的工作时可以运用这一策略；

(13) 每天回顾你能从那些进展好的事情上学到些什么样的好办法；

(14) 运用心理暗示，为完成任务后的积极状态创造生动的画面；

(15) 回忆曾经给你带来巨大满足感的成功经历，记住这种感受，趁着这份新鲜感还没消失，立刻开始执行你当下的任务；

(16) 站在旁观者的立场上，用中立的、质疑的态度来对自己正在做的事儿和做事方式进行观察分析，找出问题症结，发现值得改进之处。

你没有看错，作者的的确确提供了16种有利于专注力提升的策略。如果我们在做"化书成课"的分享时，把这16种方法都全部分享给学员，对于学员来说，信息量非常大，同时，这16种方法之间没有关联，学员很难记住。

更为重要的是，并非所有的学员都需要学习这16种方法，因为其中有些策略，学员可能已经知晓或者已经在应用了。学员需要学习的，是他们现阶段不知道、不会用，但学了之后就能够用得上的知识点。

刚才，你在阅读这16种方法的过程中，有没有发现，这里面有一些方法可以合并归类？有一些方法之间有相通之处？有一些方法似乎可以衔接起来？有一些方法可以相互补充？

2016年，我受邀到一家制造型企业授课，课程主题就是"员工效能提升"，客户期望达成的目标是提升员工的专注力和做事效率。

通过前期的需求调研，我们发现这批学员之所以工作效率低下，主要是因为：

- 经常在项目结束时才发现问题，导致重新返工的情况比较多；
- 员工在工作时间段，习惯性、高频率地刷微信、QQ、邮件；
- 管理者倾向于亲力亲为，不善授权；
- 员工做事情的目标不够明确，目标达成的衡量标准不够清晰。

结合需求调研的结果，在"化书成课"的过程中，我以《专注力：化繁为简的惊人力量》这本书为载体，对书中的内容进行了多次优化迭代，最终形成课程"员工效能提升的四大招式"。课程中涉及的四大招式如下所述。

第一招是"测试调整"。

先设定一个阶段性的目标，然后行动，做一切你认为可以帮助你实现目标的事情，行动之后进行效果监控，看行动方案是否有效，有效的方案留下来，无效的删掉、更改、调整。如果你做的事情没有给你带来想要的结果，那赶紧寻找其他替代方案，这就是测试调整。

我们每一次的行动都是在测试和验证。用这个方法，你永远不会失败，而失败的唯一原因就是你中途放弃。

第二招是"备选计划"。

备选计划是指在执行任务的过程中，如果发现A方案不足以支撑项目的进行，那么就换B方案。

第一招测试调整是在实施的过程中根据事情的进展情况进行调整，而备选计划是提前准备多个方案，一套方案不行，还可以用另一套。这种方法适用于风险性比较大的事情。

第三招是"减少干扰"。

当你像救火队员一样忙于应付外界的各种干扰时，当你的注意力被老板、同事、客户、邮件、微信、QQ等各种事物占据时，如果你还能集中精力做到专注，那简直就是奇迹。但是，我们可以通过减少干扰来提升专注力。比如：

- 减少噪声——在你想要专注做事的时候，找一个安静的不被打扰的环境，把手机调整为静音，把邮件功能关闭，然后用静音耳机、耳塞，给自己营造出一个专注的环境。

- 适当外包——将自己不擅长的事情授权给下级或更擅长的同事，将一些琐碎而价值不大的事情砍掉或者外包，让自己能够腾出时间来专注于20%的高含金量的事情。

第四招是"逆推目标"。

所谓逆推目标，就是首先确定好大目标，明确实现目标的具体时间，以及衡量目标实现的指标；然后把大目标拆解成阶段性的小目标；接下来，从小目标出发，反向推演，步步衔接，研究要达到每个阶段的目标，需要具备哪些条件、采取何种路径、学会哪些技能，把实现目标的步骤显现化或视觉化。

如果条件已经具备，就立马开始执行；如果条件还不具备，考虑还有没有新的路径可以实现目标，现有条件的瓶颈和制约在哪里，缺什么就想办法补充什么，把执行过程中遇到的困难和问题作为一个又一个的小目标去实现。当所有的难题都解决之后，整个大目标也就实现了。

为了方便学员记忆，我从这四招中各取一字，组合成了一个四字短语——试选少推(见图3-8)。这四招组合成了一个模型，相比原书中的16种方法，删减了很多"情节"。

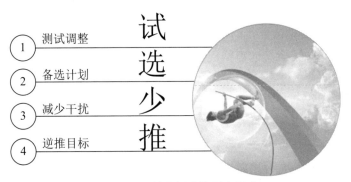

图3-8　员工效能提升的四大招式

"删减情节"的依据是企业的培训目标、学员的现状问题、目标和现状之间的差距分析。"删减情节"是对书中原有的内容进行恰当的分类，并对同类项合并、不必要项删减的过程。

当你读书时，如果发现书中的内容有交叉重叠，或者发现书中的内容过于烦琐复杂，那么你就可以采用删减情节的策略来重新优化书中内容。

3. 改写剧本

改写剧本与我们之前提到的增添情节、删减情节有什么不同之处呢？

增添情节主要是在原有流程的基础上，增加新的流程；删减情节主要是在原有方法论的基础上，合并或删减方法；而改写剧本主要是把书的作者在写书的时候搭建的

"高楼大厦"推倒重建。

为什么运用"改写剧本"的优化策略时,需要把原书这座"高楼"推倒重建呢?假设有以下几点原因。

A. 你和书籍作者看事物的角度不一样
B. 你面向的是特定的授课对象,需要根据学员情况来定制课程
C. 对于书中给出的方法和思路,你也有发言权和改编权
D. 你通过实践验证之后,发现书中的方法不是很奏效
E. 你认为书中的方法偏于理论,需要改写之后才便于实施

你认为,答案是上述5个原因中的哪些呢?(后面揭晓答案)

还是用案例说话。《内向者沟通圣经》这本书提出了"内向者建立优势的4P法则",包括4个步骤,分别是准备(Preparation)、展示(Presence)、推动(Push)、练习(Practice)。书中说,只要学会这个4P法则,内向型的人就可以用这个法则更好地指导自己的工作。书中分享了如何用4P法则做演讲、如何运用4P法则做领导、如何运用4P法则做项目管理、如何运用4P法则与上司交流、如何运用4P法则在会议上不做隐形人、如何运用4P法则建立人脉网。下面我们就来了解一下4P法则。

第一步准备(Preparation)。在任何一个沟通场景之前,先为此做准备,你计划得越充分,应对就会越自如。

第二步展示(Presence)。专注于此时此刻的交流,专注于与你交流的人,有技巧地展示自己,能帮助你赢得别人的好感。

第三步是推动(Push),即走出自己的舒适区。前面已经做了充足的准备,也计划好了如何去展示,但真正实施起来你还是会觉得害怕和担忧,所以要走出自己的舒适区,给自己设置有挑战性的场景,怕什么,就去面对什么。

第四步是练习(Practice)。练习是一个持续不断改进的过程,越练习越娴熟,要利用每一次机会来练习新的行为方式。

读到这里,你有没有发现什么问题?我们发现准备(Preparation)、展示(Presence)、推动(Push)、练习(Practice)这4个步骤可以针对所有的职场人,书中给出的方法,其实是一套有计策的职场晋升指南,与你性格是外向还是内向几乎没有太大关系。

另外,作为一个典型的内向者,我认为4P法则并非是一个屡试不爽的方法。我无意否定4P法则,事实上,运用4P法则确实能够做成一些事情、达成一些目标。但是,就内向者而言,4P法则对他们的作用有限,不足以帮助他们跨越障碍和发挥优势。尤其是第二步的"展示"和第三步的"推动"。对于内向者来说,"展示自己"是一件反本能的事情;而走出自己的舒适区,这一点的确很重要,但却难以落实到行动上。

所以,在"化书"的时候,根据我对内向者性格的了解和研究,我对4P法则进行了改写。

第一步是准备模拟。模拟未来会发生的那场谈话(或者演讲、谈判、沟通),你越是投入自己模拟的场景中,你在实战中就越从容自若。模拟的时候,你可以试着去揣摩对方的心理,准备相应的话术。

第二步是视觉展示。如果是和上司沟通,那么就把你的工作成果以数据表格或幻灯片的方式呈现,让上司清楚地看到你的业绩和贡献;如果是和客户沟通,那么就把你的成功案例用图片的方式呈现在客户面前,让客户看到你曾经帮助过其他同类客户摘取了怎样的果实;如果是演讲的场景,那么就准备一些道具,在演讲的时候运用道具来配合你的发言,这样做有两点好处,一是降低紧张情绪,二是让观众觉得很有趣。总之,就是通过一切视觉化展示的方式来弥补你不善表达或者不愿展示的特点。

第三步是**学会提问**。内向的人可能不是特别喜欢跟人聊天,但并不意味着他们不会聊天,这只是行为偏好的选择。内向的人也有沟通、分享、袒露等社交的心理需求,内向的人在聊到自己感兴趣的话题时,也会滔滔不绝。只是内向的人在社交场合待久了,精力消耗得更快,容易感到疲惫,所以他们倾向于和人交流的过程中,尽量多倾听,少表达,以保存精力。也正因为如此,他们能够在倾听中,敏锐地观察出对方的性格、喜好、需求,感受到他人的感受,从而推断出对方看重什么、需要什么,然后采取行动——这也是内向者的优势。

如果内向的人能够有意识的学习一些提问技巧,在倾听的同时,适时地提出一些问题,这样既能让对方感觉"被重视""被关注",同时自己也可以借提问的机会,更深入了解对方的态度、验证自己的想法。这样一来,内向者在社交中也会更具优势。

第四步是**争取机会**。内向者可以争取机会在公司或部门会议上就自己"擅长分析"的事情进行发言陈词。因为内向者更擅长分析性思考,他们可以把复杂的事情拆开,进行分类归纳,以此为基础思考出问题的核心所在。所以内向者在会议中就自己的分析结果进行发言,既能展示自己的优势,又能锻炼自己的表达能力,多多练习,表达能力自然而然也就提高了。

书中的内容经过改写之后,形成了新的"内向者建立优势的4个法则"(见图3-9)。

图3-9 内向者建立优势的4个法则

这4个法则各取一个字,也可以组合成一个便于记忆和回顾的四字短语——准时

(视)提及(机)。

这就是"改写剧本"的优化策略的具体应用。书中内容优化之后，这4个法则对于内向者来说就更加适用，更具有借鉴和参考的价值，也更加有利于发挥他们的独特优势。

现在揭晓前一个问题的答案，运用改写剧本的优化策略时，需要把原书这座"高楼"推倒重建的原因有4点。

第一，你和这本书的作者看事物的角度、思考问题的角度可能不太一样。

第二，课程中的内容面向的是特定的受众群体，需要匹配这个群体的特点和需求，而你认为书中的内容和受众的匹配度不够高。

第三，对于书中给出的方法和思路，你能够通过实践来验证它们和改进它们。

第四，你希望更好地帮助受众群体真正把学习到的东西落实到行为上。

其实，无论是增添情节、删减情节，还是改写剧本，一切的优化和创新都是以培训目标和学员需求为导向的。万变不离其宗。

【第3章回顾】

(注：每章结束，我们会通过一些互动趣味的练习，来帮你回顾所学内容，让你既能够及时巩固这一章的核心内容，又能够借此机会自我检测，看看自己究竟学到了多少。)

1.【填空题】认知学习法的5个应用原理是间隔效应、交叉效应、测试效应、_____、_____。

2.【连线题】

(1) 使用"过去未来法"时，你会乘坐"时光机"来到过去和未来，那么以下哪些问题是站在过去的角度提问的，哪些问题是站在未来的角度提问的？

作者在这种情况下采用的是什么方法？结果如何？	过去的角度
用这个方法的时候需要注意些什么？	
作者的方法和我的方法有什么相同点和不同点？为什么？	
如果有人现在就需要运用这套方法，如何把这套方法教给他？	
未来的哪些场景可以用到这样的方法或思路？	未来的角度
能不能把作者的方法和我的方法进行整合？	

(2) 我们要把几本书化为一门课程的话,应该用归纳法的思路还是用条件假设法的思路?我们要把一本书化为多门课程的话,应该用归纳法的思路还是用条件假设法的思路?

多本书化为一门课　　　　　条件假设法

一本书化为多门课　　　　　归纳法

3.【多选题】拓展书中内容的三把钥匙是哪三项?　　　　　　(　　)
A. 深度挖掘技术
B. 横向延伸技术
C. 纵向拓展技术
D. 跨界拓展技术

4.【多选题】优化书中内容的三种模式是哪三种?　　　　　　(　　)
A. 增添情节
B. 改写剧本
C. 改写人物
D. 删减情节

5.【简答题】从书架上拿出一本你阅读过的书籍,找到书中的一个方法论/流程/步骤/思路,尝试用"优化书中内容的三种策略"之一,来优化这个方法论/流程/步骤/思路。

原书中的内容	采用的优化策略	优化后的内容

【第3章回顾答案】

1. 生成效应、必要难度

2.

(1)

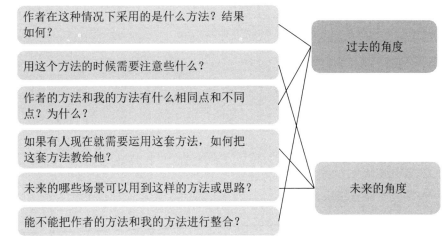

(2)

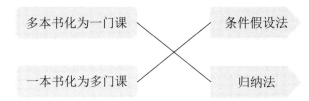

3. ABD
4. ABD
5. 略

第 4 章

书山掘金，重构课程框架

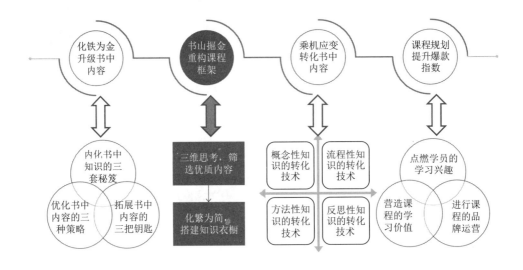

4.1 三维思考，筛选优质内容

4.1.1 从课程主线的角度筛选

当你看到书中的某段内容，觉得很有感触、很想分享给别人，也很想把它们"化书成课"的时候，不妨问问自己：这段内容之所以能够调动我的情绪，是因为它们和我产生了情感共鸣，还是因为它们适合作为素材纳入这个课程当中？

书中的内容是否适合作为课程的一部分取决于这部分内容是否与课程的主线相关。

比如，我有一门课程叫做"魔鬼决策力——让你跳出心理陷阱"(见图4-1)。这个课程的主线就是把"决策力"和"心理学"做了一个完美的结合，能够帮助学员规避决策过程中容易遇到的"心理陷阱"，从而帮助他们做出优质决策。只要掌握了"魔鬼决策力"，学员就能抵挡"魔鬼"的诱惑，运用科学的**决策流程**和恰当的**决策工具**做出高质量的决策。

当时开发这个课程的时候，我参考了**30多本**与决策和心理学相关的书籍，其中一本书的书名是《赢在决策力》。这本书有一个章节讲的是"优秀决策者的12个特征"。当读到这个章节的时候，我感觉非常激动，大快人心。我迫不及待地想要

图4-1　魔鬼决策力——让你跳出心理陷阱

把这部分内容安放在课程中，和我的学员分享。但是随后，我问了自己一个问题：这方面内容和课程的主线有什么联系？

冷静下来，我发现它们之间并没有必然联系，"优秀决策者的12个特征"既不能作为课程中的论据来论证观点，也无法作为其他重要内容的铺垫。

于是，我开始反思：为什么我会这么积极、这么兴奋地想要把这个内容设置为课程的一部分？在深思中，我逐渐意识到，之所以这段内容让我感触颇深，是因为我自己符合这12个特征，书中的这些内容和我产生了同频共振，但它们其实并不适合作为课程内容。

我们要学会从课程主线的角度来筛选书中内容。当你想要把书中某一段内容转化为课程的时候，不妨问问自己，这部分内容究竟是你自己想讲的，还是课程内容所需要的。

4.1.2　从学员洞察的角度筛选

对于学员，你了解多少呢？你知道他们的需求吗？你了解他们当前的技能水平吗？你知道他们想学习什么知识吗？

你对学员的能力水平和学习动机了解得越多，就越有机会筛选出他们想要学习的内容，也就越有可能设计出优良的学习体验。

所以，你要从不同的角度去思考和提问：

- 我的学员想要什么？
- 他们希望从学习体验中获得什么？
- 他们喜欢什么样的学习方式？
- 他们不想要什么？(这不仅仅是"他们想要什么"的反面)

……

总之，你需要明确一件事情：**尊重你的学员，他们和你不一样。**

大多数人都会不可避免地以自身的经验作为标准来教学，但并不是每个人都有和你一样的"过滤器"，**不是所有的学员都会以你的方式和视角来看待那些知识。**

也许你的经验是对的，但不是每个人在课堂上都会有相同的关注点和学习

动机。

你认为很有价值的知识点,对你的学员来说就一定有价值吗?

你认为有用又有趣的内容,对学员来说一定是干货十足、趣味满满吗?

当你看到某一本书觉得"相见恨晚"的时候,你的学员也会为之欢喜吗?

我相信对于上面三个问题,你的答案都是——不一定。

所以,从书中看到某个你认为很有价值的知识点时,不妨转换一下视角,站在学员的立场上来考虑:

- 这部分内容对学员有用吗?
- 学员需要学习这个内容吗?
- 这是参加这个课程的学员想要掌握的知识点吗?

继续用《赢在决策力》这本书来举例,书中有一个章节"决策风格",文中将决策者分为实用型决策者、分析型决策者、外向型决策者、温和型决策者这4种决策风格,分别分析了这4种决策者的优势和劣势。通过阅读,读者能轻易分辨出自己属于哪一类型,从而在决策过程中,更好地发挥优势、规避劣势。

这个内容有价值吗?显然,它是有价值的。

我本来想把这个内容放在课程中教给学员。但是,后来调研访谈时,我发现,报名"魔鬼决策力——让你跳出心理陷阱"这门课程的学员,主要是带着对"魔鬼决策力"的好奇心、对"掉入心理陷阱"的恐惧心理来参加课程的。事实上,他们并不在意自己是哪一种类型的决策者,他们真正关注的是采用什么样的方式方法识别"心理陷阱",避免掉入"心理陷阱",从而做出有意义的决策。

了解到了这个信息后,我没有把"决策者的4种决策风格"纳入课程,尽管我个人觉得它很有价值。

所以,无论你想要把书中什么样的内容转化为课程,在转化之前,都要先试着站在学员的立场上想一想:这究竟是不是学员应该掌握或想要掌握的知识点?

那么,如何在课前了解你的学员呢?如何对学员的学习需求进行有效分析呢?这就需要你以学员为中心、以收集问题为目标来进行训前调研。

了解受训对象在课题方向上存在的问题,常用的调研方式有以下几种。

(1) 观察法:现场观察学员的状况。

(2) 访谈法:和学员、学员的上级,以及相关利益者面对面地交流培训需求。

(3) 问卷调研法:设计学员调查问卷,通过调查问卷了解培训需求。

(4) 考核法:在培训之前,对学员进行测试或考核,了解他们在这方面的知识水平。

(5) 资料分析法:收集学员及其工作的相关资料,通过资料了解问题现状。

(6) 案例收集法:要求学员提供他们在实际工作、完成任务的过程中,遇到的问题。

作为一名培训师,我有过大量的学习项目运作经验,很多时候,在培训之前,我们会同时采用问卷调研法和访谈法。培训前,问题了解得越具体,解决方案越明确,课程的内容也就越好规划。

根据我的经验,和学员交流尤为重要。无论如何,你都要争取机会和部分学员在训前提前沟通。和学员提前交流有以下三个好处:

- 他们会告诉你,他们想学习什么内容;他们也会告诉你,你设计的学习体验会起到什么作用。
- 他们会告诉你,在课题方向上,他们在哪些方面觉得比较困难或者迷惑,他们在哪些事情上容易犯错误。了解学员的这些痛点,有助于你从书中筛选出适合他们学习的内容。
- 他们可以给你提供一些实际案例,你可以把这些案例稍作改编之后设置在课程中,这样的案例更容易引起学员的共鸣。

在训前交流的过程中,你可以提出这样的问题:

(1) 你为什么参加这个课程的学习?
(2) 在课堂学习中,你希望了解些什么?
(3) 你在这个课题方面遇到过什么样的困难?能举例说说吗?
(4) 你认为学习这个课程的难点在哪里?
(5) 学习完之后,你会把学到的东西怎么样用起来?
(6) 你觉得学习这期课程对你最大的帮助是什么?

总之,在培训开展之前,你要对学员充满好奇心,深入了解他们,了解他们的学习动机、喜好、技能水平、学习期望。

4.1.3 从价值匹配的角度筛选

我曾经化过《关键对话》这本书(见图4-2)为课程,很多"化书成课"课程的学员也会带这本书来化课。

有一次,我在一家大型汽车制造型企业授课,应客户的要求,我在授课前推荐了一些书单。结果课程当天,大多数学员带来现场化课的书都是《关键对话》。

课程中,我了解到现场的参训学员差不

图4-2 《关键对话》封面

多都看过《关键对话》这本书。于是,顺应大家都想化这本书为课程的愿望,我带着学员做了一个小游戏。这个小游戏分4步。

第一步，要求学员翻到《关键对话》这本书的目录，从原书的11个章节里，选出自己最想"植入"课程的5个章节。这一步，学员自己选择章节，自己记录。

第二步，小组讨论，以小组为单位选出大家认为一定要"植入"课程的5个章节。以其中一组"火锅组"为例，他们从书中选出来的5个章节：

第一章 何谓关键对话

第三章 从"心"开始——明确自己的真正目的

第四章 注意观察——如何判断对话氛围是否安全

第五章 保证安全——如何让对方畅所欲言

第八章 了解动机——如何帮助对方走出沉默或暴力状态

第三步，请各组总结他们共同选择的章节的特性，由此给每一章命名，即用一个词语或短语来概括这一章。经过一系列的头脑风暴，各组给每一章节都恰当命名。"火锅组"把他们刚才选出来的5个章节分别命名为5个模块。

第一章——定义关键对话

第三章——谈话前的探索

第四章——谈话前的准备

第五章——双方达成共识

第八章——消除谈话阻碍

第四步，要求每一组通过集体的观点交融，对这几个模块进行"拆解"和"细分"，分解出来的内容就是我们未来在课程中要讲授的内容。每个模块细分出三个内容来，分解的时候可以不参考《关键对话》这本书。

为什么分解内容的时候，不建议大家参考原书内容呢？

如果大家都参考原书去细分内容，那么很容易勾勒出书的框架，但是这样做毫无意义——一本书的框架是作者自己的想法，未必一定对，也未必一定好，没有任何一本书，我们每个人都认为它的框架是完美的。

一本书可能包含32个知识点，其中2个是作者最主要的论点；4个是为了支撑它的分论点；12个散落在各章节，是各章节的主要核心；其余14个，作者可能觉得不重要，简单带过。那么，作者如何谋篇布局，如何勾勒框架，跟我们开发课程有什么关系呢？所以，我们应该根据我们即将开发的课程想要给学员传达的理念、想要给学员带来的价值，去规划和设计内容，这些内容可以和原书有相通之处，也可以和原书没有相通之处。在开发课程的过程中，你要明确，你希望学员从你的课程中学到什么、收获到什么、感悟到什么，因为这才适合作为课程内容。

第四步也是学员思维激烈碰撞的过程，最终各组基于开发课程的初衷，对前面几个模块进行了细致的内容规划。其中，"火锅组"呈现的"计划授课内容"如下：

【第一章——定义关键对话】
关键对话的定义
关键对话的特点
关键对话的局限
【第三章——谈话前的探索】
我的立场是什么？
对方的立场是什么？
谈话的目标是什么？
【第四章——谈话前的准备】
观察对方的表情
观察对方的动作
觉察现场的氛围
【第五章——双方达成共识】
心态调整法
对比说明法
共同目标法
【第八章——消除谈话阻碍】
询问感受
引导情绪
坦诚面对

如果你看过《关键对话》这本书的话，相信你已经看出来了，这个简单的"课程大纲"里面，既涉及原书中的内容，也涉及原书之外的方法和技巧。

当这个大纲经过润色、补充、调整，经过框架搭建和流程设计，转变成课程之后，它是融汇了**书中内容、团队智慧、共同经验、现场灵感**的一门全新的课程。

所以，如果你想从价值匹配的角度，从书中筛选出适合转化为课程的内容，只需要在开发课程中思考这三个问题：

- 你想要通过这门课给学员传递什么样的理念和价值？
- 课程加入这一部分内容之后，能引领学员走向你设计的那条"梦想之路"吗？
- 书中的这段内容与"你想要创造的价值"及"学员想要体验的感受"匹配吗？

这个游戏很简单，如果你手中恰好有一本你喜欢和熟悉的书籍，那么你现在就可以尝试和实操一下。

第一步，翻开这本书的目录，从原书的多个章节里面，提取出你最想纳入课程中的3~5个章节。

第二步，单独归纳出每一章的特点和属性，然后分别用一个词语或短语来"命名"。

第三步，把每个章节作为一个模块，根据你想要传达的价值理念、你想创造的课堂体验，对这几个模块进行内容分解，每个模块细分出3~4个内容来，分解的时候不参考原书。

只要这三步，你就可以从书中筛选出和你的课程价值相匹配的内容。这里的课程价值指的是这个课程的定位、价值观、内容深度和广度。

只要课程满足了学员的学习期望，只要从书中筛选出来的内容和课程价值匹配，只要"化书成课"的整个过程条理清晰、有章可循，这个课程就有机会让学员得到心智的成长、内心的自由和能力的突破。

4.2 化繁为简，搭建知识衣橱

如果你把一件红色的毛衣交给一位衣橱整理专家，让他把这件毛衣放进衣橱里，他能够快速地决定将这件毛衣放在衣橱的哪个位置(专门放冬季毛衣的衣架上，按照重量、款式、颜色进行排列)，因为他非常了解衣橱的架构。但一个衣橱整理新手在决定将红色毛衣放在哪里的时候，就需要更多的时间来考虑和决策。

作为培训师，你在授课的领域可能是专家，或者至少比一般人专业，那么你在考虑有关这个领域的相关知识时，你的思维模式是规范有序的，你清楚知道这些内容有哪些不同的类别、分哪些不同的区域、有哪些特定的信息组织方式。

但当你把这个领域的知识内容教给新手的时候，他们头脑里还没有形成系统性的框架，所以只会把接收到的信息丢到"衣橱"中，任由它们堆在那里。之所以会出现这样的情况，是因为课程没有框架性，课程的设计不够结构化。

所以，你需要帮助你的学习者建造"知识衣橱"，让他们的头脑里面有一个空间，能有序存放你给的信息。这样一来，他们就能把从你那里接收到的信息，放置在"衣橱"的合适位置，方便未来查找。

我们接下来要讲的"由外到内搭建课程框架"和"由内到外搭建课程框架"就是帮助你的学习者建造"知识衣橱"的过程。有了顺畅鲜明的课程结构，学员学习起来，才会觉得逻辑清晰、有条有理，也便于更有效率地对各类知识进行分类和整理。

4.2.1 由外到内搭建课程框架

1. 用CCR模型分析时间管理四象限

如果你对时间管理这个领域有过一点了解,那么时间管理四象限(见图4-3)对你来说应该不陌生。时间管理四象限法则是由著名管理学家史蒂芬·科维(Stephen R. Covey)提出的一个时间管理理论,其把工作按照重要和紧急两个不同的程度进行了划分,能帮助你有效管理好时间。

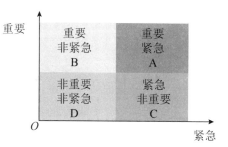

图4-3 时间管理四象限

下面,我们试着跳出它本身的含义,从"上帝视角"来俯瞰它,还原一下这个法则的形成过程。

第一步应该是**分类**。我们把日常生活中要做的事情分为4种类别,分别表述为:
- 重要紧急的事情(客户投诉、限定时间必须完成的任务、住院手术等)
- 重要非紧急的事情(建立新的人脉关系、参加培训、制定防范措施、健身等)
- 紧急非重要的事情(被动的电话、被动的部门会议、被动的应酬等)
- 非重要非紧急的事情(刷朋友圈、逛街、闲聊、看电视、看抖音等)

第二步是**建立联系**,即寻找这几种类别的事物之间的相互影响关系。

重要非紧急的事情,如果长时间不去做,可能会变成重要紧急的事情。重要非紧急的事情一般对你影响深远,和你的目标有关,且能体现长期效益。比如健身,因为它不够紧急,所以可能不会引起你的重视,但当你长时间不健身,身体素质逐渐下降,无法支持你正常工作的时候,它就变成重要紧急的事情了。

紧急非重要的事情和重要紧急的事情凑在一起的时候,你会优先处理哪一项呢?大多数人理智上都知道应该优先处理重要紧急的事情,但是有可能,那些紧急非重要的事情只需要一个电话就能解决,而重要紧急的事情可能需要一个会议,甚至好几天才能解决,这时候,根据趋利避害的原则,大多数人都会先处理紧急非重要的事情,但实际上,这部分事情或许可以授权给别人去做或者晚些时候再处理。

那么,不紧急也不重要的事情有没有可能成为重要紧急的事情呢?或许,当你20岁的时候,婚姻对你来说,就是既不重要也不紧急的事情,但如果你到了35岁依然单身,而你也渴望拥有一个完整的家庭,那么,这时候它就会变成重要紧急的事情。

通过建立联系,我们发现这四类事情之间有着隐藏的关联。

第三步是**排列**。根据这几种类别的重要程度或者处理方式,把它们按照一定的"顺序"或者"结构"进行排列,方便自己和他人理解。

史蒂芬·科维根据时间分配占比,对这4种类别的事情进行了排列,由此形成了我们所熟悉的时间管理四象限：

- A象限：重要紧急——这些事情应该优先处理，安排一个最高级别的优先级。
- B象限：重要非紧急——这些事情也很重要，但与A象限比较而言，其在时间上没有那么紧迫，所以给它安排一个次高级别的优先级。
- C象限：紧急非重要——这些事情虽然不重要，但往往因为时间紧迫而容易过度吸引我们的注意力，因此把它放在第三象限。
- D象限：非重要非紧急——这个象限里面的事情大多是生活琐事，常常消耗和浪费我们的大量时间，时间管理就是要把做这些事情的碎片化的时间重新利用起来。

由此，我们合理且完整地剖析了"时间管理四象限"是如何"诞生"的，这个过程涉及三个步骤：

第一步分类(Classify)——把涉及的知识内容以一定的形式进行分类。

第二步建立联系(Contact)——发现这些类别之间的关联关系和相互影响。

第三步排列(Reorder)——根据各个类别之间的关联关系，确定它们的"出场顺序"，对它们进行恰当的排列和架构。

我们把这个分析过程简称为CCR模型。

2. 用CCR模型搭建课程框架

这个CCR模型同样也可以用于"化书中内容为课程框架"中，如图4-4所示。

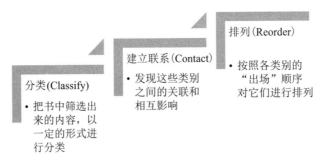

图4-4　CCR模型在"化书成课"中的应用

从图4-4得知，我们可以先从书中筛选出一部分适合转化为课程的内容，把它们按照一定的形式进行分类；然后去寻找这些类别之间的关联和相互影响，以此为依据确定各个类别的"出场"顺序，对它们进行重新排列和框架搭建。这个课程框架可以用简单的思维导图来勾画，以帮助我们在头脑中形成一个清晰的脉络。

通常情况下，我们从书中筛选的内容可以从以下三个角度来分类。

- 从应用场景的角度来分类
- 从解决问题的角度来分类

- 根据某件事情的运作流程来分类

下面，我们整体浏览一下某集团公司用CCR模型化多本书为课程框架的案例。

第一组选择的书籍

- 《DISCOVER自我探索》
- 《非暴力沟通》
- 《现代管理学》
- 《魏晋南北朝史》

第一步**分类**(Classify)。

从应用场景的角度分类——把这4本书籍按照不同的应用场景进行分类。

家庭中的夫妻关系和亲子关系的场景：《DISCOVER自我探索》《非暴力沟通》。

社交场景中的结识新朋友的场景：《DISCOVER自我探索》《魏晋南北朝史》。

工作场景中的上下级沟通的场景：《DISCOVER自我探索》《非暴力沟通》《现代管理学》《魏晋南北朝史》。

第二步**建立联系**(Contact)——寻找这些书籍在不同应用场景中的关联。

在生活中，通过阅读《DISCOVER自我探索》这本书，我们可以更好地了解自己和他人的性格特点。之后，我们阅读《非暴力沟通》这本书，便可以基于对他人的行为风格的了解，采用对方更易接受的沟通方式。

在工作中，运用《DISCOVER自我探索》中的方法，我们可以了解上级和下属的行为模式和思维方式；通过对《魏晋南北朝史》的学习，我们可以运用古代君王治理国家的智慧来管理团队；当下属对工作产生不满情绪时，我们可以用《非暴力沟通》中的方式，来帮助下属调整心态。

第三步**排列**(Reorder)——从书中筛选出适合转化为课程的内容，把它们重新命名之后，按照一定的结构重新进行排列组合，以方便教给学员。

经过前面三步，第一组搭建的课程框架如图4-5所示。课程名称暂定为"情商DISCO"，课程内容涉及工作中与上级、下属的沟通技巧，家庭生活中与另一半、与子女的相处智慧，社交中与新朋友的结交方式，旨在帮助学员提升沟通能力、人际关系处理能力。

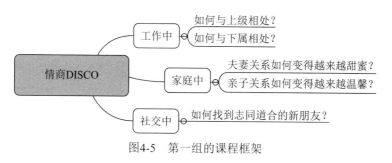

图4-5 第一组的课程框架

第二组选择的书籍
- 《人性的弱点》
- 《服务营销》
- 《掌控习惯》
- 《沟通的艺术》

第一步**分类**。

从解决问题的角度来分类——把这4本书籍能够解决的问题分别罗列出来。

《人性的弱点》解决的问题：了解人性，深入剖析自己和他人。

《服务营销》解决的问题：了解什么样的服务能创造出优质体验。

《掌控习惯》解决的问题：帮助人们更快地形成一个好习惯。

《沟通的艺术》解决的问题：摒弃无效沟通，学会有效沟通。

第二步**建立联系**——寻找这些书籍在某个应用场景中的关联与相互衔接。

从客户服务的角度出发，《人性的弱点》这本书能帮助我们探询客户的真实需求；《服务营销》这本书能让我们给客户创造优质的体验；《掌控习惯》这本书能够有助于我们建立一套机制，培养客户使用产品/服务的习惯；《沟通的艺术》这本书让我们懂得如何与客户有效沟通交流。

第三步**排列**——从书中筛选出适合转化为课程的内容，把它们重新命名之后，按照一定的结构重新进行排列组合，以方便教给学员。

经过前面三步，第二组搭建的课程框架如图4-6所示。课程名称暂定为"如何抓住客户的心"，课程内容涉及探询客户的真实需求、和客户有效沟通的艺术、给客户创造极致体验的方法，以及培养客户的使用习惯，旨在帮助营销人员建立并维系好客户关系。

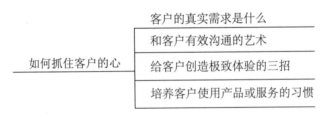

图4-6 第二组的课程框架

第三组选择的书籍
- 《销售心理学》
- 《微习惯》
- 《能力陷阱》
- 《博弈论》

- 《财务自由之路》

第一步**分类**。

根据某件事情的运作流程来分类——把这5本书籍汇聚起来，思索之后，根据项目管理的不同阶段对这些书进行分类。

项目启动阶段：《能力陷阱》

项目规划阶段：《能力陷阱》《财务自由之路》《微习惯》

项目实施阶段：《销售心理学》《能力陷阱》

项目监控阶段：《博弈论》

项目收尾阶段：《销售心理学》

第二步**建立联系**——寻找这些书籍在项目管理过程中能够起到的作用及其关系。

《能力陷阱》这本书的目标对象是管理者，旨在帮助管理者成为高效的领导者。项目管理的很多阶段，尤其是启动阶段、规划阶段、实施阶段，都需要一位高效的管理者把控全局。在项目启动阶段，最关键的工作是要确定项目的价值及可行性，这与《能力陷阱》中讲的决策力和分析力有关。

项目规划阶段涉及工作分解、进度计划、成本管理等事宜，《能力陷阱》有助于工作分解；《微习惯》有助于制订项目进度计划，《财务自由之路》有助于成本管理。

在项目实施阶段，最重要的工作是沟通管理，成员之间的有效沟通是为了确保信息的合理收集和传递。《销售心理学》中涉及的心理学知识也可以迁移到沟通中，帮助我们更好地达成目标；项目执行过程中如果遇到风险，要及时实施风险应对策略，而《能力陷阱》中恰好涉及风险控制。

为了确保项目计划的顺利实施，必须实时对项目的方方面面进行监控和评估，并及时做出必要调整。除了跟踪项目进度之外，管理方也要监控项目利益相关方需求的变化、市场的变化，并及时处理变更，这就需要《博弈论》了。

在项目收尾阶段，需要审查项目的实现情况，把项目成果移交相关方，这时候，如果我们能运用《销售心理学》，也就能更好地展示项目成果了。

第三步**排列**——从书中筛选出适合转化为课程的内容，把它们重新命名之后，按照项目管理的不同阶段，进行排列组合。

经过前面三步，第三组搭建的课程框架如图4-7所示。课程名称暂定为"项目管理实战"，课程内容涉及项目启动阶段、项目规划阶段、项目实施阶段、项目监控阶段、项目收尾阶段的工作事项及所需能力，旨在帮助项目管理者厘清思路，游刃有余地应对项目各个阶段的难题。

图4-7 第三组的课程框架

从上述三个案例中,我们可以看到,化书中内容为课程框架的时候,可以根据你对课程的构思来进行一定的分类和排列。如果是化多本书,那么可以把几本书中的知识点跨界建立联系之后,再进行架构布局;同理,如果是化一本书,也不用完全按照书中内容的排列方式来设计你的课程框架,你要把书中的内容吃透,然后把书的内容按照自己的理解和领悟,重新分类拆解、建立联系、整合排列。这个过程中,我们都会用到CCR模型。

这里,需要说明的是,使用CCR模型的前提条件是你能从书中筛选出优质内容,所以在应用CCR模型进行课程框架搭建之前,我们应该从书中筛选出你认为适合转化为课程的内容。之后按照你对课程的定位和立意,把这些内容按照一定的形式进行分类,再寻找这些不同类别之间的关联,依据这些内容的相互关系进行布局和排列。这就是由外到内搭建课程框架的思路。

为什么我们要搭建课程框架呢?这是因为追求秩序是人类的本能,如果秩序缺失,人们就会刻意去创造秩序,就像我们在看天上云朵的时候,会不自觉地把它们想象成各种形状,像棉花糖,像斑马,像山羊等。研究表明,对于学习者来说,学习的内容越是结构化,越能按照我们大脑习惯性的思维模式来进行排列,就越符合人们对于秩序的追求,他们就越容易掌握和记忆,而你通过CCR模型就能创造出一个结构,如同在衣橱中放置了一个衣架,让"整理新手"也能运用自如。

4.2.2 由内到外搭建课程框架

除了"由外到内"的思路之外,搭建课程框架的另一种思路是"由内到外"。这种思路简单明了:先确定你的课程中会涉及什么内容,然后根据你想授课的内容,把这个课程框架搭建好,接下来,寻找匹配的书籍,从书中选择适合的内容来填充你的课程框架,这个框架需要什么内容就填充什么内容——这就是"由内到外"搭建课程框架的思路。

举个例子来说，你想要开发一门"DISC沟通技巧"的课程，这门课程的核心理念是"针对DISC 4种不同性格或风格的人，应该采用不同的沟通方式"。搭建课程框架的思路如下所述。

第一步，我们先来预测一下这个课程的学习对象。

DISC是一种性格分析工具，也是一种人类行为语言，把人分为了力量型(D型)、活泼型(I型)、稳健型(S型)、思考型(C型)这4种类型。

因为"DISC沟通技巧"这门课程的核心是让学员了解4种不同性格的行为风格，并且能够运用DISC有针对性地与不同风格的人沟通互动，提高沟通效率和互动效果。由此，我们可以大致推测出，参加这门课程的学员是希望提升沟通能力、掌握沟通技巧，同时希望进一步了解自己和他人的群体。

第二步，我们需要构思一下这个课程的价值和内容。

这门课程如果定位于职场人，课程目标在于提升办公室的沟通效果，那么课程中就会涉及对上级沟通、对下级沟通、对平级沟通。基于这样的思考，我们由内到外搭建课程框架，在设想课程的具体内容时，也许可以从以下5个角度来考虑。

从"传递新知"的角度来考虑，课程中应该涉及know-what的内容，这部分内容是事实性知识，是静态的，不会根据环境和条件的变化而发生变化。它的主要作用是让学员了解课程中的一些基本概念，比如"DISC是什么""DISC 4种性格有什么特点"。

从"引导思考"的角度来考虑，课程中应该涉及know-why的内容，这部分内容是原理和规律方面的知识，能够帮助学员追根溯源，识别事物的各种特征并据此做出不同的反应，比如"DISC的动力来源""如何识别DISC 4种类型的人"。

从"学习效果"的角度来考虑，课程中应该涉及know-how的内容，这部分内容主要指"做什么""怎么做"的知识，是一种实践性的知识、操作性的知识，是能够帮助学员从已知状态向目标状态转化的知识，比如"如何向D型风格的上级汇报工作"。

从"建立标准"的角度来考虑，课程中应该涉及know-standard的内容，这部分内容是规则性知识，在某种程度上能够帮助学员规避风险，如果学员掌握这类知识，就能运用简单的规则去解决复杂的问题，比如"和DISC 4种不同类型的人沟通时的注意点"。

从"营造体验"的角度考虑，课程中应该涉及experience，即多种学习体验。在体验式的学习中，学习者既要经历具体体验，又要进行观察、反思，实现由最初的抽象概括到最后的主动应用的目的。这属于改变性的知识，学员可以在课程现场感受到认知和行为的变化。比如说，让学员在课堂现场模拟和DISC 4种不同类型的人沟通的不同场景(场景中涉及冲突)，运用所学知识来应对冲突和解决冲突。这样的学习过程本身充满了紧张与冲突，同时又是一个持续应用新知和解决问题的过程。

第三步，绘制出课程框架。根据传递新知、引导思考、学习效果、建立标准、营造体验这5个角度，课程本身所需涵盖的内容已经基本明确了。接下来，我们就可以对这些内容进行排序规划，然后画出一个简单的课程框架，如图4-8所示。

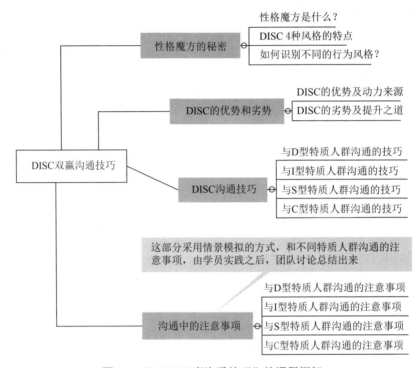

图4-8 "DISC双赢沟通技巧"的课程框架

第四步，根据绘制好的课程框架，筛选合适内容。首先列出开发这门课程需要具备或需要补充的理论知识，然后寻找相应的书籍，从课程主线、学员洞察、价值匹配三个维度筛选出书中适合填充到这个框架的内容，确保内容的合理性与适用性。

综上，由内到外搭建课程框架的流程如下所述。

第一步，思考课程面向的学习对象；

第二步，从传递新知、引导思考、学习效果、建立标准、营造体验这5个角度来构思课程应该给学员带来的价值及相应的知识点；

第三步，对知识点进行排序规划，绘制出基本的课程框架；

第四步，寻找匹配课程框架的书籍，从书中筛选出适合充实框架的内容。

通过这四步，你的课程框架就成形了，同时，由于这个框架中涉及的知识点是基于受众对象的学习需求设计的，所以课程的实用性非常强。

课程框架的绘制过程，要么"由内到外"，要么"由外到内"，掌握了这两套思路，你就能得心应手地画出结构清晰、逻辑缜密的课程结构，并且能够以目标和学员为导向，真正做到"课程内容随着用户特征和潜在需求而变化"。

【第4章回顾】

(注：每章结束，我们会通过一些互动趣味的练习，来帮你回顾所学内容，让你既能够及时巩固这一章的核心内容，又能够借此机会自我检测，看看自己究竟学到了多少。)

1.【多选题】从书中筛选优质内容的三维思考包括哪些方面？　　　　　(　　)

　　A. 课程主线

　　B. 学员洞察

　　C. 知识类型

　　D. 价值匹配

2.【填空题】由外到内搭建课程框架的CCR模型由_____、_____和_____组成。

3.【填空题】利用由内到外搭建课程框架考虑课程的设置内容时，思考的角度有5个，分别是传递新知、引导思考、_____、_____和_____。

4.【问答题】请写出由内到外搭建课程框架的四步流程。

【第4章回顾答案】

1. ABD

2. 分类、建立联系、排列

3. 学习效果、建立标准、营造体验

4. 第一步，思考课程面向的学习对象；

第二步，构思课程应该给学员带来的价值及相应的知识点；

第三步，绘制出基本的课程框架；

第四步，寻找匹配课程框架的书籍，从书中筛选出适合充实框架的内容。

第 5 章

乘机应变，转化书中内容

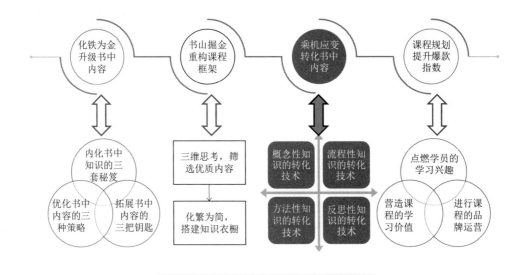

5.1 化书中内容为案例

5.1.1 如何把书中的知识点转化为案例?

课程中的案例从哪里来?案例的来源有两种,一是直接引用书中内容,二是把书中的知识点转化为案例。

从书中直接引用案例比较简单,只需要案例满足三个条件:具有典型性和代表性、能够证明观点、能够引起共鸣。因此,在这一章节我们重点讲一讲如何把书中的知识点转化为案例。

我们先来看三个案例,看看书中的概念、思路、理论性知识点经过转化之后,形成了什么样的案例。

【案例一】

急转弯式思考:把新的问题转化为一个已知的、有解决方案的熟悉问题后再进行解决。

——来源于《简化》

{转化后的案例}

随着自媒体时代的到来，越来越多的人辞职在家开始全职做自媒体。看着身边很多朋友都通过运营自媒体的方式获得了第一桶金，文敏也开通了自己的微信公众号，持续不断输出内容，俨然成了一名内容创业者。

脱不花曾说过："如果你要生产知识类的内容，这四点非常重要，高频、日更、小额、碎片。"为了日更，文敏几乎把这些年收获的所有知识、体会的所有感悟都倒出来了。但是，日更很难，总有江郎才尽、黔驴技穷的时候，文敏在内容创作上遇到了瓶颈。

于是，她找到一位自媒体运营经验丰富的前辈，请教怎么样才能持续日更。前辈意味深长地说："很多问题表面上看起来是一个新的难题，但实际上，这个问题从前也出现过，而且已经被前人解决了。你觉得自媒体诞生之前，有没有类似于自媒体的事物存在？"

文敏想了又想，没有答案。

前辈提示："你想想，自媒体满足的是人们什么样的需求？过去满足这些需求的媒介是什么？"

文敏恍然大悟："我做的微信公众号，不就相当于过去的杂志吗？"

前辈"乘胜追击"问道："杂志为什么能持续输出内容呢？杂志上的文章都是编辑自己写的吗？"

文敏醍醐灌顶，说道："杂志上面的大部分文章都是投稿来的，这样一方面可以稳定输出，另一方面也可以增加用户的参与感，我可以把这个思路迁移用于微信公众号的运营啊！现在我的自媒体已经积累了10 000多位用户了，我可以想些办法来激发用户来投稿共创。"

前辈欣慰地笑了："这个世界上，很多事物的内在本质和底层逻辑都是相通的，只是往往以不同的面貌或形式出现。所以，当我们遇到新问题的时候，可以尝试着把新的问题转化为一个已知的、有解决方案的熟悉问题后再进行解决。"

【案例二】

高智学习不是直接模仿别人成功的行为，而是多分析他成功的原因是什么，找到因果关系。

——来源于《经验的疆界》

{转化后的案例一}

罗臣彬看到他的几个朋友在闹市区开火锅店，火锅店生意兴隆，每天门庭若市，日进斗金。他去"考察"过几次，计算了投资回报率，又了解了开火锅店的流程步骤及所需设备，认为这个行业有利可图且经营容易，于是他也准备开一家火锅店。

虽然朋友开的火锅店是加盟店，但是罗臣彬认为自己有能力做出一个有特色的火锅品牌，不需要加盟。

他的行动力很强，经过选址、租下商铺、装修、购买设备及用具、招聘人员、购进调料及酒水、宣传等过程，一切准备就绪，他的火锅店就开起来了。

刚开始生意很好，尤其是前15天推出了满300送200的优惠活动时，火锅店门口每天都车马盈门。但是一个月之后，火锅店的生意一落千丈，入不敷出。

他很着急，挖空心思地尝试了很多不同的宣传方法和营销策略，但效果都不明显。罗臣彬百思不得其解，为什么朋友的火锅店一直生意兴隆，而自己的火锅店却只能风光一时？

提问：你认为罗臣彬开火锅店不太成功的原因是什么？

{转化后的案例二}

瑞安航空是欧洲的一家航空公司，这家公司因为模仿美国西南航空取得了很大成功。

这个公司的CEO很直接地说，我们所做的事情，无非就是模仿西南航空取得的成功。我们研究过西南航空是如何做到"廉价"且受欢迎的，主要有4个关键点：同一机型、服务收费、缩短停机时间、减少座椅间距。我们模仿西南航空公司，模仿的就是这几个关键点。

欧洲低票价航空市场发展初期，瑞安航空就成为这个市场的领导者。2001年，航空业普遍陷入困境，瑞安航空仍保持着盈利纪录——连续12年盈利。瑞安航空公司被《经济学家》杂志称为"世界上最能赚钱的航空公司"。

提问：瑞安航空成功模仿西南航空的原因是什么？

【案例三】

让工作变得有趣，让员工动力十足，只需要凑足三个条件：明确的目标、适当的难度、及时的反馈。

——来源于《精进》

{转化后的案例}

A公司市场总监廖岳凡最近看了一本书——《带团队，就是用好你身边的人》，看到一半的时候,他想起了一位名叫卢婷静的下属。卢婷静来公司已有三年时间,踏实肯干,善于思考,虽然平常做的都是文案策划兼广告设计的工作,但是很有市场敏锐度。联想到即将到来的国庆节,廖岳凡准备给卢婷静一个大展拳脚的机会。

于是,廖岳凡把卢婷静叫到办公室,给她安排了一项重要任务:国庆节前,策划一场大型的市场活动。公司做这场活动有两个目的,一是增加公司产品的销量,二是提高公司的品牌知名度和市场占有率。

廖岳凡给卢婷静讲清楚了这场活动的目标和期望达到的效果。卢婷静有一点胆怯,因为自己从来没有策划过类似的活动,这次如此大型的活动让她全权负责,她担心自己搞不定。

廖岳凡鼓励她说:如果你没有挑战过自己的极限,你就没有把自己的潜能最大限度地发挥出来。

于是,卢婷静下定决心迎接这个挑战。尽管已经做好了心理准备,但是毕竟没有筹备大型活动的经验,卢婷静在筹备活动的过程中,遇到了很多棘手的问题,比如:

受邀客户中,预计有多少人来参加活动?

如何避免人们在活动结束前离场?

如果邀请的嘉宾临时有事来不了怎么办?

活动形式如何吸引所有人的注意和兴趣?

如何让活动中的宣传、销售显得自然有趣而不令人反感?

……

没有经验的卢婷静一次又一次地向廖岳凡咨询各种可能出现的问题,由于她的思维比较活跃但缺乏连续性,总是突然间想到什么就询问什么。廖岳凡本身工作也很繁忙,刚开始还有耐心给予回复,可渐渐地就没有耐心了,再面对卢婷静的"十万个为什么"似的问题时,就只回复四个字"你看着办"。

卢婷静也看出了廖岳凡的心不在焉,于是不再向廖岳凡请教问题的解决方案,而是自己思考或者寻求网络帮助。

活动如期举办,虽然卢婷静做了充足的准备,但毕竟是第一次运作这样的活动,现场很多突发情况都在预料之外,由于缺乏应急方案,应对得很被动,很多老客户失望而归。最后活动效果不如预期,销售额也没有达到市场总监给总经理的承诺。

廖岳凡气愤不已,不禁感叹,看来用人是一个大难题,以后用人还是要三思而后行啊!

后来有一天,廖岳凡无意中翻开一本书,看到这样一段话:让工作变得有趣,让员工动力十足,只需要凑足三个条件:明确的目标、适当的难度、及时的反馈。

一瞬间,廖岳凡如梦初醒:当初给卢婷静布置的任务,虽然有明确的目标,对她来说也有适当的难度,但是因为缺少了及时的反馈,所以她从刚开始的精神饱满,到后面逐渐变得优柔寡断,这并非因为她动力不足,而是因为我没有给予恰当的反馈,才导致她的积极性不断减弱啊！

所以，如果你希望员工能够按照你的期望完成工作，并且在这个过程中有所成长、有所进步，那么，你给员工安排工作的时候，一方面要帮助他明确目标，一方面要设置适当的难度，同时，请及时给他反馈和必要的支持，帮助他纠偏的同时，也让他感觉到你的陪伴和帮助。

相信你已经发现了，刚才的三个案例都是把书中的概念、思路、理论性知识点转化成了故事性的案例。那么，这些知识点是如何转化为案例的呢？

这里面涉及"化知识点为案例"的5个要素，通过这5个要素，你就能把书中的知识点转化为生动精彩的案例。

第一个考虑的要素是应用场景。

在什么情况下，我们需要把书中的知识点转化为案例呢？

☐ 你觉得这个知识点很重要，需要通过讲案例的方式让学员加深印象；

☐ 你觉得这个知识点很复杂，需要通过讲案例的方式来帮助学员理解；

☐ 这个知识点可以应用于学员的工作生活中，为了引导学员应用，你要讲一个关于应用这个知识点的案例；

☐ 这个知识点很特别，不同的人从不同角度来看，会有不同的看法，你通过讲案例+提问的方式，能够激发学员从不同的维度来理解这个知识点。

在你认为合适的情况前面的空格中打"√"。

当你从书中提取出一个适合转化为案例的知识点的时候，你**首先要从应用场景的角度上想一想**，这个知识点可以用在哪里？用在什么场景下？是用在工作上和领导沟通的场景下，还是用在和客户沟通的场景中，或者是用于和孩子沟通的场景中？所以，当使用这个知识点的场景出现在你的脑海中的时候，案例就显示出轮廓了。

第二个考虑的要素是人物。这里你要思考的问题有如下几个：谁可以使用这个知识点？谁可以使用这个方法论？曾经有没有人用过这个方法，达成了什么样的效果？

比如刚才的第二个案例，《经验的疆界》这本书中的一个知识点转化为案例的过程中，就通过询问"谁用过这个方法且达到了什么效果"这个问题，想到了模仿西南航空公司的瑞安航空。

第三个考虑的要素是问题。你需要跳出当前的局面，来延伸思考：处理什么问题的时候，需要使用这种方法或思路？

一个知识点既然要转化为案例来分享给学员，说明它有一定的重要性和适用性，能够帮助学员解决某类问题，如果你能告诉学员"这套方法可以解决如下问题"，就相当于给学员植入了一个"心锚"。当学员以后在现实生活中遇到相似问题的时候，就会自然而然地把这个知识点从头脑中调出来。这样思考下来，案例就越来越清晰了。

第四个考虑的要素是"做法"。你可以思考：采用这种方法的时候，我可以做些什么？在具体的案例中，我们要描述出案例中的人物是如何用这个方法的？第一步做了什么，第二步做了什么？具体的操作步骤是什么？

当然，你也可以把"做法"设置成一个可供讨论的话题。比如，你编写的案例中，主角因没有采用"合适"的做法(或思路、理念)导致这个事情没有达到预期目标，这是一个负面案例。这个案例就可以让学员在课堂讨论，案例中的当事人怎么样改进自己的做事方式(或思路、理念)可以更好地达到目标？让学员通过集体智慧的碰撞，把这个知识点讨论出来。

第五个考虑的要素是"效果"。你要让学员知道，用了这套方法，能达到什么效果？

人们天生追求有始有终，学员听你讲案例或者做案例分析，最终还是想要拿到一个明确的结果。所以，只要你讲案例，人们就会想要知道，案例中的人物处理这个事情的结果是什么？因此，你要把故事的结局在案例中展示出来。当然，负面案例就展示负面的结局，正面案例就展示正面的结局。

综上，编写案例的5个要素如图5-1所示。刚才的三个案例就是通过这样的方式编写出来的，这是编写案例的系统化思考过程。

场景/情境	这个知识点在什么场景或情境下可以使用？
人物	谁可以使用这个知识点？
问题	处理什么问题的时候，需要使用这种方法？
做法	采用这种方法的时候，我可以做些什么？
效果	用了这套方法，能达到什么效果？

图5-1 编写案例的5个要素

接下来，我们就来做一个编写案例的练习。

知识点：只有找准问题的真正原因，才能寻求到合适的解决方案。

请围绕这个知识点，从编写案例的五要素出发，编写一个案例证明该观点。

【参考案例】 某培训公司举办沙龙活动时,每次嘉宾到场率都很低。比如报名了150人,到场才80人。起初主办方以为是活动宣传不到位,于是加大了宣传力度,拓展了宣传渠道,但是没有明显效果。

后来,经过调研才发现,很多人报名的时候是真的有意愿参加活动,但是往往会因为临时有事或者忙得焦头烂额,而错过参加活动的时间,但很少有人会提前告知活动主办方。

于是,该培训公司采取了一个措施,在活动前三天和嘉宾确认:"咱们这次这个活动已经报满了,但仍有人在继续报名中,所以今天给您电话是想和您确认一下,活动当天您是否能够到场?"如果对方时间不能确定,那么就跟对方商量,看看能不能把名额让出来。采取了这个措施之后,嘉宾到场率就大幅度提升了。

所以,只有找准问题的真正原因,才能寻求到合适的解决方案。

5.1.2 二维六步案例教学法

1. 什么是二维六步案例教学法

"二维六步案例教学法"是指按照一定步骤将书中原有案例以"二维"(正面和负面)方式呈现给学员的一种方法。

正面结果的案例和负面结果的案例设置的意义分别是什么?

- 正面的案例:给学员指引一个正确的方向,让学员有一个可参考、可模仿、可借鉴的方法。
- 负面的案例:给学员提供一条线索,让学员能转换思路,想出更合适、更妥当、更有效的解决方案。

正面案例和负面案例的结合使用的作用是什么呢?

- 可以让学员知道,哪些行为能得到正面结果,哪些行为可能带来负面结果。
- 通过对比的方式区分"正确"的做法和"错误"的做法,学员对案例认识会更深刻。
- 负面案例能够引发学员反思过去的行为,正面案例能够激发学员应用所学的知识。

由此可见,我们编撰的双重案例中,负面案例和正面案例之间一定会存在某种关联——负面结果的案例和正面结果的案例相比,有两个相同之处,三个不同之处,即"二同三不同":

- 同:同一个工作任务、面临同样的挑战。
- 不同:方法思路不同、步骤顺序不同、条件资源不同。

通过正面案例和负面案例的对比讲解，学员可以知道，方法思路不同(或步骤顺序不同、条件资源不同)，最后达成的结果也不一样。

通常情况下，正面案例的编写模板如图5-2所示，负面案例的编写模板如图5-3所示。你可以按照这两个模板，结合书中的案例和你自己的经历，编写一个正面案例和一个负面案例。

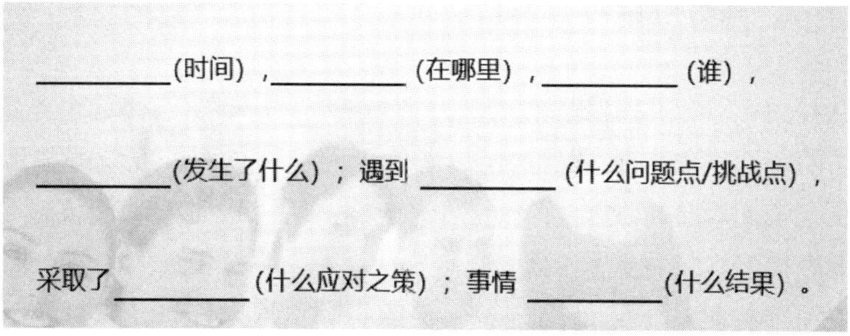

_____(时间)，_____(在哪里)，_____(谁)，_____(发生了什么)；遇到_____(什么问题点/挑战点)，采取了_____(什么应对之策)；事情_____(什么结果)。

图5-2 正面案例的编写模板

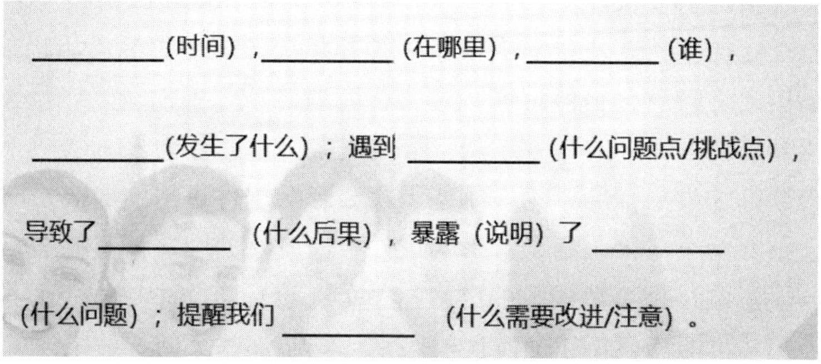

_____(时间)，_____(在哪里)，_____(谁)，_____(发生了什么)；遇到_____(什么问题点/挑战点)，导致了_____(什么后果)，暴露(说明)了_____(什么问题)；提醒我们_____(什么需要改进/注意)。

图5-3 负面案例的编写模板

如果你从原书中选择的案例是正面案例，那么，首先以图5-2为模板把这个正面案例编撰完整，然后从相反的角度(对照图5-3)对比写出负面案例；如果你从原书中选择的案例是负面案例，那么，首先以图5-3为模板把这个负面案例编撰完整，然后从互异的角度(对照图5-2)对比写出正面案例。

在实践操作中，我们通常先讲负面案例，再讲正面案例。这是因为负面案例能够打开学员思路，启发学员分析探讨，进而得出解决方案，这样学员不仅有更强的参与感，还可以在正反案例的对比中有所收获。如果学员想出来的解决方案和正面案例中的解决方案一致，他们会产生强烈的成就感；如果不一致，他们会反思自己的思考路径，从而获得认知的迭代。

当抛出负面案例后，培训师要引导学员进行全方位的探讨，以得出解决方案。我们可以提出以下4个问题。

- 预期的目标是什么？

- 实际发生了什么？
- 差异的原因是什么？
- 如何解决这个问题？

在分析负面案例的时候，提出前面两个问题的目的是引导学员融入案例的场景中，明确任务目标，并且激发学员想要了解"差异原因"的好奇心；提出后面两个问题的目的是引发学员发挥自己的主观能动性，根据案例中提供的线索，找出问题原因和解决方案。

经过团队探讨，学员得出解决方案。此时培训师先不要点评这个方案，而是直接给出一个相关的正面案例，让学员对比思考：**正面案例里面，究竟哪些地方做对了？**

因为学员之前对反面案例有深入透彻的分析，所以这时候就能很轻易发现和识别出正面案例中做得好、做得到位的地方。

我们在编写案例时，一定是围绕着学员的实际情况来写，这样才能让学员有代入感，才容易引起共鸣。如果书中的案例和学员的工作场景或生活场景无关，那我们就换成学员的实际情况来改编。

由于不管是正面案例，还是负面案例，都和学员的工作生活息息相关，所以学员对比这两个案例之后，就会自然地回顾起自己完成这项任务的场景，反思自己过去的行为方式是符合正面案例中的行为还是符合负面案例中的行为。

最后，培训师让学员深度讨论：**哪些因素会影响这件事情的成败？**

学员就会结合两个案例来琢磨：**影响这件事情成败的因素都有哪些？**

只要找到了影响这件事情成败的因素，学员在以后工作中完成类似任务的时候，就会努力集合那些可能让事情正面发展的因素，规避那些可能导致失败的因素。

综上所述，"二维六步案例教学法"的流程如图5-4所示。

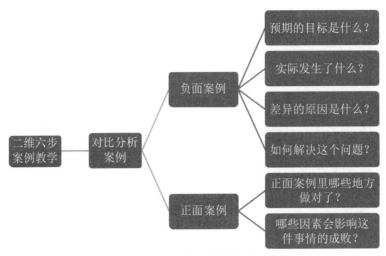

图5-4 "二维六步案例教学法"流程

2. 二维六步案例教学法的具体应用

下面再和大家分享一下这六步程序的实施过程和每一步具体应用的培训形式。

(1) 负面案例分析的前两个问题：
- 预期的目标是什么？
- 实际发生了什么？

这个环节可以采用提问的方式和学员互动。

(2) 负面案例分析的后两个问题：
- 差异的原因是什么？
- 如何解决这个问题？

这两个问题可以让学员和小组一起探讨，之后分组分享。

有人可能会感到疑惑：为什么不能直接让学员讨论"如何解决这个问题"呢？因为若不思考"差异的原因"，学员讨论出的解决方案不一定实用。你得先引导他们找到问题的真实原因和逻辑成因，再讨论解决方案，才能确保解决方案的针对性和可靠性。

(3) 正面案例分析的第一个问题：正面案例里哪些地方做对了？

这里可以让学员和搭档互问互答，这样可以借鉴彼此的视角，不至于遗漏要素。

(4) 正面案例分析的第二个问题：哪些因素会影响这件事情的成败？

这个环节可以让学员分组探讨，如果时间充足的话，还可以加入"世界咖啡屋"，让学员讨论一段时间之后，再更换到其他不同的小组，和不同的人一起继续探讨该话题，力图把所有的成败因素都讨论出来，这样就可以在原有案例的基础上，进行规律性的总结和升华。

案例教学中最有价值的部分是根据案例的情境继续深挖规律性的东西，当然这个深挖，在实际培训中可以用引导的方式。

学员讨论完并且产出讨论的成果之后，培训师也可以和学员分享一下你在这方面的思考和见解。

案例教学最大的一个特点是为学员提供了一个和工作高度相关、有讨论价值的场景，学员能从不同的角度认识问题，提升自己的系统化思考能力和风险预测能力。

一个有趣的案例很重要，如何引领学员探寻案例背后的"干货"更为重要，这是一个优秀的案例教学独特的魅力。所以一个好案例的关键不在于故事的长短，而在于培训师的引导，在于学员探索过程的丰富性，在于案例背后的知识体系。

一个好的案例教学，不是"讨论完就给答案"的过程，而是在培训师精心设计的引导下，学员循序渐进地探索出答案的过程，这样学员才会成为学习的主导者，才会在这个过程中构建出自己的思考框架。

5.2 化书中内容为学习活动

5.2.1 有效的学习活动应满足的条件

什么是学习活动？

是培训开场前的热身活动吗？是课堂中设置的各种小游戏吗？是让学员开怀大笑的表演吗？是各种有趣的教学视频吗？……

不是，以上所描述的都不是真正的学习活动。

真正的学习活动是以培训目标为导向，以提高学员对所学知识的感性和理性认知、提高对所学内容的记忆效果和应用动机为目的，所设计的一种**引导学员通过体验得出结论**的教学方法。

通过研究，我们发现设计学习活动能够达到以下5种效果。你认为学习活动对你的作用有哪些，你就可以在哪一项内容的前面打"√"。

☐ 学习活动能够提高学员的参与感，让学员自己发现所学知识的价值和意义。

☐ 学习活动让学习更有趣。如果一门课程设计了丰富的学习活动，就会让学员真正地参与进来，学员就会掌握学习的主动权。

☐ 学习活动能够解决注意力难以集中的问题，学员觉得课程有新鲜感，时刻保持活力和好奇心。

☐ 学习活动能让学员对知识的记忆更深刻。因为学员在参与活动的过程中动用了自己的感官，投入了情感，所以比单纯的听讲记忆效果要好。

☐ 学习活动能让学员在课堂现场，实现从知到行的转化。

如果我们设法把书中的知识点转化成极具体验感的学习活动，就能让学员学习的过程不再是枯燥乏味的听说读写，而是变成了身体和心灵的双重体验。

同一个知识点，如果用讲授的方式，学员只是"知道"；如果通过做示范，让学员观察，学员会对此有一些"了解"和"思考"；如果用演练的方式，让学员实践、试错、反思、修正，学员可以深入了解课程内容，学员的行为也会发生变化；如果设计成体验式的学习活动，让学员在真实的环境中自然呈现，相互影响，带入对潜意识的挖掘，学员可以把课程内容刻入骨髓。

每个人的认知升级和思维越狱都建立在引人深思的体验之上。一个人只有经历许多真真切切的体验，经过思维的冲击，才算经历真正的认知升级。任何人都不能让别人代替自己，经历自己的人生，而这样的体验是可以通过课程中的学习活动设计出来的。

那么，深入骨髓的学习活动具备什么特点呢？我们先做一个选择题。

你觉得下面哪些是体验式学习活动应该满足的条件？

☐ 参与踊跃
☐ 给予反馈
☐ 解决问题
☐ 相互学习
☐ 启发联想
☐ 契合主题
☐ 分析讨论
☐ 传递知识
☐ 有趣好玩
☐ 产出成果

其实，这10个条件都是学习活动应该符合的。但是，其中有5个条件，是我们"化书"之后开发的课程中学习活动必须满足的。满足了这5个条件的学习活动，才是一个从书中转化而来的高质量学习活动，才能让学员以更简单高效的方式学到书中的知识，才能让学员在体验中豁然开朗，才能更容易达到化书成课的目的，提高学习活动的效率。这5个条件如下所述。

1. 条件1：参与踊跃

有效的学习活动应该尽量调动更多的学员参与，而不是一部分人参与，另一部分人袖手旁观；也不是一部分人带着好奇心和探索欲参与，另一部分人像完成任务似的参与。很多时候，小组讨论最容易出现的情况就是大家的参与度不一样，那怎么避免这种情况出现呢？

第一种方法：减少小组讨论的人数，2个人或者3个人一组，在小范围内，大家更容易畅所欲言(也不得不畅所欲言)。第二种方法：设置几个角色，每一次讨论都让各组成员分别扮演不同的角色，每个人从自己扮演的角色出发，谈谈自己的看法和观点，这样可以让每个人都能充分发言。

我们用"六项思考帽"来举例：六项思考帽中，白色帽子代表的是中立，绿色帽子代表的是创新，黄色帽子代表的是积极，黑色帽子代表的是怀疑，红色帽子代表的是直觉，蓝色帽子代表的是理智决策。如果你想让学员每次小组讨论时都从这6个角度来思考，那么我们需要提前设计：在课程开始时，把学员分成6个人一组；在小组"团队建设"环节，引导各组分配好每个人的角色——每个人分别"戴"不同的帽子，然后在每一轮的小组讨论环节，各角色的扮演者以自己"戴"的帽子为基准，站在和帽子颜色一致的角度来发表自己的看法。这样一来，大家都可以各抒己见。

2. 条件2：给予反馈

反馈既能让学员看到自己的不足之处，也能让学员看到自己在学习过程中的成长和进步；既能给学员带来成就感和意义感，也能激励学员继续探索，坚持学习，还能让他们知道自己的学习程度，知道自己哪里学得好，哪里学得不好。所以在学习活动中，培训师一定要设计反馈环节。当然，反馈不一定是培训师给予学员反馈，也可以是学员之间相互反馈。学员和学员之间相互反馈有三大好处。

第一个好处，每一个学员都能收获到更多的建议，能从不同的视角看待自己的表现，突破自己的盲点，从而做到有效改进。

第二个好处，反馈者为了给出反馈，会注意观察，当反馈者在应用这个知识点的时候，就会有意识地想起自己曾经反馈的问题，从而避免在同样的地方出差错。没有反馈就没有这个敏感度。

第三个好处，学员相互反馈能够营造出一种积极上进的氛围，人人都在意自己在他人心目中的形象，人们为了获得他人正面的反馈，都会在演练中努力做到最好，这样课堂实践效果也就更好。

3. 条件3：相互学习

对于课堂中的任何一个知识点，每位学员都有自己的理解，每位学员都会用自己独有的认知和经验来解读它，每位学员都会联想到不一样的应用场景。所以，有效的学习活动总是创造机会，让学员能够共享视角、相互学习、交换观点，由此扩大他们的思维空间，让他们拥有多维度的视角。

4. 条件4：契合主题

我们做学习活动是为了促进学员的学习。通过学习活动的体验，学员或许能了解新知，或许能转变态度，或许能提升技能，但无论如何，通过学习活动达成培训目标才是根本，而不是仅仅为了热闹，为了营造氛围，才做活动。

所以，在设计学习活动的时候，我们要考虑如何能让活动契合课程主题。你可以观察市面上很多培训中的学习活动，也许你会发现，很多培训中的活动项目其实是多余的，没有意义的，可有可无的，对培训目标的达成没有任何帮助，这样的学习活动就是在浪费学员的时间。

学习活动的一项重要设计原则就是一切学习活动都是为课程内容服务的，所以学习活动一定要契合课程内容，要么直接把知识点贯穿在学习活动当中，要么让学员通过学习活动提炼出知识点。

5. 条件5：产出成果

随着企业培训意识的觉醒，培训形式已经潜移默化地发生了变化。从以往的面授式、纯讲授式转变为培训形式多元化、学习任务实践化、学习成果可视化。

现在企业越来越重视培训效果，每一场培训都会评估投入回报率。一场培训要让参训学员有变化，需要前期调研规划、后期跟进复盘、延长实践周期，这样培训课程就不能再追求大而全。培训内容要聚焦，同时要设法让大家达成一个共识：培训是一个长期积累和沉淀的过程，训后变化不仅仅发生在课堂上，更在于培训后。

培训课程实施之前，培训师一定要和相关负责人明确培训之后期望达到的效果，并且提前协商如何检验培训成果、如何促使学员应用培训所学。

作为培训师，我们也要在成果设计环节尽量做到成果可视化，保证每次课程结束后都能看到学员的学习成果，而且这个成果一定是学员自己动手完成的。成果及时在课堂现场呈现，对于学员来说，可以检验学习效果；对于培训师来说，可以及时发现问题，及时纠偏；对于企业来说，花了可观的培训费能看到一部分成果，培训负责人心里也是踏实的。

现在我们已经知道，有效的学习活动需要满足5个条件，那么书中哪些内容适合转化成学习活动呢？适合变成学习活动的知识可以分为4种类型，每种类型的知识在课程中都有各自的使命，都是为了达成特定的教学目标。

这4种类型的知识分别是概念性知识、流程性知识、方法性知识、反思性知识，其特点及设计为学习活动的目的如表5-1所示。

表5-1 知识类型和学习活动的关系

知识类型	知识类型定义	知识点举例	设计为学习活动的目的
概念性知识	描述事物"是什么"的知识，指的是某个事物的具体含义	非暴力沟通 企业文化 品牌	帮助学员多角度、全方位地理解某个概念
流程性知识	描述一个任务的操作步骤或者执行过程的知识	电话营销的流程 绩效改进的流程 注册公司的流程	帮助学员记住流程中的环节和步骤，未来用到的时候容易回忆
方法性知识	描述做事情的原则、原理、通用规则和技巧	如何探索客户需求 如何写出有吸引力的文案 如何给下属反馈	帮助学员掌握一个实用的方法，并能用该方法解决具体的问题
反思性知识	描述的事物能够引发你对过去进行回顾和修正	决策技巧 化解冲突的方法 情绪管理的方法	帮助学员反思自己过去的行为，产生改进的动力

那么，这4种类型的知识点要如何转化成学习活动？转化成什么样的学习活动才能帮助学员更好地吸收和理解呢？下面我们用一些真实的授课案例来说明各种类型的知识如何转化学习活动，让大家看完之后就能实操。

5.2.2 概念性知识如何转化为学习活动？

概念性知识转化为学习活动的目的是帮助学员多角度、全方位地理解某个概念。

学员与我们想要分享给他们的知识之间就好像隔着一层毛玻璃，通过学习活动，我们把课程中所涉及的概念，让学员理解得更准确，就相当于是把那层毛玻璃打磨得更透明，令学员把课程中的"小世界"看得更清楚。所以，概念性知识在转化为学习活动的时候，就要让学员有机会对这个概念进行不同角度的审视、剖析和强化。基于这个目的，我们可以有以下4种设计思路：

(1) 提供机会让学员彼此交流对概念的理解，从不同角度认识这个概念的"形象"和"状态"。

(2) 把抽象的概念用具象化的形式表现出来，有利于学员清晰理解概念。

(3) 创造时机让学员用多种方式(如图像化、肢体语言)来表达他们所理解的概念，在这个过程中厘清概念。

(4) 引导学员对概念进行思考，或者让学员用举例的方式来表述概念，帮助学员更好地记忆概念。

下面我们来看看概念性知识在"化书成课"中转化为学习活动的真实案例。

【案例一】

概念： 定位

来源书籍： 《定位》

书中对概念的定义：

定位从产品开始，可以是一件商品、一项服务、一家公司、一个机构，甚至是一个人，也许就是你自己。但是定位不是围绕产品进行的，而是围绕潜在顾客的心智进行的。定位就是如何让你的产品在潜在客户的心智中与众不同。

学习活动设计思路：

设计思路A：每个学员对"定位"这个概念的理解不一样，因此可以创造机会让各学员表达出自己对这个概念的定义，然后相互交换意见，融合想法，最终形成统一的定义。

设计思路B：现场拿出一些有品牌的实物产品，让各组选一个实物产品，讨论本组成员看到这个品牌的第一印象，然后以小组为单位，把他们对这个产品的第一印象以绘画或造型的方式呈现，最后通过提问让其感知"定位"的意义。

你喜欢以上两种设计思路中的哪一种？

如果你选择设计思路A，可以参照下面【学习活动的设计流程A】来进行实操；如果你选择设计思路B，可以参照下面【学习活动的设计流程B】来进行实操。

【学习活动的设计流程A】——**概念分解法**

第一步，提问引导。首先，培训师通过提问的方式，让学员说出自己耳熟能详的一些品牌：

- 提到手机，你们会想到哪些品牌？
- 提到咖啡，你们会想到哪些品牌？
- 提到香水，你们会想到哪些品牌？

……

然后，引导学员思考，为什么第一时间会想到那些品牌。

第二步，定义概念。学员4人一组，每位学员在便利贴上写出自己对"定位"这个概念的理解，培训师提示学员：你怎么理解这个概念就怎么写，没有标准答案，不用考虑对错，也不用考虑写得好不好，写出你对这个概念的真实理解即可。

第三步，拼接成图。以小组为单位，把刚才写的便利贴汇总，然后按照一定的顺序或结构，在大白纸上粘贴这些便利贴。在粘贴的同时，可以适当添加一些图标，比如加号、乘号、箭头、三角形、桥梁等，用图示化的方式把这些便利贴"串联"起来，让它们之间的关系显得清晰透明。简单来说，就是各组用每个人通过"定义概念"得到的便利贴和各种图标来创造出一幅图像，用图像来诠释这一组对概念的理解。

第四步，重新分组。按一定的方式重新分组。举例来说，比如第一次分为4个小组，每组4人，那么在重新分组的时候，就可以让每组只留下1人，其余3个人分到另外3个不同的小组，这样一来，教室里面仍然是4个小组，只是每一组的4个人都来源于不同的小组。这种分组方式只是举例，总体来说，再次分组时，尽可能让同一组的人分散，让不同组的人聚合。

第五步，融合想法。各小组留下来的人，首先和新来者简单分享一下小组之前讨论的内容，然后新的小组继续讨论彼此对"定位"这个概念的理解，充分交流的同时，也可根据讨论结果，在原来的"创作大白纸"上增添内容，可以增添文字，也可以增添图像。

第六步，综合陈述。设定一个时间期限，时间到达之后，各小组选派一位代表，一边展示"创作大白纸"，一边发言陈词，和大家分享集体智慧。

针对概念性知识的【学习活动的设计流程A】在以下情况下适用：

> 学员对概念本身有一定的认知和理解，但是概念比较复杂，每个人的理解不同。

【学习活动的设计流程B】——**实物感知法**

第一步，选择实物。现场拿出一些有品牌的实物产品(也可以用图片或卡片替代),如苹果手机、耐克鞋、三只松鼠、星巴克咖啡等,每组选一位代表上台,任选一个实物产品拿到小组内(如果想活跃氛围,可以设定"先选先得"的规则)。

第二步,分享感受。请各组成员依次分享自己看到这个实物时的感受和想法:当你看到这个品牌产品的时候,你有什么感受?你有哪些想法?你联想到了什么?每个人的分享时间不超过30秒。

第三步,品牌印象。以小组为单位,把大家对于这个品牌的"第一感觉"以画图或者摆造型的方式表现。画图可用大白纸和彩色笔;摆造型的道具可用座牌、水杯、彩色笔、便利贴等。

第四步,现场展示。各组选派一位代表,展示自己小组绘制的图画或者摆出来的造型,分享对这个品牌的印象和联想。

第五步,交换物品。组与组之间交换刚才选择的实物,比如1组和2组交换,3组和4组交换,5组和6组交换……以此类推,交换之后,重复第二至四步。

第六步,提问引导。根据现场展示的结果,引导大家思考:
- 为什么我们对同一种品牌会有相似或不同的认知?
- 这个品牌为什么能传递给我们这样的印象和感觉?
- 为什么交换物品之后,我们体验到的又是另一种品牌理念?
- 通过刚才的讨论,大家认为产品的定位和产品的客户之间有什么关联?

……

通过类似的问题,引出定位的概念。

针对概念性知识的【学习活动的设计流程B】在以下情况下适用:

> (1) 概念本身比较抽象。
> (2) 实物可以作为帮助学员理解概念的催化剂。

【案例二】

概念:关键对话

来源书籍:《关键对话》

书中对概念的定义:

关键对话指的是两人或多人之间的一种讨论,这种讨论具有三个特点:
(1) 对话双方或多方的观点有很大差距;
(2) 对话存在很高的风险;
(3) 对话双方的情绪非常激烈。

学习活动设计思路:

设计思路C:采用视频教学法。首先播放一些关键对话的视频,学员观看之后,请学员根据剧情，以小组为单位总结出"关键对话的三个特点"。

设计思路D：首先向学员展示关键对话的三个特点；然后让学员以此为标准，每个人想一个自己工作中或者生活中和他人之间产生关键对话的事件，在小组内部分享；最后以小组为单位，选出并分享最贴近"关键对话"定义的故事。

你喜欢以上两种设计思路中的哪一种？

如果你选择设计思路C，可以参照下面【学习活动的设计流程C】来进行实操；如果你选择设计思路D，可以参照下面【学习活动的设计流程D】来进行实操。

【学习活动的设计流程C】——**规律总结法**

第一步，播放视频。提前准备两三段关键对话的视频，播放视频之前，培训师说明观看完视频之后要讨论的话题，让学员带着问题看视频。

第二步，寻找规律。看完视频之后，向学员提问：大家觉得这些视频中的对话都有什么样的共同特点？组内讨论并记录视频中人物对话的共同点。

第三步，成果展示。学员以小组为单位，分享组内总结的视频中人物对话特点，由此引出"关键对话"的定义和特点。

针对概念性知识的【学习活动的设计流程C】在以下情况下适用：

> (1) 概念本身并不复杂，学员能从字面意思去理解。
> (2) 能够找到和概念匹配的视频节目。

【学习活动的设计流程D】——**故事联想法**

第一步，讲解概念。用举例的方式，给学员讲解"关键对话"的特点，让学员对"关键对话"的概念有大致了解。

第二步，联想故事。学员根据自己对"关键对话"的理解，想一个自己在工作中或者生活中和他人之间产生关键对话的真实事件，写在便利贴上。

第三步，分享故事。各组成员在组内依次分享自己想到的对话事件，只分享不评价。

第四步，选出代表。小组成员都讲完故事后，选出一个最贴近"关键对话"特点的故事。为了便于选择，组长可以在每个人的故事讲完之后，提问引导大家：

- 刚才讲的所有故事里面，哪个故事最让你们印象深刻？
- 你们觉得哪个故事里面的人物情绪反应最激烈？
- 哪个故事中的对话如果没有处理好，可能会带来巨大的损失？

……

第五步，成果展示。学员以小组为单位，分享他们选出来的故事，并说明这个故事在哪些方面满足关键对话的特点，培训师适当给予点评。

针对概念性知识的【学习活动的设计流程D】在以下情况下适用：

(1) 当前的概念与学员的工作、生活高度相关。
(2) 这个概念可以用学员经历过的事情作为例子。

以上A、B、C、D 4种学习活动的设计流程，你更喜欢哪一种呢？**这4种学习活动分别是概念分解法、实物感知法、规律总结法、故事联想法。**

其实，这些学习活动都不是天马行空设计出来的，都是遵循了一定的教学原理，其适用情况和实施所需道具也不同，这4种针对概念性知识的学习活动设计思路如表5-2所示。

表5-2 概念性知识的学习活动设计总结

设计思路	设计原理	适用情况	所需道具	学习活动名称
(1) 提问引导 (2) 定义概念 (3) 拼接成图 (4) 重新分组 (5) 融合想法 (6) 综合陈述	(1) 在拼接成图的学习过程中帮助学员建构意义——引导学员对概念所反映的事物性质、规律达到深层次的理解。 (2) 在重新分组的过程中，将各组的智慧进行传播与连接，彼此激发，实现多元化观点的碰撞	学员对概念本身有一定的认知和理解，但是每个人理解不同	桌椅、便利贴、大白纸、彩色笔	概念分解法
(1) 选择实物 (2) 分享感受 (3) 品牌印象 (4) 现场展示 (5) 交换物品 (6) 提问引导	(1) 可以展示各式各样的实物或图片，使教学内容形象化、抽象问题具体化；自主选择和交换物品的环节也能够引发学习兴趣。 (2) "感受"和"印象"不便于用文字表达，所以让学员用图像化或者造型化的方式表达，既便于展示分享，也增添了趣味性	(1) 概念本身比较抽象。 (2) 实物可以作为帮助学员理解概念的催化剂	桌椅、实物、大白纸、彩色笔、座牌、水杯	实物感知法
(1) 播放视频 (2) 寻找规律 (3) 成果展示	(1) 视频能带来视觉刺激，调动学员的注意力和好奇心。 (2) 准备两三段视频，让学员找规律、找关联、找线索，有利于学员深入理解所学概念	(1) 概念本身并不复杂，学员能从字面意思去理解。 (2) 能够找到和概念相匹配的视频节目	视频、纸笔	规律总结法
(1) 讲解概念 (2) 联想故事 (3) 分享故事 (4) 选出代表 (5) 成果展示	利用了认知学习法中的"生成效应"，让学员用自己的语言讲述新学到的知识。这种方式能够激活学员的旧知，让学员用旧知来理解新知（详见本书第3章第1节）	(1) 当前的概念与学员的工作、生活高度相关。 (2) 这个概念可以用学员经历过的事情作为例子	纸笔	故事联想法

【练习】

从书架上找出一本你熟悉的书,找到里面的一个概念性知识,根据我们前面的内容,想一想这个概念性知识有什么样的特点和属性,如果你要用学习活动的方式把这个概念教给他人,让他人多角度地理解这个概念,你会怎么去设计这个学习活动?根据你的思考,完成表格,并在练习的过程中,强化自己的创造力和学习活动设计能力。

概念性知识	学习活动的设计思路	实施学习活动的注意事项

5.2.3 流程性知识如何转化为学习活动?

流程性知识有一个特点——各项要素之间有明确的顺序,理解并记住这些顺序对学员来说很重要。同时,学员也需要知道,为什么这些要素应该按照这样的顺序来排列,知其然并且知其所以然。

如果学员死记硬背一个流程,当然也能记得住,但是这样学起来会比较枯燥。有些老师为了方便学员记忆,会把流程改编成诗歌或者顺口溜,其实这仍然是一种让学员死记硬背的模式,只是记忆的难度降低了。更好的办法是,学员按照这套流程实际演练一遍,在实际演练的过程中学员知晓了种种细节之后,才会了解为什么要按照这样的顺序来实施。

但问题在于,不是所有的流程都能在培训现场实践。比如SMT品质控制流程、工伤认定办理流程、公司上市流程、管理咨询流程等。所以,向学员传递流程性知识的学习活动,一方面能够帮助学员轻松记住流程的顺序,让学员在需要用到流程的情形下能很快回想起来;另一方面能够帮助学员领悟到该流程按照这样的顺序设置的原因,能熟练应用该流程,并能举一反三。这也就意味着,学员能够在不同的情况下实施这个流程。

基于这样的教学目标,我们可以有以下三种思路:

(1) 让学员通过学习活动,自己琢磨出流程的顺序,这样既能留下深刻的印象,又能了解流程这样设置的缘由。

(2) 让学员在学习活动的体验中,思考出每一步流程的注意事项。

(3) 引导学员思考,某个流程在不同的场景下会如何变化,提高应变能力,学会触类旁通。

下面我们来看看流程性知识在"化书成课"中转化为学习活动的真实案例。

【案例一】

流程:帮你做出明智决策的PrOACT法

第一步,提出一个好的决策问题

第二步,让你的决策目标更具体

第三步,找到多种备选方案

第四步,理解每一个决策方案的结果

第五步,权衡各方面的利弊

第六步,澄清不确定性

第七步,考虑你的风险承受力

第八步,考虑决策对未来的选择

第九步,做出合理决策

来源书籍:《决策的艺术》

学习活动设计思路:

设计思路A:把每一步的流程制作成卡片,按照培训现场的组数准备卡片,一组分发一套卡片,要求各组排列出这些卡片的正确顺序,并且设置辩论环节,让各组对流程中的顺序进行充分思考。

设计思路B:先给学员讲解PrOACT法的9步流程,让各组学员协商,每个人分配其中一两步流程,每个人为自己分配到的流程设计动作。成果展示环节,每组伙伴分别用动作展示出流程,并说出每一步流程的注意点。

你喜欢以上两种设计思路中的哪一种?

如果你选择设计思路A,可以参照下面【学习活动的设计流程A】来进行实操;

如果你选择设计思路B,可以参照下面【学习活动的设计流程B】来进行实操。

【学习活动的设计流程A】——排序辩论法

第一步,发放卡片。把案例中PrOACT法的9步流程制作成一套卡片(包括9张卡片);按照培训现场的组数准备卡片,一组一套卡片,每套卡片打乱顺序分发给各组。

第二步，排列顺序。要求各组学员经过思维碰撞，排列这9张卡片的顺序。

第三步，小组分享。每组把排列出来的流程拍照发到班级群，然后各组选派一位代表分享排序依据。

第四步，辩论求真。根据分享结果，排序一致的小组合并成一个大组，几个排序不同的大组针对该流程进行辩论，辩论期间，各组都可以调整流程的顺序。辩论的目的不在于输赢，而在于发现最佳的排序方式。

第五步，公布答案。辩论结束，培训师稍作总结，公布答案，然后可以给出5~10分钟的时间，让大家回顾反思和自由提问，让这个流程烙印在学员的头脑中。

针对流程性知识的【学习活动的设计流程A】在以下情况下适用：

> (1) 流程必须按照某种顺序来排列。
> (2) 这个流程至少有4个步骤。

【学习活动的设计流程B】——动作展示法

第一步，讲解流程。给学员讲解PrOACT法的9步流程，让学员了解每一步流程的意义。

第二步，分配流程。提前准备好"姓名贴"，让各组把这9步流程分别写在9张"姓名贴"上，各组学员协商分配，每个人分配一两张姓名贴，粘贴在自己身上。

第三步，注意事项。学员组内探讨每一步流程在实施过程中分别有哪些注意事项。

第四步，设计动作。每个人为自己分配到的流程设计动作，比如某人身上贴有"澄清不确定性"和"做出合理决策"两步流程，即为这两步流程分别设置两个不同的、能够代表流程的动作。组内所有人都设计好动作之后，进行排练：根据流程的排列顺序，每个人依次做出相应的动作。

第五步，成果展示。各组展示这9步流程的动作，展示方式分以下几步：①按流程顺序展示动作；②每个人展示之后，说出这一步流程的注意事项；③如果组内人数没有达到9人，则组内部分学员需要参加两次动作展示。

备注：如果小组人数小于流程中的环节，则部分学员分饰多个角色，即进行两次动作展示；如果小组人数大于流程中的环节，比如流程只有3步，小组人数有5人，则3人来展示动作，剩余2人陈述步骤中的注意事项。

第六步，讲师反馈。培训师针对各组的展示进行反馈，并在所有小组展示完成之后，讲一讲每一步流程的注意事项。

针对流程性知识的【学习活动的设计流程B】在以下情况下适用：

> (1) 流程的表述方式比较抽象。
> (2) 每一步骤都有注意事项。
> (3) 流程中的步骤数不限。

【案例二】

流程：和他人讨论敏感问题的综合陈述法

第一步，分享事实经过

第二步，说出你的想法

第三步，征询对方观点

第四步，做出试探表述

第五步，鼓励做出尝试

来源书籍：《关键对话》

学习活动设计思路：

设计思路C：把每一步的流程制作成卡片，按照培训现场的组数准备多套卡片(每组发放3套卡片)。培训师首先讲解流程，然后给各组分别发放3套卡片，最后给出三个不同的场景，让学员把这3套流程卡片依据不同的场景进行排序。

设计思路D：培训师首先讲解流程，然后告诉学员，不同场景下，流程可变化，让学员以小组为单位，设想不同的应用场景，画出流程地图(每组画出至少3条不同的路线，路线的起点和终点一样，中间的路径和步骤可以不同)，然后把"流程地图"粘贴在墙上。

你喜欢以上两种设计思路中的哪一种？

如果你选择设计思路C，可以参照下面【学习活动的设计流程C】来进行实操；如果你选择设计思路D，可以参照下面【学习活动的设计流程D】来进行实操。

【学习活动的设计流程C】——场景搭配法

第一步，讲解流程。培训师通过举例的方式，讲解"和他人讨论敏感问题的综合陈述法"。

第二步，发放卡片。把案例中的综合陈述法的5步流程制作成5张卡片，按照培训现场的组数准备多套卡片(每组发放3套卡片)。

第三步，场景分析。给每组学员发一张A3大白纸，让学员参照幻灯片上面的"场景搭配流程表"(见表5-3)，在大白纸最左边写出原流程，然后根据不同的场景，对流程卡进行重新排序。排序的过程中，学员可以根据场景来适当增加流程或减少流程，如果有必要，也可以在便利贴上改写某一步流程，再用便利贴替换原来的那一张流程卡。

表5-3　场景搭配流程表

原流程	和上级沟通敏感话题的流程	和客户沟通敏感话题的流程	和孩子沟通敏感话题的流程
分享事实经过			
说出你的想法			
征询对方观点			
做出试探表述			
鼓励做出尝试			

第四步，提问引导。在学员根据不同场景进行排序和改写流程卡的过程中，培训师可以到各组察看，也可以在学员陷入瓶颈的时候，给予适当引导。

第五步，成果分享。各组在规定时间之内完成不同场景的排序之后，选派代表依次分享不同场景的最新流程，比如1组、2组分享"和上级沟通敏感话题的流程"，3组和4组分享"和客户沟通敏感话题的流程"，5组和6组分享"和孩子沟通敏感话题的流程"。如果想要活跃氛围的话，也可以让各组选派一位代表上来"抽签"，抽到哪个场景就分享哪个场景中的流程。

针对流程性知识的【学习活动的设计流程C】在以下情况下适用：

(1) 流程适用于多个场景。
(2) 流程中的步骤数不限。

【学习活动的设计流程D】——**绘制地图法**

第一步，讲解流程。培训师通过举例的方式，讲解"讨论敏感问题的综合陈述法"。

第二步，绘制地图。培训师告知学员，在不同场景下和不同人讨论敏感话题时，这个流程会有不同的变化，让学员以小组为单位，设想不同的应用场景，在大白纸上画出一幅"流程地图"(每组画出至少3条不同的路线，路线的起点都一样，中间的路线和终点可以不一样)。为了方便学员理解，培训师可以在幻灯片上展示"流程地图"示例(见图5-5)，以作参考。

第三步，提问引导。学员绘制"流程地图"的过程中，培训师可以到各组察看，也可以在学员陷入瓶颈的时候，适当引导。

第四步，分享作品。各组绘制好"流程地图"之后，将其粘贴在墙上，然后每组选派一位代表依次分享组内作品，让所有的学员都能了解该流程在不同场景中的变化。

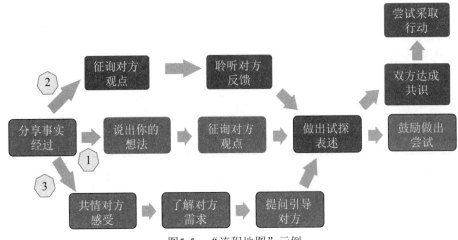

图5-5 "流程地图"示例

针对流程性知识的【学习活动的设计流程D】在以下情况下适用：

(1) 流程适用于多个工作、生活场景。
(2) 这个流程至少有4个步骤。

【案例三】
流程：学习项目四阶段
阶段一：准备
(1) 需求分析
(2) 学员筛选
(3) 课程设计
(4) 邀请宣传
(5) 训前评估
阶段二：学习
(1) 训前预习
(2) 训中学习
(3) 训后考核
阶段三：转化
(1) 行动计划
(2) 跟进辅导
(3) 汇报进度
阶段四：评估
(1) 自我评估

(2) 第三方评估

(3) 标杆表彰

来源书籍：《将培训转化为商业结果》

学习活动设计思路：

设计思路E：案例的学习项目分为4个阶段，将这4个阶段制作成4张卡片，每组一套，各组学员每人认领一张卡片，每人针对一张卡片来分解步骤，这样就能把大流程分解成小流程。学员将分解出来的步骤写在便利贴上，再排序粘贴(大流程按顺序排序，小流程按顺序对应粘贴在大流程的旁边)。

【学习活动的设计流程E】——**排序粘贴法**

第一步，发放卡片。 把"准备、学习、转化、评估"这4个阶段分别制作成4张卡片，每组认领一套(打乱顺序)。

第二步，合理排序。 各组拿到卡片之后，集思广益，把大流程的正确顺序拼出来。

第三步，分解流程。 各组经过协商，组内每个人分配一张卡片，每个人分解自己拿到的那一步流程，这样就把大流程分解成小流程，学员将分解出来的每一个流程写在便利贴上，一张便利贴写一个流程，作为"小流程卡"。

备注：组内人数需要等于或者多于卡片数量。如果只有4张卡片，但是每组有8个人，那么可以安排一张卡片由两个人分解；如果每组有6个人，那么可以安排其中两张卡片由两个人分解。

第四步，按序粘贴。 分解完成之后，各组按顺序摆放好大流程，然后在每个大流程的旁边，粘贴刚才分解出来的"小流程卡"，一边粘贴一边排序。在粘贴的过程中，大家可以讨论小流程的顺序，也可以继续增添小流程。

第五步，成果展示。 各组把自己排列出来的大流程、小流程一起粘贴在大白纸上，粘贴上墙，展示出"学习项目的四个阶段"(见图5-6)。每组选派一位代表来分享小组成果。

图5-6 学习项目的4个阶段

针对流程性知识的【学习活动的设计流程E】在以下情况下适用：

> (1) 大流程中包含着小流程，每一步都可以再分解。
> (2) 各组的人数需要等于或者多于原流程的数量。

以上A、B、C、D、E 5种学习活动的设计流程，你更喜欢哪一种呢？这5种学习活动分别是**排序辩论法、动作展示法、场景搭配法、绘制地图法、排序粘贴法**。

其实，这5种针对流程性知识的学习活动设计思路，分别适用于不同类型、不同步骤数的流程，每一种学习活动的的设计都是为了激发学习兴趣、促进学员记忆、提升培训效果，详细总结如表5-4所示。

表5-4 流程性知识的学习活动设计总结

设计思路	设计原理	适用情况	所需道具	学习活动名称
(1) 发放卡片 (2) 排列顺序 (3) 小组分享 (4) 辩论求真 (5) 公布答案	(1) 动手拼卡片的环节是一个手脑并用的环节，学员身体和头脑全程参与，不仅有趣，还能促进记忆。 (2) 辩论的过程会激发学员不断思考流程的排序原因，从而掌握流程顺序背后的逻辑	(1) 流程必须按照某种顺序来排列。 (2) 这个流程至少有4个步骤	流程卡片	排序辩论法
(1) 讲解流程 (2) 分配流程 (3) 注意事项 (4) 设计动作 (5) 成果展示 (6) 讲师反馈	(1) 用动作展示流程，增加了学习的乐趣，同时也会让学员在构思动作和欣赏动作的过程中，潜移默化地记住每一步流程。 (2) 探讨每一步的注意点，更能刺激学员思考；学员自己琢磨过这个问题之后，也会有更大的兴趣听老师讲课，因为他们想知道，自己是不是找到了正确答案	(1) 流程的表述方式比较抽象。 (2) 每一步骤都有注意事项。 (3) 流程中的步骤数不限	姓名贴或便利贴	动作展示法
(1) 讲解流程 (2) 发放卡片 (3) 场景分析 (4) 提问引导 (5) 成果分享	(1) 提供具体场景，引导学员分析不同场景中流程的应用方法。 (2) 引导学员对流程进行重新建构，培养学员举一反三的能力	(1) 流程适用于多个场景。 (2) 流程中的步骤数不限	流程卡片、大白纸或便利贴	场景搭配法
(1) 讲解流程 (2) 绘制地图 (3) 提问引导 (4) 分享作品	(1) 绘制地图能够让学员觉得很有趣，同时也能够激发学员的想象力和创造力。 (2) 分享作品的环节，学员可以看到流程多种不同的变化形式，有利于未来灵活变通地运用该流程	(1) 流程适用于多个场景。 (2) 这个流程至少有4个步骤	大白纸、无痕黏土或美纹胶带	绘制地图法
(1) 发放卡片 (2) 合理排序 (3) 分解流程 (4) 按序粘贴 (5) 成果展示	(1) 每个人分配一个"任务"的学习方式，增加了挑战性，也能把每个人的积极性都调动起来。 (2) 每个人都要跟其他组员分享自己分解出来的小流程，并且共同对小流程进行排序	(1) 大流程中包含着小流程，每一步都可以再分解。 (2) 各组的人数需要等于或者多于原流程的数量	流程卡片、大白纸、便利贴、无痕黏土或美纹胶带	排序粘贴法

【练习】

从书架上找出一本你熟悉的书，找到里面的一个流程性知识，根据前面我们学习的内容，想一想这个流程性知识有什么样的特点和属性，如果你要用学习活动的方式，把这个流程教给他人，并且让他人容易记忆和实操，你会怎么去设计这个学习活动？根据你的思考，完成表格，并在练习的过程中，强化自己的创造力和学习活动设计能力。

流程性知识	学习活动的设计思路	实施学习活动的注意事项

5.2.4 方法性知识如何转化为学习活动？

方法性知识就是人们用什么样的方式、方法来观察事物和处理问题的知识。概括来说，概念性知识主要解决"是什么"的问题，方法性知识主要解决"怎么办"的问题。

方法性知识具有三个基本特点：规律性、共通性、易用性。规律性就是在不确定性中寻找确定性因素；共通性就是从复杂性中寻找基本的共通点；易用性就是知识本身有章可循，拿来即用。

下面我们来连连线(见图5-7)，看看右边的三种情况分别体现的是方法性知识的哪个特点。

图5-7 连线：规律性、共通性、易用性

我们稍后揭晓答案，先来区别一下"操作性知识"和"方法性知识"。

"操作性知识"在本书中不会涉及,但是很多人容易把它和"方法性知识"混淆,所以这里还是简单分享一下。比如,拍照技术就是典型的"操作性知识",涉及选角、灯光、比例、构图……这种"操作性知识"一般情况下用示范的方式来教,分为4个阶段:第一个阶段是我做你看,第二个阶段是我指导你做,第三个阶段是你做我看,第四个阶段是你独立操盘。而我们在这一章中提到的"方法性知识"是一种以解决问题为目标的理论体系,通常涉及对工具、方法、技巧、思路的论述。简单来说,"方法性知识"是解决某一类问题的普遍性、系统化的方式。举例来说,如何探索客户需求?如何写一篇有吸引力的文案?如何给下属反馈?这些问题里面所涉及的技巧、策略和思路都是方法性知识。

清楚了什么是方法性知识,下面我们来揭晓前面连线题的答案,如图5-8所示。

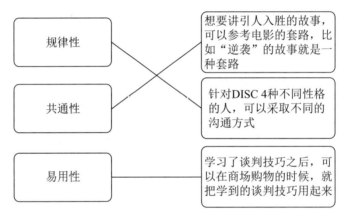

图5-8　答案:规律性、共通性、易用性

你连对了吗?

方法性知识转化为学习活动的目的,在于创造情境和条件,引导学员通过自己探索思考,得出一个有价值、有意义的方法论,让学员感觉这套方法是从他们的心底"生长"出来的。

下面我们来看看方法性知识在"化书成课"中转化为学习活动的真实案例。

【案例一】

方法:建设性反馈技术——AID

具体内容:

AID技术是管理者对下属进行建设性反馈的一种技术。有效的建设性反馈由Act,Impact,Desired outcome三个要素构成。Act描述行为和事实;Impact阐述影响及后果(不仅要描述这些行为对集体和团队的影响及后果,更要描述这些行为对下属的影响及后果);Desired outcome指出期待的结果或行为。这三个要素缺一不可,我们简称为AID反馈技术。

来源书籍：《教练型管理者》
学习活动设计思路：

设计思路A：讲述这个技术之前，先给学员展示两种不同的反馈方式，让学员选择他们更喜欢或者更乐意接受的反馈方式；几轮对比之后，让学员讨论总结，他们喜欢的反馈方式都有哪些共同特点，从而引出该反馈技术。

设计思路B：培训师先分享自己获得"极佳反馈"的案例，然后让学员每个人依次分享类似的"被反馈"经历。结束之后，培训师讲解反馈方法，让大家回顾与反馈有关的案例，体会那些故事里面用到的反馈技巧，最后引导大家举一反三地应用这个技术。

你喜欢以上两种设计思路中的哪一种？

如果你选择设计思路A，可以参照下面【学习活动的设计流程A】来进行实操；如果你选择设计思路B，可以参照下面【学习活动的设计流程B】来进行实操。

【学习活动的设计流程A】——**对比选择法**

第一步，对比展示。先在幻灯片上给学员展示两种不同的反馈方式，询问学员：在这样的场景下，你更愿意接受的反馈方式是哪一种？图5-9是其中一个案例情境和相应的对比性反馈方式。

> 情境：领导让你做一份调查问卷，你完成提交后，领导这样说：
> - 反馈方式一：这个调查问卷做得太复杂了，你看这几个问题，反反复复都在问同一个方面的问题，这样的问卷谁会填写啊？谁有兴趣填写啊？谁会这么无聊来回答这些问题？怪不得你每次做问卷调查效率都那么低，赶紧重新做一个！
> - 反馈方式二：你的调查问卷做得很细致，看得出来费心了，同时，我注意到问卷中第3个、第7个、第10个问题比较复杂，而且还都是问答题，人们一时半会儿很难想出答案。别人都是义务配合我们填写调研问卷，如果问题太复杂，别人可能就不愿意填写了，这不仅影响我们团队的问卷分析报告，也会影响你的工作效率。所以我建议你把问题改得再简单一些，尽量用选择题的方式来设计，这样填写率一定会有所提高。

图5-9 对比性反馈方式展示

第二步，多轮选择。展示3~5个对比案例，让学员选择他们更喜欢或者更乐意接受的反馈方式。

第三步，总结规律。根据刚才大家选择的较好的反馈方式，让学员分组讨论这些容易被接受的反馈方式的共同特点和规律。

第四步，小组展示。讨论完毕，每组选派一位代表发言。

第五步，揭晓答案。各组代表分享完毕，培训师结合大家的讨论和分享，引出方法性知识点——建设性反馈技术。

第六步，现场演练。培训师设计一个管理者需要对下属进行反馈的场景(比如下属迟到了)。学员两两搭档，分别扮演管理者和迟到的下属，用刚刚学到的AID技术给彼此反馈，以便熟悉这个反馈技术的应用。

针对方法性知识的【学习活动的设计流程A】在以下情况下适用：

(1) 学员在日常工作、生活中，经常会遇到需要使用该方法的情境，对比案例就来源于这些情境。
(2) 对比案例中的负面案例是学员在处理类似事情时，容易犯的错误。

【学习活动的设计流程B】——**共享经历法**

第一步，分享案例。培训师先引出一个自己获得反馈的案例："曾经有人给过我一些负面反馈，但奇怪的是，听了反馈之后，我并没有不快的情绪，而是能够坦然接纳。"之后，培训师分享具体的案例，讲述内容侧重于当时的反馈方式。

第二步，共享经历。学员以小组为单位围成一个圈，每个人依次分享自己类似的"被反馈"的经历。

第三步，讲解方法。各组代表分享完毕，培训师讲解建设性反馈技术，并让大家用这个技术来分析刚刚自己讲过的和听到的故事，讨论故事中涉及的反馈技巧与这个技术有哪些共通之处。

第四步，现场演练。培训师设计一个管理者需要对下属进行反馈的场景(如下属迟到了)。学员两两搭档，分别扮演管理者和迟到的下属，用刚刚学到的AID技术给彼此反馈，以便熟悉这个反馈技术的应用。

第五步，举一反三。首先，培训师告知学员，这个模型主要用于管理者对下属的反馈，但是其他场景的反馈也可以在这个模型的基础上进行变形，比如我们对客户的反馈、对孩子的反馈、对同事的反馈。然后让各组讨论不同场景下如何变化应用这种反馈技巧。比如，安排第1组和第2组讨论对客户的反馈场景；第3组和第4组讨论对孩子的反馈场景；第5组和第6组讨论对同事的反馈场景。

第六步，小组展示。讨论完毕，每组选派一位代表发言。让各组学员都能了解这个反馈方法在不同场景下如何灵活运用。

针对方法性知识的【学习活动的设计流程B】在以下情况下适用：

(1) 学员在日常工作、生活中，经常会遇到需要使用该方法的情境。
(2) 人们能够在不同的场景中灵活使用该方法。

【案例二】
方法：处理他人情绪的方法
具体内容：
接受：接受是注意到对方有情绪，接纳有这份情绪的他，并如实告诉他。

分享：永远先分享情绪感受，后分享事情的内容。就算对方坚持先说事情，你也要巧妙地把话题先带到情绪感受的分享。

肯定：根据对方陈述的事情，勾画出一个明确的框架，框架里面是好的行为，框架外是不能被接受的行为。针对好的行为先给予对方肯定，然后引导对方注意到不能被接受的行为，产生改变的动力。

策划：引导对方去发现自己的想法，帮助他做出最好的选择，鼓励他自己解决问题。
来源书籍：《重塑心灵》
学习活动设计思路：

设计思路C：首先学员个人进行头脑风暴，思考处理他人情绪的方法并写在便利贴上，然后小组选出大家都认同的方法，对这些方法进行分类、粘贴上墙、纵向命名，最后以小组为单位形成一个系统性的方法论。

设计思路D：首先学员以小组为单位，组内依次分享处理他人情绪的"成功案例"，然后老师分享处理他人情绪的方法，接下来各组选出一个"成功案例"，结合老师讲解的方法，对案例进行改编，变成一个剧本，最后小组成员共同协作，把这个剧本演出来。

你喜欢以上两种设计思路中的哪一种？

如果你选择设计思路C，可以参照下面【学习活动的设计流程C】来进行实操；如果你选择设计思路D，可以参照下面【学习活动的设计流程D】来进行实操。

【学习活动的设计流程C】——团队共创法
第一步，聚焦问题。培训师首先提问：当人们产生情绪的时候，一般会有哪些反应？在学员七嘴八舌回答之后，培训师展示出需要讨论的终极问题：如何处理他人的情绪？

第二步，头脑风暴。要求学员每个人用卡片纸或便利贴写下自己能想到的有效处理他人情绪的方法。书写要工整，一张卡片纸写1个方法，每个人写5~8张卡片。

第三步，汇总分类。各组把卡片纸进行汇总和分类，分类方式由各组协商来定。

第四步，粘贴上墙。各组把卡片纸分好类之后，按照分类方式粘贴在墙上，一列作为一类，每一列的内容都有相通之处，但不能有单独一张卡片纸成列的情况(见图5-10)。

图5-10 粘贴上墙示例

第五步，重新命名。 各组给每一列的卡片纸命名，也就是为每一列设置一个中心词。中心词同样写在卡片纸上面，粘贴在每一列的最上方。中心词具有如下特点。

- 中心词能回答之前聚焦的问题"如何处理他人的情绪"；
- 中心词能涵盖这一列所有的想法；
- 中心词有4~8个字左右，精练化表达；
- 中心词是动宾短语；
- 中心词不能和这一列的某一张卡片纸上的内容完全相同。

第六步，创造图像。 第五步命名的中心词就是解决问题的方法。各组在大白纸上，用彩色笔绘制出一个合适的图像，图像中要包含所有的中心词，以此来反映最终的解决方案。这也是团队共创的一个成果。

针对方法性知识的【学习活动的设计流程C】在以下情况下适用：

(1) 方法性知识是一种问题的解决方案。
(2) 这种方法性知识不太方便在课堂上直接演练。

【学习活动的设计流程D】——剧场演绎法

第一步，分享故事。 学员以小组为单位，依次分享处理他人情绪的"成功案例"。

第二步，总结规律。 学员分组讨论，这些处理他人情绪的"成功案例"都有哪些共同特点，故事中用到了哪些处理情绪的技巧，然后各组分享讨论成果。

第三步，选择典型。根据各组的分享内容，培训师首先引出处理他人情绪的方法：接受、分享、肯定、策划。然后让学员结合这个方法，小组投票选出一个有代表性的"成功案例"，将其作为剧本。

第四步，改编剧本。为了方便演绎，剧本中需要添加"背景、时间、人物、地点、事件、冲突、结果"这些元素。

第五步，分配角色。要求组内每个人都要扮演角色，共同把剧本演绎出来。上台演绎之前，大家可以有10分钟的彩排时间。

第六步，现场演绎。各组成员按照规定的时间上台演绎。每一组演完，培训师要提问引导其他学员思考：

- 剧情中的人物是如何处理他人情绪的？
- 他们处理情绪的方式，做得好的地方有哪些？需要改进调整的地方有哪些？

演绎的过程即是应用知识的过程；思考的过程即是巩固知识的过程。

针对方法性知识的【学习活动的设计流程D】在以下情况下适用：

> (1) 这种方法性知识难度不大，且适合在课堂上直接演练。
> (2) 学员往往有使用过类似方法的"成功案例"可以分享。

以上A、B、C、D 4种学习活动的设计流程，你更喜欢哪一种呢？这4种学习活动分别是**对比选择法、共享经历法、团队共创法、剧场演绎法**。

这些学习活动都能让学员在奇妙而有趣的体验中，论证新知和应用新知，只是适用情况不太一样。这4种针对方法性知识的学习活动设计思路如表5-5所示。

表5-5 方法性知识的学习活动设计总结

设计思路	设计原理	适用情况	所需道具	学习活动名称
(1) 对比展示 (2) 多轮选择 (3) 总结规律 (4) 小组展示 (5) 揭晓答案 (6) 现场演练	(1) 通过让学员对比案例的方式，让学员自己"发现"好的做法和错误做法，从而产生改善的动机。 (2) 培训师设计的对比案例中，好的做法或话术可以直接套用，这样就能引导学员自己总结出这套方法	(1) 学员在日常工作、生活中经常会遇到需要使用该方法的情境。 (2) 对比案例中的负面案例是学员在处理类似事情时，容易犯的错误	桌椅、纸笔	对比选择法
(1) 分享案例 (2) 共享经历 (3) 讲解方法 (4) 现场演练 (5) 举一反三 (6) 小组展示	(1) 组内分享的"反馈故事"都会给其他成员带来一些影响或启示。 (2) 讨论这个方法在不同场景下的应用，有助于学员未来应用时快速从头脑中提取出这套方法	(1) 学员在日常工作、生活中经常会遇到需要使用该方法的情境。 (2) 人们能够在不同的场景中灵活使用该方法	桌椅、纸笔	共享经历法

(续表)

设计思路	设计原理	适用情况	所需道具	学习活动名称
(1) 聚焦问题 (2) 头脑风暴 (3) 汇总分类 (4) 粘贴上墙 (5) 重新命名 (6) 创造图像	(1) 个人头脑风暴+小组头脑风暴的方式，能让学员集思广益，总结出更多的方法。 (2) 创造图像的过程能激发学员创造力，也能让学员把这套方法建构成容易记忆的模型	(1) 方法性知识是一种问题的解决方案。 (2) 这种方法性知识不太方便在课堂上直接演练	桌椅、纸笔、卡片纸、大白纸、彩色笔、无痕黏土(或美纹胶带)	团队共创法
(1) 分享故事 (2) 总结规律 (3) 选择典型 (4) 改编剧本 (5) 分配角色 (6) 现场演绎	把解决问题的过程演出来，可以提升每个人在实际场景中应用方法解决问题的能力	(1)这种方法性知识难度不大，且适合在课堂上直接演练 (2)学员往往有使用过类似方法的"成功案例"可以分享	桌椅、纸笔	剧场演绎法

【练习】

从书架上找出一本你熟悉的书，找到里面的一个方法性知识，根据前面我们学习的内容，想一想这个方法性知识有什么样的特点和属性，如果你要用学习活动的方式，把这个方法教给他人，让他能够真正学会这个方法，并且能灵活使用这个方法，你会怎样设计这个学习活动？根据你的思考，完成表格，并在练习的过程中，强化自己的创造力和学习活动设计能力。

方法性知识	学习活动的设计思路	实施学习活动的注意事项

5.2.5 反思性知识如何转化为学习活动？

设想这样一个情况——你想在某地经营一家餐厅。

前期做过的市场调研报告显示，这个区域交通便利、人流量大，周围住户的生活方式偏向于外出用餐，消费者对菜价的期望在你可承受的范围之内。看起来，在这里开餐厅是一个不错的选择。但是，最近半年，这个区域附近有10家餐厅都关门了。你确定要在这里开店吗？

如果你陷入了"锚定效应"(依赖于最初的信息，而忽略对后面一些事情的判断)的心理陷阱，那么前期的市场调研报告将会指引你继续前进，这个时候的你更倾向于相信之前看到的那些数据，而忽略"10家餐厅都关门"的这个事实。

如果你陷入了"证实性偏见"(当你做出决定之后，只关注那些支持自己立场的信息，而忽视了不利的信息)的心理陷阱，那么你会告诉自己说："关门这个事情不会发生在我身上，我经营餐厅的方式和他们不一样。"

假设这家市场调研公司在你所能投入的成本范围之内，给你三个建议：

(1) 经营西餐厅，预计年盈利70万元。

(2) 经营中餐厅，预计年盈利80万元。

(3) 经营小吃店，白天卖小吃，晚上做烧烤，预计年盈利120万元。

如果你陷入了"框架陷阱"(习惯于用别人给出的框架来看问题，从而受他人的影响做出决定)，那么你一定会选择第三个方案。

你之所以会掉入这些心理陷阱里面，是因为你的思维欺骗了你。当你不了解这些心理陷阱的时候，就会在它们的裹挟和欺骗下，做出让自己将来可能后悔的决策。

其实，每个人在人生路上都有选择错误、决策失误的时候，当我们面临不符合预期的结果，才会深刻意识到当初那个决策是错的。然后，我们痛定思痛，反省当初的决策在哪一步出了问题，这里面所涉及的决策技巧，就是反思性知识。

人的行为和思维往往会按最初形成的那个定式进行，不断重复，而这种不断重复的思维、行为定式往往是与潜在挫折和失败紧密相连的，只是绝大多数人在没有遇到突如其来的挫折和失败前都不可能意识到，他们只是在一次次无觉知地重复着那些早已习惯的思维和行为定式。

但是，如果你能学习一些反思性知识，如果你能在学习的过程中亲眼"看"到自己的思维和行为定式，如果你能在学习的过程中亲身体验到这些定式带来的不良后果，你就会产生改变的动力。

这种改变在本质上是转型，这种认知的突围、越狱、改变和转型也只能从内部发生，而促使它们发生的，就是反思性知识。

反思性知识能够引发你对过去发生的事情进行回顾和修正，反思性知识能够让你重新审视自己过去的行为方式和思维模式，反思性知识是一种促使你的心态(或认知、视角)发生转变的知识。

这样的知识只能让学员用体验的方式来学习。因为人的思维、行为和表达方式都受制于蕴含其中的原则，在你的原则没有发生实质性进化的情况下，你无论是改变内在还是改变外在，收到的效果都微乎其微。唯有从内心产生改变的动机，心态(或认知、视角)的变革才有可能发生。

下面我们来看看反思性知识在"化书成课"中转化为学习活动的真实案例。

【案例一】
反思性知识：软文策划及写作的误区
教学目的：让学员反思自己过去在软文策划和写作方面，存在哪些误区？
学员对象：新媒体文案策划人员
来源书籍：《软文营销》
学习活动设计思路：

设计思路A：把4张大白纸分别放在教室的东西南北4个角落，4张大白纸上分别写着4种不同的物品。培训师引导学员思考：你觉得你过去写的软文像是哪种物品？然后学员各自走向标有答案的一张白纸。站在同一张白纸周围的伙伴，临时组成一个小组，来分享各自的想法和感受。

设计思路B：首先简单讲解"六顶思考帽"的概念，然后把所有的学员分成6个小组，每组各"戴"一顶帽子(即每组要站在不同的角度来思考问题)。培训师给大家展示一个软文案例，分发给每组学员，让各组从自己"戴"的那顶帽子的角度评价这篇软文的策划和写作。

你喜欢以上两种设计思路中的哪一种？

如果你选择设计思路A，可以参照下面【学习活动的设计流程A】来进行实操；如果你选择设计思路B，可以参照下面【学习活动的设计流程B】来进行实操。

【学习活动的设计流程A】——缘分组队法

第一步，四方布局。把4张大白纸分别放在教室的东西南北4个角落，4张大白纸上面分别写着"指南针""破冰船""钥匙锁""开瓶器"4个词语。

第二步，引导思考。培训师引导学员思考：你觉得你过去写的软文像"指南针""破冰船""钥匙锁""开瓶器"中的哪件物品？告诉学员：你觉得你的软文更像哪一件物品，你就走到写有这件物品的大白纸所在的角落。

第三步，反思时刻。培训师可以播放一些轻音乐，学员随着音乐的起伏，在教室里面自由走动，去反思、去感受、去觉察，3~5分钟之后，学员要站在最能代表自己软文特征的那张大白纸旁。

第四步，临时组队。音乐结束之后，站在同一张大白纸周围的伙伴，可以组成一个临时小组，分享他们为什么会选择这张卡片，他们在反思自己软文的过程中，都想到了些什么？意识到了什么？发现了什么？

第五步，小组展示。分享完了之后，每组选派一个代表，融合大家的想法来做总结性发言。每一组的分享都能引发在场所有的人联想到自己在软文中曾经犯过的错误。

针对反思性知识的【学习活动的设计流程A】在以下情况下适用：

(1) 主要目的是让学员反思自己曾经犯过的错误，且该错误不易被察觉。
(2) 需要学员反思的那件事情是可以产出具体成果的。

【学习活动的设计流程B】——多元角度法

第一步，植入角度。简单讲解"六项思考帽"的概念，让学员了解，我们在看一件事情的时候，可以从6个不同的角度去思考。

每个人都有6顶不同颜色的帽子，这6顶帽子代表不同思考角度。

白色代表客观、全面地收集信息，戴上白帽要表达客观和中立的信息。

黄色代表寻找事物的优点及光明面，戴上黄帽要表达正向信息。

红色代表从感情、直觉和感性上看问题，戴上红帽要在表达中体现情感。

绿色代表用创新思维考虑问题，戴上绿帽要在表达中体现创造性。

黑色代表从事物的缺点、隐患上看待问题，戴上黑帽要表达风险性的信息。

蓝色代表思维中的控制与组织，戴上蓝帽负责总结和综述。

备注：实际操作中，不一定要讲"六项思考帽"的概念，"六项思考帽"在这里的主要作用是让学员能够从不同的角度看问题。只要是能让学员"多视角看问题"的工具，都可以在这个环节使用，不局限于"六项思考帽"。

第二步，分配角色。学员分成6组，每组"分配"一顶帽子，各组根据自己所"戴"的帽子的立场和角度来思考和发言。

第三步，展示案例。培训师给学员展示一个软文案例，分发给每组学员，让各组学员从自己"戴"的那顶帽子的角度评价这篇软文的策划和写作。

第四步，小组分享。小组形成一致意见后，各组选派一位代表来发言，发言时要先表明自己组的角度。每个组的分享都会带领大家从不同的角度认识这篇软文。

第五步，自我反思。培训师播放轻音乐，让学员从六项思考帽的六个角度出发，重新看待自己以往策划过的软文。每个人把自己对这六个维度的思考结果写在一张A4纸上，然后每人在课堂现场找到一位搭档，相互分享刚才"自我反思"的内容。

针对反思性知识的【学习活动的设计流程B】在以下情况下适用：

需要学员反思的那件事情，可以从不同的角度来看，且每个角度都有不一样的描述。

【案例二】

反思性知识：识别情绪和表达情绪的重要性

教学目的：让学员意识到，自己能够识别和表达的"情绪"比较有限，于是有意识地去积累有关情绪的词汇，训练情绪的表达。

来源书籍：《重塑心灵》

学习活动设计思路：

设计思路C：展示出一些人物图片，让学员猜测图中人物的情绪，让学员意识到，自己识别情绪的能力不强，表达情绪的词汇也比较少，由此产生改变的动力。

设计思路D：准备和学员人数相同数量的卡片，每张卡片上分别写着一种情绪，每个人分别抽一张卡片。把所有学员分成A、B两个大组，面对面站立，A组和B组每个人各自做出卡片上的表情，让对方组来"看表情猜情绪"。

你喜欢以上两种设计思路中的哪一种？

如果你选择设计思路C，可以参照下面【学习活动的设计流程C】来进行实操；如果你选择设计思路D，可以参照下面【学习活动的设计流程D】来进行实操。

【学习活动的设计流程C】——看图说话法

第一步，展示图片。 首先，培训师通过幻灯片，向学员展示10~15张不同的图片（图片中的人物各有各的情绪），然后让学员猜测图中人物分别是什么情绪。

第二步，提问引导。 在这个"看图猜情绪"的游戏结束之后，培训师可以提问引发思考：

- 我们刚才看到的那些图片，有些情绪你们能很快识别，有些情绪需要反应一下才能说出来，是什么原因导致我们不能立刻识别它们呢？
- 刚才那些图片中，每张图片展现出来的情绪都不同，但在游戏中，你们往往会用同一个形容词来代表2~3种不同的情绪，比如第1张、第4张、第10张图片中的情绪其实不一样，那我们怎么样才能表达出它们的不同之处呢？

通过提问的方式让学员意识到，自己识别情绪的能力不强，表达情绪的词汇也比较少，由此产生改变的动力。

第三步，小组讨论。 学员分组讨论以下两个问题：

- 我们能准确识别他人的情绪有什么好处？
- 我们能清晰表达自己的情绪有什么好处？

讨论完成之后，选择1~3个小组来分享他们讨论的智慧结晶。

第四步，激发行动。 培训师结合小组的分享，讲解识别情绪和表达情绪这两种能力在情绪管理中的重要性，引出：我们需要有意识地去积累有关情绪的词汇。

针对反思性知识的【学习活动的设计流程C】以下情况下适用：

(1) 能用"看图说话"的方式来显示知识点。
(2) 能让学员通过讨论意识到知识点的重要性。

【学习活动的设计流程D】——两两互猜法

第一步，准备卡片。准备和学员人数相同数量的卡片，每张卡片上分别写着一种情绪，所有卡片上表示情绪的词语不要重复。游戏开始前，每个人分别抽一张卡片，这张卡片上的内容不要公开。

第二步，分为两组。把所有学员分成A、B两个大组，两组人数相当。A组和B组的学员一对一、面对面的站立。

第三步，相互考验。第一轮由A组组员做出卡片上的表情，由B组一对一地来猜情绪；第二轮反过来，由B组组员做出卡片上的表情，由A组一对一地来猜情绪。每轮结束后，做表情的一方需要告诉猜情绪的一方有没有猜对。

第四步，分析探讨。"看表情猜情绪"的游戏结束之后，A组和B组分别以小组的形式，先统计出组内猜对情绪的比例(比如A组20人，有10人猜对、10人猜错，那么猜对的比例就是50%)，然后分析为什么有些人会猜对，有些人没能猜对，最后探讨如何才能准确识别和表达情绪。之后A组和B组分别选派代表发言。

第五步，引出主题。培训师对两组的发言进行反馈和总结，引出：要想准确识别和表达"情绪"，就要有意识地去积累有关情绪的词汇。

针对反思性知识的【学习活动的设计流程D】在以下情况下适用：

> **(1) 学员总人数是双数，能够分成人数相同的两组。**
> **(2) 该反思性知识能够被学员相互考验。**

以上A、B、C、D 4种学习活动的设计流程，你更喜欢哪一种呢？这四种学习活动分别是缘分组队法、多元角度法、看图说话法、两两互猜法。

这些学习活动的目标都是引导学员发现自己存在的问题，这比培训师直接告知的效果要好(培训师直接告知学员有什么问题存在，学员不一定能接受)。这4种针对方法性知识的学习活动设计思路如表5-6所示。

表5-6 反思性知识的学习活动设计总结

设计思路	设计原理	适用情况	所需道具	学习活动名称
(1) 四方布局 (2) 引导思考 (3) 反思时刻 (4) 临时组队 (5) 小组展示	(1) 既有身体的移动，又有感受的变化，还有音乐的刺激，有利于学员主动反思。 (2) 临时组队的方式会让大家觉得同一组的伙伴有缘，容易对彼此产生信任，所以愿意分享对某方面行为的反思	(1) 主要目的是让学员反思自己曾经犯过的错误，且该错误不易被察觉。 (2) 需要学员反思的那件事情是可以产出具体成果的	音乐、大白纸	缘分组队法

(续表)

设计思路	设计原理	适用情况	所需道具	学习活动名称
(1) 植入角度 (2) 分配角色 (3) 展示案例 (4) 小组分享 (5) 自我反思	引导学员用不同的视角，从不同的维度来看问题，这样才能看到事情的全貌，才能看到优点和缺点，明确需要改进的地方	需要学员反思的那件事情，可以从不同的角度来看，且每个角度都有不一样的描述	音乐、A4纸、帽子	多元角度法
(1) 展示图片 (2) 提问引导 (3) 小组讨论 (4) 激发行动	(1) "看图说话"的方式能轻易暴露出学员存在的问题，因为学员"看图说话"的时候比较放松，没有防御。 (2) 小组讨论主要是讨论该反思性知识的价值，从而使学员意识到学习这个知识的重要性	(1) 能用"看图说话"的方式来显示知识点。 (2) 能让学员通过讨论的方式意识到知识点的重要性	和教学内容相匹配的图片	看图说话法
(1) 准备卡片 (2) 分为两组 (3) 相互考验 (4) 分析探讨 (5) 引出主题	两两相互考验对方的游戏，一方面让学员觉得很好玩，一方面能够激发学员的求胜欲，从而投入游戏中，轻易暴露出问题；对于游戏中出现的问题，学员也会留有深刻的印象，也会激发学员认真分析为什么游戏中会出错，由此把反思性知识总结出来	(1) 学员总人数是双数，能够分成人数相同的两组。 (2) 该反思性知识能够被学员相互考验	和教学内容相匹配的卡片	两两互猜法

【练习】

从书架上找出一本你熟悉的书，找到里面的一个反思性知识，根据前面我们学习的内容，想一想这个反思性知识有什么样的特点和属性，如果你用学习活动的方式把这个反思性知识教给他人，让他能够反思自己过去的行为，产生改变的意愿和改变的方向，你会怎么去设计这个学习活动？根据你的思考，完成表格，并在练习的过程中，强化自己的创造力和学习活动设计能力。

反思性知识	学习活动的设计思路	实施学习活动的注意事项

【第5章回顾】

（注：每章结束，我们会通过一些互动趣味的练习，来帮你回顾所学内容，让你既能够及时巩固这一章的核心内容，又能够借此机会自我检测，看看自己究竟学到了多少。）

1.【填空题】把书中的知识点转化成案例，要考虑的5个条件是_____、_____、_____、_____和_____。

2.【判断题】关于"二维六步案例教学法"，以下哪些说法是正确的，哪些说法是错误的？

(1) "差异的原因是什么"——这是在分析负面案例的时候提的问题。（　）

(2) "预期的目标是什么"——这是在分析正面案例的时候提的问题。（　）

(3) "实际发生了什么"——这是在分析正面案例的时候提的问题。（　）

(4) "哪些因素会影响这件事情的成败"——这是在对比正负案例之后提的问题。（　）

3.【选择题】概念性知识转化为学习活动有4种思路，这4种思路各有各的适用情况。请根据下面的适用情况，选择与之相对应的学习活动名称。

(1) 适用情况：概念本身比较抽象，实物可以作为帮助学员理解概念的催化剂。（　）

A. 概念分解法　　　　　　　　B. 实物感知法
C. 规律总结法　　　　　　　　D. 故事联想法

(2) 适用情况：概念本身并不复杂，学员能从字面意思去理解，且能够找到和概念匹配的视频节目。（　）

A. 概念分解法　　　　　　　　B. 实物感知法
C. 规律总结法　　　　　　　　D. 故事联想法

(3) 适用情况：学员对概念本身有一定的认知和理解，但是每个人理解得不一样。（　）

A. 概念分解法　　　　　　　　B. 实物感知法
C. 规律总结法　　　　　　　　D. 故事联想法

4.【选择题】流程性知识转化为学习活动有5种思路，这5种思路各有各的适用情况。请根据下面的适用情况，选择与之相对应的学习活动名称。

(1) 适用情况：流程必须按照某种顺序来排列；这个流程至少有4个步骤。（　）

A. 排序辩论法　　　　　　　　B. 动作展示法
C. 场景搭配法　　　　　　　　D. 绘制地图法
E. 排序粘贴法

(2) 适用情况：流程适用于多个场景；流程中的步骤数不限。（　）

A. 排序辩论法　　　　　　　　B. 动作展示法

C. 场景搭配法 D. 绘制地图法
E. 排序粘贴法

(3) 适用情况：大流程中包含着小流程，每一步都可以再分解；各组的人数需要等于或者多于原流程的数量。 （   ）

A. 排序辩论法 B. 动作展示法
C. 场景搭配法 D. 绘制地图法
E. 排序粘贴法

5.【选择题】方法性知识转化为学习活动有4种思路，这4种思路各有各的适用情况。请根据下面的适用情况，选择与之相对应的学习活动名称。

(1) 适用情况：学员在日常工作、生活中，经常会遇到需要使用该方法的情境，他们能够在不同的场景中灵活使用该方法。 （   ）

A. 对比选择法 B. 共享经历法
C. 团队共创法 D. 剧场演绎法

(2) 适用情况：方法性知识是一种问题的解决方案，另外，这种方法性知识不太方便在课堂上直接演练。 （   ）

A. 对比选择法 B. 共享经历法
C. 团队共创法 D. 剧场演绎法

(3) 适用情况：这种方法性知识难度不大，且适合在课堂上直接演练。 （   ）

A. 对比选择法 B. 共享经历法
C. 团队共创法 D. 剧场演绎法

6.【选择题】反思性知识转化为学习活动有4种思路，这4种思路各有各的适用情况。请根据下面的适用情况，选择与之相对应的学习活动名称。

(1) 适用情况：需要学员反思的那件事情，可以从不同的角度来看，且每个角度都有不一样的描述。 （   ）

A. 缘分组队法 B. 多元角度法
C. 看图说话法 D. 两两互猜法

(2) 适用情况：让学员反思自己曾经犯过的错误，且该错误不易被察觉；需要学员反思的那件事情是可以产出具体成果的。 （   ）

A. 缘分组队法 B. 多元角度法
C. 看图说话法 D. 两两互猜法

(3) 适用情况：学员总人数是双数，能够分成人数相同的两组；该反思性知识能够被学员相互考验。 （   ）

A. 缘分组队法 B. 多元角度法
C. 看图说话法 D. 两两互猜法

【第5章回顾答案】

1. 场景、人物、问题、做法、效果
2. (1) √　(2) ×　(3) ×　(4) √
3. (1) B　(2) C　(3) A
4. (1) A　(2) C　(3) E
5. (1) B　(2) C　(3) D
6. (1) B　(2) A　(3) D

第 6 章

课程规划，提升爆款指数

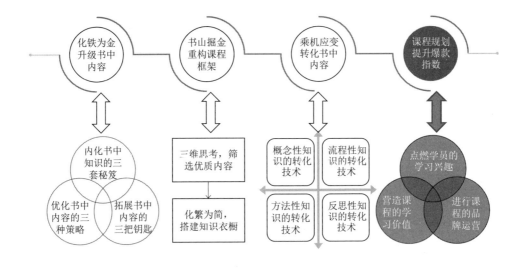

6.1 如何点燃学员的学习兴趣?

6.1.1 三维度激发

在下述7种不同的学习者类型中,你属于哪种类型?

A."好奇宝宝"类型的学习者:拥有强烈的好奇心,对所学内容的各个方面都感兴趣,常常会成为课堂上的"十万个为什么"。

B."解决问题"类型的学习者:学习目标很明确,所以有很高的学习积极性,愿意实践所学内容,不喜欢与所学知识无关的环节(比如与学习内容无关的小游戏)。

C."规则至上"类型的学习者:学习之前,会认真看课程大纲;学习的时候,会关注课程是不是按照大纲的设置来实施。

D."荣誉导向"类型的学习者:学习动机来源于其他因素,比如成绩的提高、避免惩罚、证书的获得、亲友的赞赏、相对于其他人的优越感等。

E. "思维发散"类型的学习者：容易分心，在课堂上不断转移关注点，会短暂听课，但是很快又会被其他事物带走。

F. "墨守成规"类型的学习者：当出现一些新知识或者新技能的时候，往往会排斥，觉得学起来很难，需要一个慢慢适应的过程。

G. "超级学霸"类型的学习者：学习能力快、理解能力强，能轻易接受新事物，但如果他们觉得学习内容太简单或者老师讲得太慢，就很容易失去学习的兴趣。

你属于上述哪种类型的学习者？

无论你是哪种类型，你都希望通过学习来提升自己，每种类型的学习者都会带着"我能收获什么"这样一个终极问题来到课堂上。但因为学员的学习方式、学习动机、对学习内容的认同程度不同，所以在学习过程中，如果当前的教学方式和学习体验没有满足他们的期待，他们就容易失去学习的兴趣。

要点燃学员的学习兴趣，就要通过有效的教学设计来增加他们的内在动机。我们先来做一个选择题：你觉得以下哪种方式能够激发你的学习欲望？

A. 学到的东西可以帮助你解决某个问题

B. 学到的东西可以帮助你避免某个问题的发生

C. 在学习中，你有机会和其他伙伴交换观点和想法

D. 在学习中，你能通过体验和实践来掌握知识点

其实，这4种方式都会起到一定的效果，但要想提高学员的学习动机，引发学员对课程所学内容产生兴趣，需要基于学员心理，进行系统化的设计。要最大限度地激发学员的学习兴趣至少需要满足以下三个条件：

● 课程的开发设计基于学员的真实需求；
● 让学员相信课程中学到的方法技巧有助于自我发展；
● 让学员相信应用所学内容的努力可以带来回报。

《哈佛商业评论》中有一篇文章写道，真正明白客户体验的唯一方法就是融入其中，感同身受，也就是我们常说的换位思考。比如，你要开餐馆，就要站在顾客的角度思考，顾客想进什么样的餐馆，想体验什么样的菜品，想得到什么样的服务。

迁移到培训中，就是培训师需要全程关注学员在培训前中后的反应、学员在学习过程中遇到的问题和障碍、学员课后能够记忆和应用的知识有多少，时刻把自己想象成学员，来感受他们的感受，体会他们的体验。

想象一下，如果你是学员，在参与整个培训的过程中，是不是可能会存在这样的问题：

● 这个培训课程我学了以后有什么好处？
● 课程中的内容与我的工作有什么联系？
● 培训过程中设计的游戏和课程内容有关联吗？

- 培训内容是我已经知道的还是需要进一步学习的？
- 学会这些内容对我以后的发展有帮助吗？
- 培训师为什么让我们在课堂上做一些活动？
- 如果以后我在这方面还存在疑惑的话，可以向谁请教？
- 如果我运用了培训所学，有什么好处？如果我不去用，有什么坏处？

……

针对以上这些问题，下面和大家分享一个"期望模型"(见图6-1)。这个模型是耶鲁管理学院的Victor Vroom提出来的，它解释了学习动机产生的根源。他认为，要点燃学员学习兴趣就得让学员相信，课堂中和课堂后所做的一切努力，都是有价值的，是能够给他带来认知升级和发展契机的。

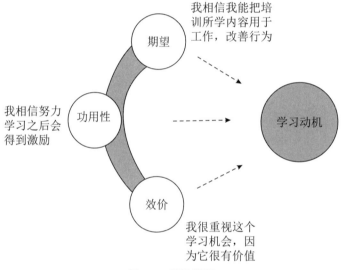

图6-1 期望模型

期望模型的第一个要素就是期望。

如果学员对某次培训期望很高，认为参加了这次培训，他能够把培训所学用到工作中，让工作变得更加轻松快捷，绩效得到提升，那么他就更有动力在培训中投入学习。就像一个学生非常信赖某个家教，认为通过这个家教的辅导，自己能够考上理想的大学，那么他在家教辅导自己学习时就会非常认真。

那么，要满足学员的期望，让他们相信自己能够学会这些内容并学以致用、创造价值，我们可以做些什么？

首先，我们可以设计丰富的学习体验，让他们在课堂上就品尝到学习的"甜头"。这里所说的学习体验指的是培训中的小插曲，比如讲故事、对比说明、情景模拟、画廊展示、小组讨论等活动，这些活动都能够让学员在学习过程中觉得不枯燥。

其次，我们要通过有效的教学方式帮助学员记忆课堂中所学内容，提升学员的信息检索能力。当学员日后在工作中遇到类似问题时，就可以及时提取记忆，并做出反应。为了帮助学员有效记忆和应用，作为培训师，我们可以做以下几点工作。

（1）在学员注意力分散时，讲一讲与课程内容相关的好故事和奇闻轶事，吸引学员注意。

（2）采用我们在第5章第2节讲过的学习活动，来引发学员的参与，调动学员的情绪，让这份"经历"帮助学员记住所学内容。

（3）在讲授概念、原理、技巧时，最好采用多个案例，把这些知识点放在不同的场景进行诠释，这样一来，学员就可以从多个案例中总结和提炼知识，记忆也就更加深刻。

（4）在每一个学习模块结束的时候，给学员提供反思的机会，因为反思能够让学员把所学内容和过往经历关联起来，也能够促进学员的心智成长。你可以让学员在反思过程中，思考以下问题：

- 课程中的内容让我注意到了……
- 这个学习经历让我意识到了……
- 这个课程让我思维改变的点在于……
- 我产生了与以前不同的认知……

期望模型的第二个要素是功用性。

人们期望在达成目标之后能够得到适当的奖励，比如得到奖金、晋升、表扬等。当然，奖励并不一定是物质层面的，精神层面的奖励也很有效。当一个人在学习过程中，产生了被认同感、荣誉感、成长感、成就感的时候，也会有获得奖励的兴奋感，这种内在奖励能鼓舞学员继续学习、持续进步。

培训师要让学员相信，只要你在培训课程中积极参与、认真学习，就能获得成长的机会和诱人的奖励。这些奖励分为外在激励和内在激励。

那么，如何让这场培训对学员来说，具有功用性呢？

我们可以通过课堂上的表扬和反馈，增加学员的被认同感；设置积分，到达某个积分的时候给学员赠送对应积分的小礼品，给学员制造惊喜；通过引导学员画出自己的"成长路径图"，给学员带来成长感；通过给学员创造实践演练机会，让学员做出一些成果，给学员带来成就感。

我们还可以在训后评选优秀学员，设置最佳学习奖、最佳行动奖、最乐于助人奖、最善提问奖、最佳贡献奖等多种奖项，对学员进行表彰和奖励增加学员荣誉感；也可以训后评选优秀小组，设置最佳学习小组、最佳创新小组、最具智慧小组、最佳团队奖等奖项，这样大家在学习时，就会更有团队协作的意识。

奖励这种管理措施不仅能够鼓励学习积极的学员，也能激励到其他学员。

期望模型的第三个要素是效价，也就是目标价值。

在不同的人心中，同样的目标往往会有不同的价值衡量标准。比如，对于运营人员来说，面对瞬息万变的互联网市场环境，他们需要学习各种运营课程，以确保自己的知识储备能够满足公司业务增长的需要。但是不同的课程，对于不同的运营人员来说，效价是不同的。如果一个运营人员所在的公司面临的最大问题是"用户流失"，那么他最想学习的可能是"社群运营""塑造用户体验"等用户留存课程；如果一个运营人员负责项目面临的最大问题是流量不足，需要大批量的新增用户，那么他最想学习的可能是"短视频制作""爆款文案"等内容引流的课程。

一个人越看重目标，他就越有动力去学习达成这个目标所需的技能；一个人越看重他所参加的培训的价值，他就越有兴趣按照学习路径去完成这场学习旅程。

在培训中，效价就是这场培训课程对学员的价值。那么，我们如何提升培训在学员心目中的价值呢？

我们可以基于整个培训项目，在培训开启之前，就通过一系列动作来引起学员对这场培训的重视，让学员发现此次培训课程的价值。强化课程价值的4个环节如表6-1所示，其中公开课(或私房课)和内训课稍微有些区别。

表6-1　强化课程价值的4个环节

环节	公开课/私房课	内训课	目的
学员筛选阶段	问卷筛选+学费筛选	设置名额限制	让学员知道不是谁都能参加这个课程，也就意味着被选上的人是佼佼者，让有机会参加课程的学员获得优越感和自豪感，更加珍惜学习机会
培训课程介绍	在课程文案中展示以前学员学习课程之后所取得的成就	在培训通知中把培训目标、培训后的考核机制明确告知学员	让学员知道自己培训之后会经历什么样的"冒险"和"机会"，从而引发学员对培训课程的重视
训前预习作业	提前安排学员做训前作业	提前安排学员做训前作业	一方面帮助学员提前进入学习状态，另一方面让学员在完成训前作业的过程中，意识到自己的差距和欠缺，从而产生弥补差距的学习动力
培训启动会	在启动会中，让学员清晰了解学习目标、学习路径、学习积分规则，以及学习后的发展前景	请学员的直线经理和学员进行一次正式沟通，向学员阐明此次培训的重要性和培训目标	让学员意识到此次培训的重要性，并明确自己需要实现的学习目标

这样一来，我们就从期望、功用性、效价三个维度出发，激发了学员的学习热情，点燃了学员的学习兴趣，并且引导学员充分意识到培训课程的价值。

其实，让学习者感兴趣的核心就一句话：关注学习者的需要。

一个会说话的玩具小熊，从小孩子的视角来看，他们关心的是小熊说了什么，小熊唱了什么歌，他们关心的是这个玩具的娱乐性；从家长的视角来看，他们关心的是这个玩具的价值性、安全性、性价比；从玩具设计师的视角来看，他关心的是这个玩具有哪些功能，要怎么设计，怎么样让用户喜欢和购买，他们关心的是产品的功能和怎么实现的问题。所以，不一样的视角会有不一样的关注点。当你了解到学员的关注点之后，你才能设计出学习者感兴趣的学习体验，帮助学习者到达学习旅程的目的地。

6.1.2 成就感塑造

学习项目的设计不仅要关注到学习内容和学习形式两个方面，同时也要注重让学员在学习过程中，感到自己有实实在在的进步，这样学员就会更有动力继续下去，也会进步得更快。

培训师不仅仅要帮助他人增加新知、提升技能、转变思维，同时也要让他人在这个成长的过程中，感觉愉悦、快乐、惊喜，体会到满满的成长感、探索感、成就感。

一个好的培训师能够把握住学员知识输入的节奏，什么意思呢？他知道什么时候让学员用"听"的方式输入，什么时候让学员用"看"的方式输入，什么时候让学员用"交流"的方式输入，什么时候让学员用"行动"的方式输入，这样才能激发学员多感官参与学习。

要塑造成就感就要帮助学员建立对于"成就"的积极渴望，明确告知课程对学员的要求和评价标准，同时，设置和课程内容相关的多元化的"成就框架"，引导他们为自己设定参加课程的学习目标，在课程中的每个环节，为学员提供相应的反馈，让每个学员都能在这个过程中体验到一定程度的成就感。

经过实践经验的总结，我们可以从**成果输出、积分奖励、集体总结**三方面来塑造学员的成就感。

1. 第一种方式——成果输出

成果是指学员在课堂现场产出的学习成果，这些学习成果可以是学员经过实战演练或课堂练习做出来，也可以通过"相互对比"的设计让学员深切感知自己在培训前和培训后的变化。

我们从以下几个商业课程出发，看看成果输出是如何帮助学员塑造成就感的。

【案例一】化书成课

"化书成课"这个课程以企业内训的方式实施的时候，通常以小组为单位：一个组的伙伴以一门课程作为学习任务，在课堂上，根据学习到的、体验到的、领悟到的方法，共同协作来完成这门课程的开发和设计，现场形成这门课程的雏形，从而在这个实际演练的过程中,掌握"化书成课"所需具备的技术。

简单来说,就是每个组以一个课程为案例来学习"化书成课"技术。这种方式之所以有效,是因为一个人的经验和能力是有限的,而协作学习可以弥补个体的不足,让大家通过彼此之间的思维碰撞,相互学习,相互启发,相互影响,取长补短,收获更多的经验和智慧。同时,由于每位学员带到课堂上的书籍不一样,所以团队合作开发课程的方式,也能创造机会让学员化多本书为课程。

课程中,我也会带着学员从各种不同的维度去转化书中内容、搭建课程结构、创新培训形式、调整授课风格,让学员形成**多维度思考、结构化思考、跨界思考、创新思考**的习惯,把书中的内容进行全新的组装,最后整合成课。

所以,学员在"化书成课"的课堂现场,能通过实践产出这样一些学习成果:**学员需求分析表、课程简介大纲、化书成课学习活动集、GEAT化书笔记、课程结构图、化书案例、多书成课整合图**。

当学员看到自己收获了如此丰富的成果时,也会由衷地产生自豪感。

【案例二】三招九式玩转学习型社群

在"三招九式玩转学习型社群"的课程中,学员将分组模拟创建社群、运营社群、推广社群、打造社群品牌的全过程。

在这个实战模拟的过程中,学员会投入和沉浸在这些场景中,发挥自己的主观能动性,通过协作的方式,不断完成一个又一个的社群运营任务,从而在课堂上掌握社群运营和社群营销所需具备的技能、方法、思路和工具。

所以,学员在"三招九式玩转学习型社群"的课堂现场,能产出这样一些学习成果:**社群用户分析表、内容引流规划表、社群创建评估表、传播方案设计表、感官品牌设计表、活动实施推进表、社群运营团队管理表、社群变现的商业模式设计**。

【案例三】一天驾驭PPT2016

在杨隆恺老师的"一天驾驭PPT2016"课程开始之前,学员要提交一份自己做过的PPT;课程结束后,学员应用课程中学到的PPT制作方法和技巧,修改以前的那份PPT,优化之后的PPT拿出来和之前做的那份PPT一对比,就能明显看到**学习前后的差距**。

【案例四】压力管理

张一柯老师在"压力管理"课程之初,会设计一个有趣的游戏:学员联想工作中一件特别令自己烦恼的事情,结合自己想到的这件事情,画一幅图,随便画什么都可以,但要通过这幅图展现自己的心情。学员画好的图张贴在墙上的不同区域。张老师会适时点评一些图片,然后开始她的课程。课程中既会涉及压力管理和情绪管理的理论性知识,也会设计体验环节,让学员在"行动"中缓解压力。

课程结束时，张老师会让学员再次联想工作中的那件烦心事，然后重新画一幅图。学员这时候画的图和课程刚开始时画的图会有明显的"情绪色彩"上的变化，这表明学员通过课程学习，情绪管理的能力有所提升。

可以想象一下，学员通过课程学习，不仅能够产出一系列货真价实的学习成果，还能发现自己在学习前后的显著变化，惊喜和自豪的感觉一定会油然而生。

采用**成果输出**方式给学员塑造成就感时，需要注意以下三点：
- 课程中设置的学习任务是真实的，与学员的工作场景是高度相关的。
- 培训师要让学员看到任务完成情况的前后对比状况，让学员看到自己努力的成果。
- 无论是个人产出还是小组产出的成果，都要有展示环节，可以用文字、图像、手工、表演等形式来展示，展示过程中可以让学员相互反馈。

学习本该如此：学员在原有的能力基础上，在课程中去经历"遇到问题—动脑思考—解决问题"的全过程，最后当解决问题的方案变成自己的成果时，学员会收获满满的成就感，这种成就感一次次累加起来，就会让学员产生更强烈的求知欲和领悟力。

2. 第二种方式——积分奖励

积分机制就像是游戏一样，能够让学员根据课程中指定的"游戏规则"来学习，既能提升学员的参与度和活跃性，又能激发学员的好胜心和团队荣誉感，从而刺激学员发挥自己的潜能，使其更用心地投入学习。

为了激励学员投入学习，你可以设置以下这样的积分规则(见表6-2)。

表6-2 课堂积分规则

积分项目	积分
在课堂现场回答一个问题	2
在小组讨论之后作为代表发言	3
担任组长(任期按天计算，每天可以由不同的人担任)	4
学习当天在班级群里面发出培训感悟	5
按时提交课前作业	4
按时提交课后作业	4
课程开始前，组织开场游戏	5
给其他学员提供学习方面的帮助	4
……	…

我们可以用扑克牌、笑脸贴、筹码币等物品作为积分的"替代物"发给学员，这样做一方面便于统计分数，一方面能够有效激发学员拿到实物奖励的那种满足感。最后计算积分时，既可以按照小组来统计，也可以按照个体来统计，当然，也可以同时

统计。

为了让各组的积分可视化、可比较，我们还可以设置一个"学习成长园地"，各组的积分在"学习成长园地"里实时更新，让每个组都能随时看到彼此的积分差距，从而驱动各小组努力参与，提高积分。根据对各组"最终积分"的预测，我们可以提前设计几个阶梯式的段位，比如说青铜级、白银级、黄金级、白金级、钻石级、皇冠级。不同段位的小组能够获得不同的"装备"、不同的表彰证书、不同的礼品。其中，"装备"包含有用的学习工具、学习资料、PPT模板等。

在"学习成长园地"上，根据大家的参与情况，动态记录各组的积分和段位，为了让学员获得"即时反馈"，可以当天课程结束时，根据当日积分来发放"装备"和礼品，而不一定要等到课程全部结束后再发放。

这种小组PK、积分排名、不断升级的方式，能大大激发学员的参与度和求胜欲，这样既可以营造出好玩有趣的学习氛围，激励学员在课程中认真仔细地求学、争先恐后地表现，还可以给大家带来连续的刺激感和成就感。

采用**积分奖励**的方式给学员塑造成就感时，需要注意以下三点：

- 在学员完成积分任务的过程中，培训师要提供反馈信息，帮助学员看到进步、发现问题、调整策略。
- 培训师要适当使用激励和惩罚，激励比惩罚能更有效地激发出学员的学习动机，使用惩罚措施要慎重。
- 可以提前给学员每人发一个积分表，让学员清楚知道做哪些事情可以获得积分。设置的积分任务最好难度适中，对学员来说，是跳一跳就够得着的难度。

3. 第三种方式——集体总结

集体总结可以帮助学员重新思考自己和小组的学习成果，深入整合新知识，而且，每个学员在总结时发表的观点都会给在场的其他学员带来启示和思考。

培训师可以利用成果展示环节收集到的信息，引导学员对刚才的学习过程进行多维度的讨论、评价、反思，甚至是举一反三的延伸。培训师可以提供讨论问题或者讨论方向，帮助学员思考自己学到了什么，有哪些新的想法和灵感，学到的内容如何应用于现实工作等。

怎样引导学员对他们共同产出的学习成果进行总结和评价呢？培训师可以在"集体成果创作"的环节结束时，让学员以小组为单位，找出本组成果中最令人自豪、最有创意的部分，然后分享产出这个成果的思维过程，回顾成果产出的过程中遇到的问题和困难，反思他们是如何解决问题的，思考这种解决问题的思路能否迁移应用到其他事情上。

为了帮助学员充分总结学习成果，培训师可以用ORID聚焦式会话法进行适当引导。聚焦式会话可以通过严谨、有层次的提问架构设计出各个层次的问题，让培训师客观、中立、全面地了解参训者对事实的不同认知、感受、启示及多元化的观点。ORID聚焦式会话法有以下4个层面。

O——Objective，数据层面的问题。培训师通过引导的方法，让学员着眼于客观事实。让大家讨论在完成学习任务的过程中看到了什么、听到了什么、发现了什么，基于事实进行描述，这样做不仅使学员轻易进入状态，还能使每名学员都贡献自己的观察范围，有助于完整呈现整个事实。

R——Reflective，体验层面的问题。培训师可以询问学员对此事的感受，帮助学员说出自己的体验，比如情绪、感觉，以及客观事实带来的联想、内在体会等，这类问题能够打开学员感性的一面。

I——Interpretive，理解层面的问题。培训师引导学员思考这件事、这个活动、这个过程带给我们的意义、启示，帮助学员寻找意义、联系、价值、重要性。

D——Decisional，行动层面的问题。培训师可以向学员询问接下来的行动或决定，比如，基于新获得的知识，我们将如何开展行动？我们接下来可以采取什么样的行动……这类问题是促成改变与行动的催化剂。

以上就是ORID聚焦式会话法的4个层面，这种提问架构体现了人的自然逻辑思维过程。总体说来，用ORID聚焦式会话法带着学员进行集体总结时，可以提如下问题（见图6-2）。

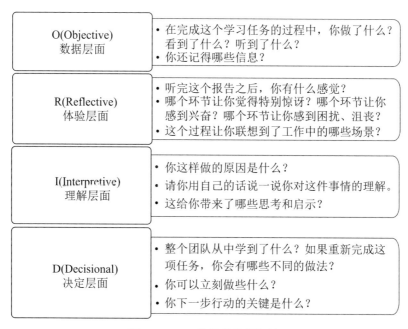

图6-2　ORID集体总结提问法

之前很多培训师问我，播放完一段视频或者在课堂现场做完一个学习活动，邀请学员分享收获，很多时候无人回应，这种情况该怎么办？我询问了当时的一些具体情况，比如：

- 是什么课程？
- 当时在课程中的哪个阶段？
- 该阶段学员的情绪状态如何？
- 邀请学员分享了什么问题？

……

了解清楚情况之后，我发现一个共性问题：这些培训师在播放完视频或做完学习活动之后，第一个问的问题就是关于思考层面的，比如"这段视频给你带来了什么启示？"或者"刚才那个活动给你带来了哪些思考？"这类问题在ORID聚焦式会话法的第三层，培训师在学员看完视频或者做完活动之后马上提出这些问题，学员可能不知道从何说起，容易导致冷场。

培训师应该先问学员一些数据层面的问题，比如"刚才的视频中有几个角色？""视频中的花瓶是谁打碎的？""在刚才的活动中，你的角色是什么？""在刚才的活动中，你看到了什么现象？"等等，提出类似这样的问题，才能帮助学员客观回顾刚才的视频或者活动。客观性问题难度较低，也利于更多的学员参与进来。

通过这样的方式让学员进行集体总结，能够让团队中的每个成员都贡献智慧，大家相互启迪、相互学习，既能促进团队成员之间的思想融合，又能激发大家聚焦于下一步的行动和知识点和应用。个体学习只有一份收获，团队学习则可以从多元的角度汲取智慧，得到不同程度、不同维度的收获，成就感自然满满。

总之，我们可以从三个方面来塑造学员的成就感：成果输出、积分奖励、集体总结。

成果输出——让学员输出的成果代表学员在学习过程中的成长和变化。

积分奖励——让不断累加的积分成为学员坚持学习、继续前进的动力。

集体总结——让不同角度的收获和感悟彰显学习成效，刺激学习转化。

6.1.3 社交化学习

谈社交化学习之前，我们先来和大家谈谈团体动力学。

说到团体动力学，就不能不提到它的代表人物——勒温教授。勒温教授通过研究发现：

群体不是人们的简单集合，而是一个动力整体，其中一部分发生变化，会导致其他部分的状态发生变化。

在群体中，只要有别人在场，一个人的思想行为就和单独一个人的时候有所不同。

团队决定比单独做出的决定对团队中的个人有较为持久的影响，通过团体来改变个体的行为，比直接去改变一个个具体的个体效果更好。

反之，只要团体的价值观不发生变化，个体就会更加强烈的抵制外来的变化，个体的行为就不容易发生变化。

个体是通过获取新的知识来形成新行为的。但在团体中，通过团体成员间的对话与互动，个体的行为经验会使个体产生顿悟。顿悟经由碰撞(Encounter)，变成个人与团体共同的成长经验。

那么勒温教授的研究成果对于培训有什么影响呢？其影响主要体现在以下几个方面。

首先，培训师要建立一种意识，即培训时，我面对的是一个团队，而不是几十个各自为战的个体。只有将学员当成一个团队来进行教学，才有机会发挥团队的力量，产生群体智慧升级之后的创新学习成果。

其次，培训师要建立一种学员团队相互促进行为改善的氛围，在这样的氛围中，每个人都愿意为团队贡献智慧，每个人都接纳其他人给自己的建议，每个人都能在团队研讨中起到不同的作用，这样的团队在课堂上通过学习内容的滋养，才能持续完善和跃迁。

最后，培训师的教学方式要从传统的讲授和控制转向促进团队共创、合作、创新，让学员群体"组合"成为自运转的一套"设备"，自动自发地运用团队的合力解决问题，探索出最佳解决方案。

由团体动力学引出的一个概念就是——社交化学习。

社交化学习在读书中表现为"共读"。现在市面上有很多读书会都会定期开展"书籍共读活动"，也由此建立了多种多样的"共读社群"，为什么要"共读"呢？如果对你来说，读书是陪伴、自我倾诉的过程，那么你可以私密地完成阅读体验，而"书籍共读活动"则用了社交化学习的思维，把读书这件事情放在了思想碰撞、互相激发的场景下。

从经验到智慧需要体验作为桥梁，读一本书，如果仅结合自己的体验，顿悟的过程可能很慢，但和其他人互相分享阅读及相关生活体验时，则会大大加快知识内化的过程。读书只是你与作者单线连接，而通过社交化学习的方式，则可以将读书读到的点扩大成面，在这个过程中碰撞出更丰富的知识火花。

【化书成课研习社】也举办过多次"书籍共读活动"，如果10个书友从不同的经历、不同的角度去剖析一本书，就相当于每个人都获得了10个不同观点的解读，这样的读书方式能激发读者更多元化的思考，让读者在这个过程中搭建起更系统、更全局的"知识广场"。

社交化学习的存在就是为了让人们在学习中获得不同层面的感官体验和思想交流。所以，"化书成课——让你做出爆款读书会"的课程把促动技术和读书会进行了巧妙结合，组合成了"促动式读书会"这种新型模式，"促动式读书会"的引导者或带领者被称为"读书会促动师"。

"促动式读书会"这种形式比较新颖，与传统的读书会不同，它更注重人与人之间的思想交流、视角碰撞、观点融合与情感连接，可谓把"社交化学习"的理念用到了极致。当参与者在促动式读书会的现场，获得了沉浸式的体验，触碰到了内心深处的一些东西，产生了恍然大悟或者醍醐灌顶的感觉时，他们就会想要一次又一次地来到"促动式读书会"的现场，来探索未知的自己，来发展自己的潜能，来扩大自己的视野范围，来转变自己的心智模式。

促动技术与读书会的完美结合，能够让人们在一场读书会中体验到以下感受：
- 拥抱差异，和不同视角的人多维度碰撞；
- 开阔视野，突破自己和书中的认知框架；
- 创新思维，看到各种意想不到的可能性；
- 提升洞察，发现事物发展和变化的规律。

所以，当人们参加"促动式读书会"时，他们会感觉置身于一部精彩的电影中，在电影播放的过程中，永远不知道剧情会走向哪里，因为自己也在参与这部"电影"的创作过程。

前面在"成就感塑造"章节，我们分享过的ORID聚焦式会话法，它是促动技术之一，在众多的促动技术中，聚焦式会话法属于较常见的、较简单的、较易操作的一种促动技术。

这里就以聚焦式会话为例，和大家分享一下，ORID聚焦式会话法这种促动技术与"读书会"结合而成的社交化学习模式。

ORID聚焦式会话法在读书会中的应用分为两种情况：一种是指定书籍共读(参与者带同一本书参加读书会)；一种是非指定书籍共读(参与者带不同的书参加读书会)。两种情况的促动式读书会操作不同。

第一种情况：指定书籍共读

读书会的开展目标：让参与者更好、更有效地学习和吸收书中的知识，能够学以致用。

读书会的预习作业：提前阅读指定书籍。

读书会的开展方式(ORID+指定书籍版)：在学习现场，读书会促动师首先带领参与者"快速浏览"全书，让大家对书中的内容构造再熟悉一遍，然后引导参与者围绕以下4个层面来做探讨和分享。
- O数据层面：你从这本书中学到了什么？收获了什么？
- R体验层面：这本书带给你什么样的回忆？什么样的感受？什么样的联想？
- I理解层面：这本书让你获得了什么样的启示？让你产生了什么样的灵感？

- D决定层面：你将如何应用书中的内容？

需要注意的是，读书会促动师并非一次性提出以上4个层面的问题，而是每提出一个问题，就让在场的所有参与者依次回答问题，分享自己的见解。所有人针对第一个问题，分享了自己的答案之后，第一场会谈完成。之后，促动师提出第二个问题，让大家再次轮流分享，以此类推。这种提问方式叫做"分布式提问"。

如果参与者人数超过15人，则可以视情况把参与者分成几个小组，以小组为单位，在桌促师或组长的带领下，组内每个人针对指定书籍，围绕ORID聚焦式会话法的4个层面，依次进行分享交流。

用ORID聚焦式会话法做读书会的时候，为了让参与者"深度阅读"书中内容，大多数情况下，读书会促动师会引导大家一个章节一个章节来读，这样便于对每一个章节的脉络都进行仔细梳理和推敲。

假设本次读书会，共读指定书籍的第一章、第二章、第三章，那么读书会的活动可以分为三轮。

第一轮时，促动师首先给大家一段时间来阅读全书的第一章，然后用ORID聚焦式会话法来"分布式"提问：

- O数据层面：你从这个章节中学到了什么？收获了什么？
- R体验层面：这个章节的内容带给你什么样的感受和联想？
- I理解层面：这一章让你获得了什么样的启示？让你产生了什么样的灵感？
- D决定层面：接下来你将如何应用这一章的方法或思路？用在哪里？

第二轮、第三轮也是同样的流程。

ORID聚焦式会话法与读书会相结合的方式，能够加深参与者对书中内容的理解和吸收，引导参与者从不同角度看待书中的内容，发现自己单独看书时发现不了的一些知识网络，同时，还能促进参与者利用书中内容，学以致用。

上述是指定书籍的操作程序，简单易懂，容易复制。下面我们来看一下非指定书籍的共读操作。

第二种情况：非指定书籍共读

读书会的开展目标：让参与者能够在短时间内，阅读多本书并且快速吸收，能在共读过程中觉察自己的阅读偏好，同时看到不同想法背后的假设和价值观。

读书会的预习作业：提前阅读自己打算带来现场的书籍。

读书会的开展方式(ORID+非指定书籍版)：分为引入ORID、相互问答记录、分享书中精华、交换书籍阅读、不同视角融合、提问启发思考六步。

第一步，引入ORID。

读书会促动师首先和参与者分享本次读书会活动的形式，由此引入聚焦式会话法，简单介绍聚焦式会话法ORID的来源、特点、应用场景，讲解ORID的提问流程。

第二步，相互问答记录。

为了帮助参与者熟悉ORID的提问方式，促动师可以给每位学员发放一份ORID的提问模板。

> O数据层面：你从这本书中学到了什么？收获了什么？
> R体验层面：这本书带给你什么样的回忆？什么样的感受？什么样的联想？
> I理解层面：这本书让你获得了什么样的启示？让你产生了什么样的灵感？
> D决定层面：你将如何应用书中的内容？

学员两两一组，形成搭档，根据模板上的问题，相互用ORID的提问方式向对方提问。随后，每人各自记录自己的答案。

第三步，分享书中精华。

参与者带书起身，在场地中一个比较开放的位置围成一个圆圈(参与者15人以上则分组，以小组为单位围成圈)。每个人依次分享自己带的书籍，每个人的分享时间控制在一两分钟以内。分享流程与ORID的提问流程一致，比如：

- 我从这本书中收获了……
- 这本书给我带来的感悟是……
- 受这本书的启示，我想到了……
- 我会这样应用书中的知识点……

第四步，交换书籍阅读。

所有人把自己带来的书籍平铺在桌上，之后，每个人从中任选一本自己感兴趣的书，然后回到座位，根据目录找到本书中自己感兴趣的一个小章节，在规定时间之内读完这部分内容。

第五步，不同视角融合。

每个人找到这本书的"主人"，书归原主。此时，"还书人"先分享自己阅读的章节内容及阅读感悟，"借书人"再分享自己曾经阅读这部分内容时的体会，双方交换观点，达到视角融合。

第六步：提问启发思考。

经过前面几轮环节的体验，参与者已经打开心扉，能够畅所欲言了。于是，读书会促动师可以提出以下问题，让他们各抒己见：

- 大家在这个过程中，发现了什么？
- 当你第一次回答搭档的问题并记录自己的答案时，你对这本书的理解和以前有什么不一样？
- 在交换书籍阅读的环节，你阅读这本书的感受与你看到这本书的第一印象一样吗？

- 在和原书的主人交换观点的过程中，你的感受是什么？
- 你对这本书的理解与原书的主人一样吗？为什么会有这些不一样？

……

这些问题都可以打开学员的思维，让学员在思索中，觉察自己的阅读倾向，反思自己的视角局限，提升自己的洞察力，发现新的突破点。

当然，ORID聚焦式会话法与读书会的结合，只是"促动式读书会"的其中一种形式，促动技术分很多种(关注微信公众号"醒职场"，回复"促动技术"，即可了解促动技术是什么；回复"促动"，即可更全面地了解"促动式读书会")，每一种促动技术和读书会的结合，都有不同的实施路径和创造过程，都会带来脑洞大开的感觉，最终也会产出完全不同的成果。

采用了促动技术的读书会，能给参与者带来丰盛的社交化学习体验、群体智慧的引爆、认知和心智的突破，这就是典型的社交化学习模式。为什么社交化学习有如此功效呢？原因有以下几点。

(1) 社交化学习可以让学员从不同的视角看问题，拓展思维广度。
(2) 社交化学习可以激发学员发挥出自己的潜能和创造力。
(3) 社交化学习可以让学员学习不同人的优点。
(4) 社交化学习可以让学员了解团队的互动性是如何影响系统变化的，从而形成全局化思维。
(5) 社交化学习是协同矫正的过程，是开发团队能力的过程，这种能力会创造出超越集体智慧的成果。

6.2　如何塑造课程的学习价值？

6.2.1　展示学习收益

人们对自己能受益的事情会格外感兴趣，因此，在课程的一开始培训师就要告诉学员，课程目标是什么，学习这个课程对他们来说会有什么收益，能够帮助他们解决什么样的问题，这样能够进一步刺激他们学习的积极性。

为什么我们要把学习收益明确地告知学员，而且还要摆在首位呢？

第一，这样可以将学习者的注意力聚焦到学习目标上，让学习者带着目的来学习。

第二，让学习者知道他们参加学习之后，可能会发生什么样的变化。

第三，让他们知道应该努力达到的能力水平，并产生动力为之努力。

我们要在课程中向学员展示的学习目标分为三种类型，分别是聚焦性目标、行为性目标、绩效性目标。三者之间的区别是什么呢？我们来通过连线来分辨一下(见图6-3)。

```
聚焦性目标          学员能够应用所学的东西
                    达成什么目标（解决什么
                    问题）

行为性目标          学习者在课程当中能够做
                    到什么，且能评估他们做
                    得怎么样

绩效性目标          课程中需要学习者特别注
                    意的地方（如果不了解会
                    存在隐患）
```

图6-3　连线：聚焦性目标、行为性目标、绩效性目标

在公布正确答案之前，我们先来看几个例子。

【案例一】

课程名称：克服拖延症

聚焦性目标：通过学习，学员能够深刻意识到，拖延症改不掉的原因不是惰性，而是因为缺乏对自我行为的觉察力。

行为性目标：学员能在课堂上做出"年度规划表""角色任务表""习惯养成表"，用来指导自己以后的行为。

绩效性目标：学习完课程之后，学员能够充分认识到自己的负面行为所产生的原因，并开始用新的行为方式代替旧的行为方式，从而提升效率，远离拖延。

【案例二】

课程名称："高效会议管理"

聚焦性目标：我们应该把会议看作一个系统。会议中的座位排列、发言顺序、反馈方式、相关资料等，都是构成会议这个系统的有机组成要素。从中去寻找突破点，给它们施加相应的"力"，才能让整个系统慢慢地做出调整，朝着你所期望的方向变化。

行为性目标：学员能在课堂上使用"方格记录表""复盘工具清单""会后跟进计划实施表"。

绩效性目标：学习完课程之后，学员能够提高会议中的沟通技巧、反馈技巧、逻辑表达能力、冲突处理能力、会后跟进能力，全面提升会议效率。

【案例三】

课程名称：组织经验萃取

聚焦性目标：萃取经验一定要萃取到具体的行为做法、话术、技巧方法、思考路

径等精华内容,才能保障经验的可复制性。

行为性目标:学员能够在课堂上产出的阶段性成果包括工作场景地图、PSPPS案例模板、一项任务的实施流程、工作任务实施指南和案例教学实施表。

绩效性目标:学习完课程之后,学员能把企业内部的专家或标杆的**经验、方法、思路**,研究透了之后再教会给其他人,让其他人的**工作效率**或者**工作绩效**能够迅速**提升**。

阅读案例之后,相信你一定明确了聚焦性目标、行为性目标、绩效性目标的区别,如图6-4所示。

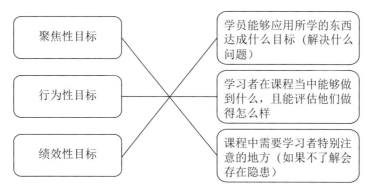

图6-4 答案:聚焦性目标、行为性目标、绩效性目标

为什么会有绩效性目标呢?大部分培训课程设定的学习目标是课程结束后学员应该知道什么、了解什么、掌握什么。培训市场上各种各样的培训课程目标基本上大同小异,比如管理能力培训,培训目标是让管理人员掌握一些管理方法和管理技巧,从而提升管理能力;比如销售谈判技巧培训,培训目标是让销售人员了解谈判的流程,学会有效谈判的技巧;比如商务礼仪培训,培训目标是让学员学会通过简单的修饰、得体的着装来塑造自己的专业形象;等等。

但是,培训课程的有效性取决于学员学习后的行为变化,这些变化可能包括工作方式的改变、心态的转变、做事效率的改变、人际沟通方式的改变等。你要在课前把学习目标精准传达给学习者,让学习者知道学习的收获有哪些,学习的重点在哪里。

培训师展示学习收益的方式主要有PPT呈现法、故事展示法、学习活动展示法三种。

1. 展示方式一:PPT呈现法

例如,我在"组织经验萃取——让经验和思维立体化"的课程开始的时候,就会通过这张PPT(见图6-5),向学员展示学习收益:

我们这两天的课程就是带着大家来做一次完整的组织经验萃取的过程。要萃取出某方面的经验需要用到10个工具包，但是这10个工具包，你要使用之后才能真正地掌握。就类似于，如果只是看别人打高尔夫球的话，那么你看多少遍也不一定会，而只有自己拿着球杆亲自打一打，才能真正学会打高尔夫球。这10个工具包也是这样的性质，所以，只要大家在这两天的课程中，积极参与演练和实践，那么培训结束之后，你们就可以拿到这10个工具包，并且知道它们怎么用，这样你既能萃取自己的经验，也能萃取他人的经验。

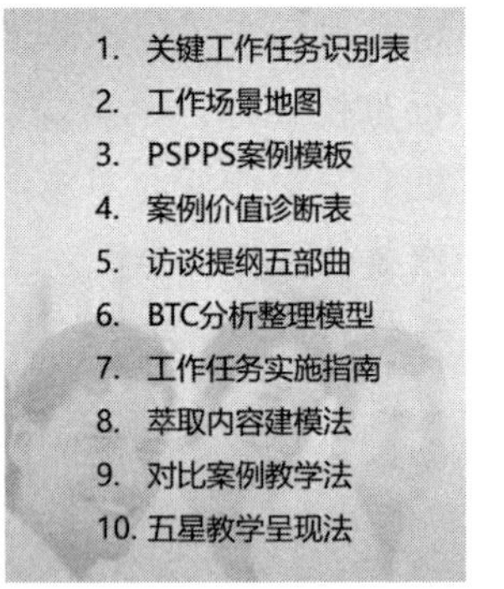

1. 关键工作任务识别表
2. 工作场景地图
3. PSPPS案例模板
4. 案例价值诊断表
5. 访谈提纲五部曲
6. BTC分析整理模型
7. 工作任务实施指南
8. 萃取内容建模法
9. 对比案例教学法
10. 五星教学呈现法

图6-5 组织经验萃取的10个工具包

由此，学员即可了解，他们通过这个课程的学习能够掌握的工具，以及未来可以用这套工具能够做些什么。

2. 展示方式二：故事展示法

你有没有发现一个现象——不同文明、不同时代的人们都喜欢分享故事和听故事。比如，西方有古希腊神话、伊索寓言，东方有女娲和伏羲等各种神话传说。

故事根植于我们的集体心智，我们做梦的时候，不会梦见论据和观念，只会梦见故事。这是因为故事具有强大的情感共鸣的作用。

脑神经科学家曾经做过一个实验，实验是这样的：

一名年轻女生讲述高中的毕业舞会时，科学家用磁共振成像仪记录下她的脑活动，她讲的故事也被录制下来。然后，科学家给12名受试者听录音，同时记录他们的脑活动。

结果发现，受试者的脑活动和讲述者的脑活动非常相似，只不过有一个时间差，因为受试者需要对听到的话加以理解。但令人惊奇的是，在故事的特定部分，听者的脑活动常常会提前于讲述者的脑活动，这也就意味着受试者在听故事的过程中，会对后面可能发生的内容做出预测。

这就是故事的力量，它会吸引受众投入其中，它易于理解，便于记忆，便于传达情感和承载意义，所以在培训中，适当引用一些故事来论证观点已经成为公认和必然的手段。同样的，我们在展示学习收益的时候，也可以采用讲故事的方式。

我有一门课程是"激活创新思维的4把利剑"，这个课程的开场我就会和学员分享这样一个小故事：

梁伟丰，BBDO中国执行创意总监，我非常喜欢的一位创意人，他曾在奥林巴斯任职。奥林巴斯公司新出的一款相机具有防震防水功能，公司要带着这款相机参加摄影设备展会，要求梁伟丰拍一条相机宣传片，把相机优点展现出来。

梁兄一点也没"听话"，他觉得传统宣传片没意思，他干了一件事——把一台洗衣机搬到展会上，把相机开机，按下REC键丢进洗衣机去洗。两分钟后，把相机拿出来，播放录制的影像——这台相机在洗衣机里面"翻江倒海"的镜头。

这时候，展台已经被人群围得像菜市场一样了。这就是创新思维的妙处。

听到这个故事，学员脸上往往会出现或好奇或惊喜或恍然大悟的表情，接下来，我就会趁机向学员展示学习收益：

如果你要解决一个难题，你得寻找到一种推力或者拉力来帮助你，就像你要把生锈的钉子从墙上拔出来，你需要特定的工具。我们这个课程中所涉及的4种创新思维模型就是你的工具，它们可以拓宽你的眼界，激发你的想象力，增强你的创造力，让你从多个维度考虑问题的解决方案。所以，学完"激活创新思维的4把利剑"的课程之后，你就可以在解决问题的过程中，快速激活自己的创新思维，让自己能够诞生出各种意想不到的新点子。

这样一来，学员对课程中的4种创新思维模型就会产生想要寻根问底的好奇心，同时也会感觉这个课程比较有趣味性。

再举一个例子。某"绩效改进"的课程，培训师一开始讲了这样一个小故事：

20世纪50年代之前，所有的航海公司都在使劲购买好的货船，招聘好的船员，他们的想法是，只要船跑得快，船员操作技术熟练，航运效率就会更高，公司才能赚钱。这听起来很有道理，但实际上没什么用，航运效率并没有提高，成本还是居高不下，整个行业都快做不下去了。后来大家才发现，原来当时影响效率的主要因素不是船和船员，而是轮船在港口闲置，把货物一件一件卸下来，再把其他货物一件一件装上去，这个过程太耽误时间了。于是有人发明了提高货物装卸速度的集装箱。使用集装箱装运货物，中途更换车、船的时候，就不需要把货物从箱子里面取出换装，航运总成本一下子下降了60%，整个航运业才起死回生。这个故事中，人们只是减少了行为代价，但却达到了比以前更好的结果。

接下来，为了便于展示学习收益，培训师就开始提问引导学员：

我们来分析一下，这个案例中，遇到的问题是什么？

——航运总成本很高，导致了行业瓶颈。

问题的原因是什么？

——轮船在港口闲置，等待卸货再装货这个过程太耽误时间。

解决方案是什么？

——集装箱。

所以，大家会发现，真正有效提高绩效的方式是减少行为代价。要做到这一步，需要我们先界定问题，然后诊断问题的原因，最后再提出问题的解决方案，这一系列的流程都有工具和方法。今天我们就来学习这些工具和方法，让你们解决问题的能力大大提升。

在课堂中，你甚至可以列举过去授课的成功案例，也就是讲以前学习这个课程的学员的"逆袭故事"，让眼前的学员知道，他们在学习完这个课程之后，可能会有什么样的变化，会取得怎样的进步，从而意识到这个课程的价值性。

3. 展示方式三：学习活动展示法

在"引导式课程设计"的课堂的"引言"阶段，我给学员分享了学习保持率、内训师的成就与困惑、培训师和引导师的区别之后，就会告诉大家：引导师有6种不同的角色，培训师要扮演好每种角色，需要不同的核心能力。同时，在培训前、培训中、培训后这三个阶段，引导师需要扮演不同的角色。

接下来，我就会给每组学员发放这样一张"引导师角色表"，如表6-3所示。

表6-3 引导师角色表1

阶段			核心能力
培训前	培训中	培训后	

然后，我会给每组学员发放6张"角色卡"，6张卡片上面分别是6个不同的角色：医生、编剧、导演、教练、助产士、顾问；同时，再给各组学员发放6张"核心能力卡"，6张卡片上面分别是6种不同的能力：诊断力、创造力、洞察力、提问力、倾听力、整合力。

最后，我会让学员以小组为单位，共同探讨引导师应该在什么阶段扮演何种角色。根据讨论结果，请学员把"角色卡"粘贴在对应的阶段下面，把"核心能力卡"粘贴在每个角色所对应的最后一列。如果学员粘贴正确的话，最后的表格如表6-4所示。

表6-4 引导师角色表2

阶段			核心能力
培训前	培训中	培训后	
医生			诊断力
编剧			创造力
	导演		洞察力
	教练		提问力
	助产士		倾听力
		顾问	整合力

在这个过程中，学员全体参与，集思广益，手脑并用，在探讨和辩论中不断调整这12张卡片的排列方式。在激烈的思维碰撞中，学员会对"引导师"这个角色有更周详的认知、更全盘的考虑。而且，在各组分享时，所有的参训者又能从多个侧面了解这个角色。

我对所有小组分享的结果进行鼓励和反馈之后，会和大家分享我对这些角色及能力的理解：

培训前，也就是开发课程的时候，引导师的角色是医生和编剧。作为医生，引导师要做深入的需求调研和诊断，培训不是泛泛而谈的理论和框架，而是要针对部门和学员需求，做个性化调研和定制化开发。作为编剧，引导师要设计出和学员的认知水平、能力层次、经验阅历相匹配的课程。

培训中，引导师的角色是导演、教练、助产士。为什么是这三个角色呢？

首先，引导师要扮演导演的角色，把学员当成演员，让学员对课程所学内容进行演练。只有通过演练，学员才能真正学会所学。

其次，在学员演练的过程中，引导师要扮演教练的角色，就像是游泳教练或者网球教练一样，对学员进行指点、纠偏和辅导，避免学员出错。

最后，如果我们把学习成果比喻成孩子，那么引导师就是帮助学员顺利产出"孩子"的助产士。助产士会告诉孩子的妈妈，目标是什么——目标是生出健康的宝宝，然后他们会根据妈妈的身体状况，评估需要采取什么样的措施来协助妈妈。整个生产的过程中，他们会给予妈妈肯定和鼓励，增强妈妈的信心。所以，助产士的作用是协助妈妈生孩子，而不是代替妈妈生孩子。引导师也是一样，引导师作为助产士，是协助学员出成果，而不是代替学员出成果。

课程结束后，引导师的角色是顾问。因为学到不等于做到，学员在课程结束后的应用过程中遇到了问题，培训师还要给予指导和答疑。

总结一下，引导师首先应该扮演好医生的角色，诊断清楚培训需求，明确培训目标，在这个基础上，以学员需求为依据，为其量身定制课程内容，完成编剧的工作。在培训现场，把舞台交给学员，掌控整个流程，辅导学员进入演员的角色，让他们在掌握课程内容的基础上，进行实操演练。培训结束后，引导师还要为学员提供学以致用方面的支持。

由于学员在我讲解"引导师的6种角色"之前，通过学习活动的方式，深入探讨和研究过这个问题，所以当我揭晓答案的时候，他们会满怀期望的聆听，一旦发现自己的排列方式和老师讲解的排列方式有差距，就会怀着好奇心来一探究竟，而且在老师讲解的过程中，能够反思自己的思维存在哪些漏洞，以至于没有排列正确。

同时，在这一段学习活动结束之后，我就会趁热打铁地告诉学员：学完两天的课程，你们就能在课堂上扮演好医生、编剧、导演、教练、助产士、顾问这6个角色，并且在合适的时机发挥出每个角色应该具备的能力。这样一来,当你们作为引导师出现在课堂上时,就会让你们的学员深深地沉浸在你们的课程中,享受思维转变的学习旅途,体会学以致用的心满意足。

通过这样的学习活动所展示出的学习收益,对学员来说,由于有体验感,所以会很有吸引力,让学员对即将开始的学习内容充满期待和向往,也清楚了解了学习的重点和难点。

6.2.2 增添课程特色

1. 为什么要增添课程特色

本书的前5章,我们已经学习了怎么开发课程,那么课程做出来了以后,你还要解决三个问题:

- 你的课程特色在哪里?你的课程和同类课程相比有什么不一样?
- 你的课程如何运营?如何吸引课程的目标人群?如何形成课程的口碑效应?
- 你的课程品牌如何打造?如何让你的课程在行业内产生一定的影响力?

你的课程就相当于是你的产品,既然是产品,那么培训师就应该像产品经理一样,对整个课程产品进行系统的规划布局、市场验证、渠道开拓、需求分析、营销策划、包装设计,之后再拿到市场上进行MVP式的销售与展现,在市场的反馈中不断升级更新,最终形成被市场接纳的、有一定口碑的品牌(见图6-6)。这个过程不是一蹴而就的,而是循序渐进的,关键点在于对学员的认知水平和学习需求有充分把控。本书第7章将会专门介绍课程运营的每一个阶段及如何评估运营效果。

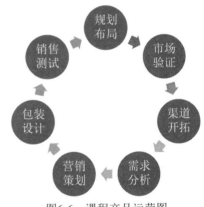

图6-6 课程产品运营图

当然,不管我们怎么运营课程,课程的质量(培训效果)和特色(不同于其他课程的独特性)是核心。好产品才能在市场上长盛不衰。

但是当今市场,培训师很多,同质化的课程也很多,无论是自我提升类的课程,还是企业管理类的课程,无论是技能训练类的课程,还是思维创新类的课程,只要市场有需求,就有培训师讲授。

往往只要企业抛出一个培训课程需求,就会有无数能讲这门课的培训师蜂拥而至,大家应该都见过这样的场景——微信群或者QQ群里面时常发出这样的消息:有能讲MTP管理能力提升课程的老师吗?有能讲TTT课程的老师吗?有能讲团队建设课程的老师吗……这些消息一出来,很多培训老师或者培训机构就立刻在群里回应或者私信，咨询详情。

随着选择的增多，企业在选择培训老师的时候，越来越挑剔；学员在选择培训课程的时候，也越来越谨慎。在这种情况下，你的课程如何脱颖而出？

这就需要你的课程相比其他同类课程有不一样的特色，能在众多同质化的课程中显得与众不同，从而崭露头角。

我们首先来了解一下，课程没有特色的几种表现，你可以对照自己的课程来检验一下，稍后我会告诉你一些塑造课程特色的秘诀。

课程没有特色的常见表现有以下三种。

第一种表现是授课方法比较单一。比如通篇采用讲授法，或者整个课程只有案例分析法，这就是授课方法单一。

第二种表现是课程内容没有新意。什么样的现象属于课程没有新意呢？举个例子，比如目标管理的课程，别人讲SMART原则，你也讲SMART原则；再比如，讲DISC性格分析的课程，别人拿西游记中的唐僧师徒来举例，你也拿唐僧师徒来对应DISC 4种性格。

第三种表现是案例陈旧和空洞。有些时候，我们在内容方面是很难突破的，比如，现在市面上很多团队管理类的课程使用的还是多年前的内容，毕竟团队管理也就涉及和下属沟通、给下属授权、给下属激励、给下属辅导、给下属反馈那么几个维度，如果我们想要突破只有在案例讲授方面下功夫。但是我发现，现在很多老师授课的时候，课程中采用的案例还是几年前甚至十几年前的，这样的课程会让学员感觉没有创新，没有档次。永远不要觉得你课程中所涉及的案例学员没有看过或者听过，事实上在这个互联网时代，只要能在网上搜索到的内容，你的学员都可能知道。

这三种情况都是课程没有特色的常见表现(见图6-7)。那么你可以反过来想一想，如果我们的课程有特色，让学员感觉亮点突出，会有什么样的培训效果呢？我归纳为以下4点。

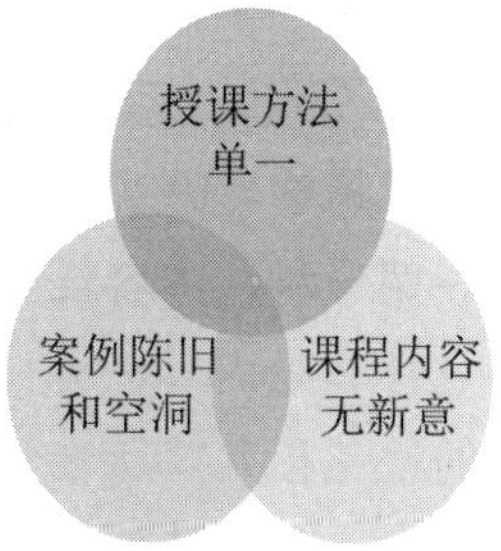

第一是吸引学员的注意力。 现在互联网上各种雷同的、相似的信息太多，一旦出来一个独树一帜的，就很容易吸引眼球。

图6-7 课程没有特色的表现

第二是激发学员的学习兴趣。 大家的课程基本上都是面向成年人的，众所周知，成年人学习其实是比较功利的，他们只学习自己感兴趣的课程，那你的课程有没有特色，就直接决定了学员会不会对课程产生学习的兴趣。

第三是提升授课效果。 在很多课堂上，学员常常昏昏欲睡或者上课玩手机，这些现象从某种角度上反映出课程没有足够的特色，学员会觉得听课还不如玩手机；而如果课程有特色，总是让学员觉得课程内容别出心裁，总是给学员带来不一样的新鲜体验，那么学员就会持续投入，在课程的神秘海洋中不断探索，从而学得更好、更到位。

第四是形成差异化优势。同样一门课程，别人拿来一看，都大同小异，那你的课程就没有什么竞争力。但如果我们的课程有自己的特色，就能让人耳目一新，眼前一亮，那就是一个先胜后战的战略优势。

2. 增添课程特色的方法

既然课程特色如此重要，那如何来塑造我们的课程特色呢？

针对一门课程，我们可以从两个维度去塑造课程特色。

第一个是内容维度，即你的课程内容是不是新颖，是不是有新的见解、独创的概念、有趣的类比；**第二个是方法维度**，如果你的内容无法创新、无法突出特色的话，我们就从方法上进行改进。现在市场上有很多五花八门的培训技术，比如教练技术、促动技术、引导技术、体验学习等，是不是也可以用于我们的培训课程，来增加课程的新颖性和趣味性呢？

说到这里，相信大家对于塑造课程特色有了一定的思路，接下来，我们来对自己的课程做个自我诊断与特色增添，如表6-5所示。

表6-5 课程自我诊断与特色增添

课程名称	内容维度(原有特色)	内容维度(可添加特色)
	方法维度(原有特色)	方法维度(可添加特色)

下面我们谈谈塑造课程特色的三个绝佳方法：**一是内容任务化，二是形式创新化，三是学习游戏化**。

第一种，内容任务化。

什么是内容任务化呢？就是以任务为引导，让学员掌握课程内容的方法。比如，我的"三招九式玩转学习型社群"课程中，学员会分组模拟创建社群、运营社群、推广社群、打造社群品牌的全过程。这个实战模拟的过程就会涉及社群内容运营、社群用户运营、社群品牌推广、社群商业模式设计等多个与真实社群运营相同的情境。

在这些情境中，学员需要完成的任务有以下几个：社群的内容规划、社群的活动推广、用户的引流拉新、用户的促活留存、社群的产品矩阵设计、社群的激励体系设计。

因为课程设置了这些需要团队协作完成的任务，所以学员会投入和沉浸在这些情境中，发挥自己的主观能动性，不断完成一个又一个的社群运营任务，从而在课堂上掌握社群建立、社群运营、社群营销、社群变现所需要具备的技能、方法、思路和工具。

第二种，形式创新化。

什么是形式创新化呢？形式创新化要求课程中设计的学习活动一定要让学员有自

主感和创造感，让学员感觉课程内容是大家共同创造出来的。而这一点离不开情境设计。好的情境设计，不仅可以让学员在课程中获得丰富的参与感和体验感，还可以让学员觉得这个课程具有别出心裁的创意，从而融入你的课程，与你共同建构课程。毕竟，**情境是最真实的以人为中心的体验细节。**

举个例子来说，我有一门与沟通相关的课程，叫做"聆听彼此的心，促进团队融合"，这是一门有关聆听技巧的课程。

课程开始时，我设置了一个"搭档讲故事"的互动环节。

首先，让学员找到搭档，两两一组，用5分钟来彼此分享有关自己的故事，这个故事最好发生在一年之内。

当大家都心潮澎湃地和搭档讲述了自己的故事之后，搭档双方要说出从对方的故事中听到了什么。一个人在说的过程中，另一个人不需要做任何补充或者澄清，只需要听就可以了。

双方反馈完毕，学员给自己的聆听能力和搭档的聆听能力打分，分数记录在笔记本上，可以打1~10分，1分为最低分，10分为最高分。我会提醒大家，尽可能保持开放、坦诚、公正的心态来打分。

当大家打完分之后，我会在现场做个小调查：

给自己的分数在5分以上的请举手，给自己的分数在8分以上的请举手……

给搭档的分数在5分以上的请举手，给搭档的分数在8分以上的请举手……

最后，学员相互分享和反馈，为什么打这个分数。

通过这样一个小游戏，学员会对自己的聆听能力进行反思，会对自己的聆听能力有一个大致的判断和感知。

接下来，我又设计了一个角色扮演的游戏，游戏流程如下：

第一步，把学员分成3组，每组分别给一个剧本(每组拿到的剧本不同)，告诉学员，这是一段不太完整的对话，稍后需要大家以角色扮演的方式来演绎这个场景，到时候也要补充一些情节和对话。

第二步，以小组为单位，讨论剧本中的人物在对话过程中的情绪和想法，然后选派代表上台，用3分钟的时间呈现剧本中的对话情境。

第三步，一组演绎的时候，其他组需要详细记录他们听到的一切内容，包括听到的信息、感受、结论、情绪等。

第四步，三组演绎结束后，各组伙伴分组讨论，他们从其他两组表演中，听到了这些角色什么样的"心声"。

第五步，各组分别选派代表分享观看"角色扮演"后的发现，可以从情绪、意图、感受、隐藏的想法等方面来谈。

第六步，各组先前的"演员们"分享他们在演绎过程中，实际表达的情绪、意图、感受和隐藏的想法。

通过这个角色扮演的游戏,参与者能够练习自己的聆听能力,并获得即时反馈,能够体验到不同的聆听方式带来的不同效果。

学习到这个阶段,学员都已经对聆听有了认知和思维层面上的变化,所以我会在课堂上提出这样一个问题:大家认为好的聆听应该具备哪些元素?好的聆听应该具备哪些条件?

这个时候,大家就会集思广益,说出很多聆听中的关键点、聆听技巧和注意事项,我在白板上记录大家所讲内容的时候发现,总结得非常到位,这些内容正是我想要分享给他们的聆听技巧。

所以在这个学习活动的过程中,学员通过"故事的创造""剧本的创造""相互的反馈",自己就领会到了我想要教给他们的知识点。

形式创新化就是这样一种思路:在培训中,培训师要创造出各种各样的机会,引导学员通过自己的探索、思考和创造得出结论。学员对于这个跨过重重认知障碍、推导出的结论,无论间隔时间多久,都会记忆犹新,应用自如。而且,在这个创造的过程中,他们也获得了自我的成长,获得了充分发挥了自身创造性所带来的成就感和喜悦感。

为了把"形式创新化"的效果发挥到极致,我们要把课程中的场景和工作中的场景尽量匹配,通过塑造视觉、听觉、嗅觉、味觉、触觉等感官的体验,让学员身临其境。

举个例子来说,我有一门课程叫做"魔鬼决策力",其中有一个章节是"如何准确预测风险",这个章节有一个"团队建设活动"的案例贯穿始终,为了让大家全身心地沉浸到这个案例的场景中,我配备了篝火晚会所需要的材料、KTV里面的话筒和荧光棒、自助烧烤用具等一系列道具。为了让大家充分理解影响决策的"不确定性因素",课堂上我会把学员分成3个小组,每个小组需要从"篝火晚会""唱KTV""自助烧烤"这三种团队建设活动中选择一种,然后拿上相应道具在课堂现场进行模拟。通过这个模拟演习的过程,学员会找出每种团队建设活动中的"不确定性因素"。

这就是立足情境设计课程。立足情境设计课程的关键点是课程中的任务情境与学员的实际工作要有联系,这样既可以保持学员的参与性,又有利于学员在工作中应用所学知识。

在培训中,情境的本质是对学员心智的占有。当你用情境设计课程的时候,整个课程会是你和你的学员共同创造的结果,就像是你和你的学员共同拍摄一部电影一样。

第三种,学习游戏化。

接下来,我们来学习塑造课程特色的第三种策略——学习游戏化。

有一个在培训界比较受欢迎的开场游戏叫做"你看我像什么"。游戏很简单:

要求学员在5分钟的时间之内,在现场找到3位伙伴,这3位伙伴要和自己不相邻,分别问他们"你看我像什么"。被问到的人说"像什么"都可以,可以说对方像老师,像某个演员,像某个名人,也可以说对方像辣椒,像苹果,像熊猫,像沙发等,同时要说出"像什么"的原因。当然,每个人问过对方问题之后,对方也可以反问提问者"你看我像什么",提问者同样也要给出答案。最后,每个人都会得到有关自己的三个评价,学员会在组内分享自己最喜欢的评价。

每次在培训开场玩这个游戏的时候,学员都玩得不亦乐乎,整个课堂气氛很快就会活跃起来。

下面我们以这个游戏作为案例来思考以下4个问题:

- 这个游戏的目标是什么?
- 这个游戏的规则是什么?
- 这个游戏中的反馈方式是什么?
- 这个游戏是否会让学员自愿参与?

下面公布答案:

游戏目标:让学员有机会获得他人的评价,从而清晰认识自己。

游戏规则:找到至少三个小伙伴,获取对方认为你"像什么"的趣味评价。

游戏反馈方式:游戏采用了两种反馈方式,一种是直接告诉对方你像什么,给别人反馈,一种是最后在组内分享你喜欢的评价。

这个游戏是否会让学员自愿参与:是,因为每个人都关心别人眼中的自己是怎么样的。

刚才所说的4个因素——目标、规则、反馈系统和自愿参与就是游戏的四大特征。

目标指的是游戏玩家努力想要达成的具体结果,它为游戏玩家提供了目的性和方向性。

规则可以让游戏玩家在特定的条件下,充分调动自己的创造力和想象力。

反馈系统能够告诉我们,距离实现目标还有多远。反馈系统在一些网络游戏中体现得非常明显,它通过点数、级别、进度条等形式来反馈。对于游戏玩家来说,即时反馈是一种承诺,因为它让你看到自己的进步,让你对达成目标产生希望,所以它给了人们继续玩下去的动力。

自愿参与指的是所有游戏玩家都了解目标、规则和反馈,并接受游戏中的这些要素。

所以,目标、规则、反馈系统和自愿参与是定义游戏的4个核心要素。

那么,什么是游戏化呢?游戏化指的是利用现有资源和条件,创建出一种有趣的体验,让参与者能够在这种体验中获得内在满足感、意义感和价值感。学习游戏化有三大好处,如下所述。

(1) 人人都喜欢玩游戏,所以游戏化能让学员对课程充满兴趣,乐在其中,且兴致盎然。

(2) 精心设计的游戏能给学员带来动力，因为游戏会设计明确的目标、明确的任务、明确的奖励，能给学员带来更大的成功期望和更多的满足感。

(3) 游戏能创造一个场域，让学员进入心流状态。心理学家米哈伊把心流称为一种特殊的幸福感，他花了7年的时间研究这种特殊的幸福感，发现当人们处于心流状态的时候，会觉得时间过得很快，很有满足感和愉悦感，并且能够专注和投入。

学习游戏化的设计思路有5点，如下所述。

- 有趣的挑战和障碍
- 明确的目标和可操作性步骤
- 让人们对成功怀抱期望的即时反馈
- 更强的社会联系和人际互动
- 对事情赋予更大的意义

这5点就是在课程中设计游戏的基本思路(见图6-8)，它们能让游戏设计得更好玩，更有趣，更具吸引力。

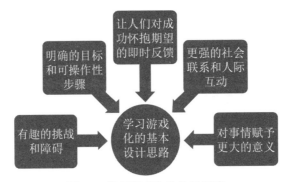

图6-8　学习游戏化的设计思路

下面我们以"三招九式玩转学习型社群"这个课程为案例，来谈谈"学习游戏化"的设计思路。

设计思路1：有趣的挑战和障碍。

游戏会激发人们主动挑战障碍的意识，不管玩哪种游戏，我们都会面临各种挑战，不断的挑战让我们不断获得成就感。虽然随着我们的得分越来越高，挑战也会变得越来越大，但我们仍然乐此不疲。

"三招九式玩转学习型社群"的课程就设置了很多有趣的挑战供学员"闯关"。

比如，当我讲到"社群线上活动策划"的时候，会给每组学员发一个"社群线上活动清单"，里面包含了30多种不同的线上活动类型，学员可根据组内的"社群定位"和"用户画像"从中选择7种线上活动来激活社群用户。这对于学员来说是一个很有趣的挑战：尽管每一种线上活动都有趣、都好玩，但是只能选择最适合自己社群的7种游戏，由于整个课程都是在模拟真实的场景，所以这个讨论、选择、决策的过程特别有意思。

再比如，当我讲到"社群线下活动实施流程"的时候，会把"社群线下活动实施"每个阶段的填空题(第一阶段填空题见图6-9)和填词库(见图6-10)分别发给学员，学员假设自己现在要做一场社群线下活动，根据计划好的活动实施流程，把填词库里面的词语分别填写到每个阶段的空格里面。这有点类似于活动之前的彩排，只不过这个彩排是在头脑中进行的。

这个"填词游戏"其实也没有标准答案，但是这个心理模拟的过程会让学员对社群线下活动的整体运营有一个全局观，有一个系统化的思考路径。这也是一个有趣的挑战，学员"填词"的时候会觉得比较烧脑，抓耳挠腮的，但是填完之后会发现，线下活动的流程非常清晰，一览无余。

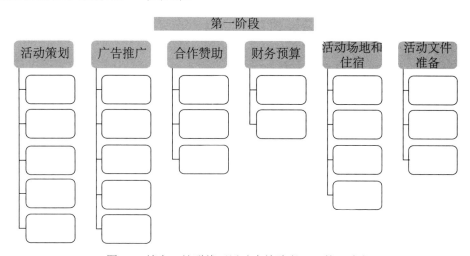

图6-9 填空：社群线下活动实施阶段——第一阶段

第一阶段和第二阶段的填词					
桌椅布置	渠道规划	寻找赞助单位	ROI预估	活动资料	场地预定
交通指引	嘉宾邀请	流程设计	演讲PPT	风险评估	方案拟定
设备布置	海报制作	预约房间	媒体联系	住宿调整	会场指引
印刷资料	日程安排	宣传手册制作	会员营销	开放报名	物料统计
合作单位联络	场地筛选	人员安排	财务预算申请	接机接车	
第三阶段和第四阶段的填词					
人员数据	发放参会卡	分享所需设备	直播	分会场管理	接待服务
后续回访	人流量统计	气氛营造	现场笔记	宣传资料发放	分享次序
财务数据	分享资料	摄影	茶点水果	电子签到	改善方案
总结报表	活动报道				

图6-10 社群线下活动填词库

设计思路2：明确的目标和可操作性步骤。

提升动力的最佳方法就是给你一件你有能力做又让你充满期待的事情。一旦有关这件事情的明确目标和一些可操作性的步骤关联起来——比如，处理完几个步骤就能完成一个任务，完成多个任务就能达成一个目标，我们就有了目标感，有了原动力，有了持续做下去的力量，能在一点一点达成目标的过程中获得成就感。

你玩过大富翁游戏吗？这是一种多人策略图版游戏。参赛者分得游戏金币，凭借运气(掷骰子)及交易策略，买地、建楼以赚取租金。最后只有一个胜利者，其余玩家均以破产收场。游戏中的目标是什么？是在游戏结束的时候，达到总资产最高；与目标相关的任务有哪些？有购买房产、收取对方的路费、收取租金、卖房、炒股等。因为这款游戏有明确的目标和可实现目标的操作性任务，所以一经推出就大受欢迎。

"三招九式玩转学习型社群"的课程也设置了明确的目标和可操作性任务。对于学员来说，这个课程的目标就是在课程中通过学习和实践，让我们小组临时"创建"的社群能够实现用户增长和商业价值；与这个目标相关的可操作性任务就是课程本身设计好的、需要学员在课堂上模拟完成的社群任务。这些社群任务包括以下内容。

- 明确社群定位
- 社群用户分析
- 用户的引流、促活和留存
- 社群线上、线下活动策划
- 社群的传播方案设计
- 社群的商业模式规划

……

在学习过程中，既有需要团队协作实现的目标，又有一系列和目标相关的社群运营任务，这就给学员带来了方向感，方向明确的人，才能围绕目标行动，才能一点点接近最终目标。

设计思路3：即时反馈。

不管做任何事情，我们都需要尽可能直接、快速地看到自己努力的结果，只要我们能够看到自己的进步，看到自己分数的提高，看到自己已经取得的成绩，就会产生一种巨大的自我价值感，就会感觉自己在不断开发个人资源。而游戏的本质就是使个体享受其在反馈系统中一步步接近目标。简单地说，就是给予个体控制感，个体在每次行为之后立即获得反馈，建立自己对外界的控制感，使自己和外界相连，完成互动闭环。

你应该玩过俄罗斯方块吧？简单的俄罗斯方块游戏直到现在还是很受欢迎，就是因为这个游戏所提供的即时反馈力度给了人们继续玩下去的动力，比如，视觉上你能看到一排排方块"噗噗"地消失，数量上你将看到不断上涨的分数。

在"三招九式玩转学习型社群"的课程中，也有很多即时反馈的环节。比如，在讲解了"社群变现的4种商业模式"的内容之后，我会要求学员以小组为单位，用"商业模式画布"进行整体的设计，规划出社群的商业模式。规划好了之后，我还会教大家一种简单的营收利润预测法，让大家根据他们的初步规划，预测未来1年和3年的营收。经过预测，大家立刻就能看到自己刚才和小组成员一起规划的商业模式能够带来的利润，这就是**即时反馈**。

这样的即时反馈能够促进学员的反思和发现，能够让学员看到自己思考来的量化效果。通过这个反馈信号，学员会觉得自己达到或者更接近目标了。

同时，课程中也设置了积分体系，回答问题有积分，完成每个阶段的任务有积分，在课堂上做出贡献有积分，完成课后作业也有积分……积分可以兑换一些社群运营工具，作为"装备"。这是一种对于学员学习表现的即时反馈，这样的反馈能够让学员看到，资源随着自己的不断努力变得越来越丰富，对学员来说有很强的激励作用。

设计思路4：更强的社会联系和人际互动。

你会发现，很多受欢迎的游戏都不是一个人玩的，通常这些游戏需要很多人一起玩。游戏能够帮助我们团结起来，创造更大的社交关系，让人们有归属感，能够融入其中，一起为一个共同的目标展开交流和互动。

为什么"王者荣耀"的游戏很受欢迎？王者荣耀基于微信社交，通过与好友一起玩游戏，可以提升与好友的亲密度，这有效满足了人被接纳的社交需求。王者荣耀的各种社交机制将玩家周围的熟人引入其中，进一步引起社交爆发。对于很多人来说，王者荣耀并不是一款游戏，它更像是一种社交方式——它设计了两套社交体系，熟人社交和陌生人社交。

先来看陌生人社交。王者荣耀能够给一群不认识的陌生人提供群体的认同感，因为它选择了高度公平的竞技机制，水平高的玩家，就会受到其他玩家的认可和点赞。这款游戏对游戏人员的配置、角色的互补，以及战术的配合也提出了比较高的要求。为了赢，你就得抱团取暖，要和其他人一起钻研战术。这样一来，大家就会在每一个配合环节增加一次互动。

再来看熟人社交。有了腾讯的大力支持，王者荣耀拥有巨大的流量优势。要知道王者荣耀本身就是非常注重团队配合的，在五对五的战队里，缺一个人怎么办呢？直接邀请微信好友或者是QQ好友参加即可，很多玩家有这样的经验，那些很多年没有说过话的好友就是因为要一起玩王者荣耀，才重新有了联系。

由此可见，社会联系和人际互动是游戏设计中必不可少的要素。那么，"三招九式玩转学习型社群"的课程是如何让学员组成"战队"的呢？

这门课程开始时，我会先讲解社群联盟的概念和趋势，让大家意识到：

社群运营的未来不是一个一个社群单独的存在，因为单个社群的力量是有限的，其发展到一定阶段，可能就会出现瓶颈。突破瓶颈就需要社群和社群之间共享价值、共享渠道、共享资源，这种形式就是社群联盟。在我们做社群的过程中，只有大家形成社群联盟，才会放大我们的势能，才能做成单一的社群做不了的事情。

接下来，我会通过一个"小帐篷"的游戏，让大家做自我介绍，要求每个人在"小帐篷"上面写出自己的姓名、兴趣爱好、目前运营的社群、社群用户数。在每位学员介绍了自己运营的社群之后，所有学员要在课堂现场自由寻找"合作伙伴"，找到能和自己进行社群联盟的另外4个社群群主，组成一个5人小团队。然后以小组为单位，用"社群创建评估表"来"创建"一个全新的社群，组内的人都是这个社群的运营者。

整个课程中，小组成员要和团队成员一起协作，围绕他们共同创建的"新社群"进行社群运营、社群管理、社群推广，这样各小组成员之间有充分的交流、探讨、碰撞，他们会在课程学习的过程中，模拟真实环境，规划这个"新社群"的运营发展，分析这个"新社群"的用户画像，策划这个"新社群"的活动方式，设计这个"新社群"的商业模式。所以，当课程结束之后，很多小组团队就真的形成了一个现实中的"社群联盟"。

这里面的"社会联系"和"人际互动"，跟我们前面提到的"社交化学习"其实是一脉相承的。

设计思路5：对事情赋予更大的意义。

意义是我们每个人都渴望得到的东西，我们都希望在工作中、生活中体现出自己的价值，我们都希望在自己所属的圈子里面受到尊敬和喜欢，而我们在游戏中也会有这样的心理诉求。你会发现，很多游戏的情节被赋予了意义，比如三国杀。三国杀的游戏背景就是三国时期，游戏玩家在这个背景下共同努力或者组队战斗，很多人会置身于这个环境中，通过彼此间的相互配合来达成目标，任何一个人在每一轮的反应都会对这个游戏的其他玩家产生影响，换句话说，每个人的个体行为都影响着这个游戏的最终结果。这样一来，游戏就会让你拥有更大的刺激感和心理成就感，让你觉得自己可以创造奇迹或者颠覆局势。

那么"三招九式玩转学习型社群"的课程又被赋予了哪些更大的意义呢？

"三招九式玩转学习型社群"课程在连续三期结束之后，会组织三期的学员共同做一场"社群运营同城交流会"。在这场交流会上，每位学员都要分享自己的社群运营经验，每位学员选择社群运营中的一个点来分享，分享时间为30分钟，所有人的分享话题没有重复。

这场"社群运营同城交流会"有"一箭三雕"的作用：

第一，对于社群运营行业的人来说，在一天的交流会当中，他们能够学习到12个不同社群的运营模式和创新实践，可谓集众人之所思，博众人之所长，定能满载而归。

第二，对于希望加入社群的朋友来说，通过参加这场交流会，他们能够根据自己的兴趣参与到不同主题的社群里面，丰富自己的生命体验。

第三，对于这些学员来说，他们运营的社群本身也需要宣传，正好借此机会，让更多人知道和了解自己的社群，为自己的社群树立品牌。

这样课程不就具备了更大的意义吗？

"三招九式玩转学习型社群"这个课程，由于应用了"学习游戏化"的设计思路，所以自开课以来，在学员中有口皆碑。

刚才我们分享的5点：有趣的挑战和障碍、明确的目标和可操作性步骤、即时反馈、更强的社会联系和人际互动、对事情赋予更大的意义就是"学习游戏化"的设计思路，采用这样的策略来设计课程，学员学习起来会觉得津津有味，知识的理解和吸收效果都很好，从而更加突显课程的学习价值。

6.2.3 促进学习转化

培训的目的是解决学员的问题。那么，解决问题的第一步是什么？是找到问题的根源，这就像医生要找到病因才能对症下药一样。

同样，我们要解决培训效果转化难的问题，也要先找出导致培训转化失败的因素，然后根据各方面的因素提出有针对性的解决方案，才能在推动培训转化的过程中规避不利因素，促进效果转化。

在学习项目中，影响学习效果转化的因素往往有5个方面：教学策略的因素、参训学员的因素、流程设计的因素、运营管理上的因素、环境的因素。

作为培训师，我们能够控制和改变的因素只有"教学策略"和"流程设计"，所以我们仅从这两个角度来分享如何促进学习转化。

1. 教学策略

从教学策略的维度来促进学习转化，我们可以从5个方面入手：
- 唤起痛点——设计出让学员期待的课程。
- 激发动机——让学员对课程内容产生强烈的学习动机。
- 引导参与——让学员在学习过程中带着目标去学习。
- 关联经验——让学员能够把学习目标和实际工作相关联。
- 畅想未来——让学员相信通过课程的学习，能够改善行为。

1) 唤起痛点

培训师首先要把课程方面的痛点和难点罗列出来，告诉目标学员课程将如何帮助他们解决问题，令他们产生期待，然后按照解决问题的结构化思路(如问题陈述—原因分析—解决方案)来实施课程。

例如，有些老师讲管理类的课程会这样开场：

各位，你们有遇到过下属提交的任务成果时好时坏的情况吗？

遇到过一件事情说了N遍，下属依然不知道怎么处理的情况吗？

遇到过好不容易培养出一个下属，他却要离职的情况吗？

遇到过和下属之间产生巨大分歧的情况吗？

今天的课程就是来帮助你们解决这些问题的，学习了今天的课程之后，你们就能激发团队成员的主观能动性，让他们冲锋陷阵，并且跟下属之间建立起合作共赢的关系，让你的团队成为一个无坚不摧的卓越团队！

目标学员并不是没有痛点，而是他可能没有意识到自己的痛点。这就需要你打破他的舒适区，让他感受到现实与梦想之间的差距，从而唤起他的痛点。归根结底就是要打破他原先对于现状的认知。

2) 激发动机

在讲授知识之前，培训师要创造机会，让学员意识到即将开始的课程对他们来说有什么用，为什么学习这些内容很重要，让学员自己讨论出学习本期课程的理由和意义，激发出学员的学习动机，促进训后转化。

例如，某"克服拖延症"的课程开场时，培训师带着学员做了一个学习活动：

第一步，拿出一摞摄影图片，请每位学员从中选一张最能代表"拖延症"的图片(有些人选闹钟，有些人选床，有些人选看起来比较焦虑的人脸图像，有些人选太阳等)。

第二步，让现场每一位学员借助这张图片和组内的其他人讨论、分享，说说自己为什么选这张图片，为什么觉得这张图片能代表拖延症，拖延症给自己带来了哪些困扰。

第三步，各组整合想法之后，每组选出一位代表来分享他们这一组对于"拖延症"的看法，以及克服拖延症的必要性。

这种方式能够加深学员对拖延症的认知，意识到拖延症会带来的"危害"和"损失"，从"损失规避"的心理学角度来讲，学员会在这个活动之后产生想要改善的愿望，并对培训师接下来要讲的内容产生兴趣。

3) 引导参与

在授课过程中，培训师要给学员提供一条有挑战性又有趣的路径来学习知识，借力群体动力，推动群体对话，让学员体验这个探索过程并达成目标。如果有机会，我们还可以给学员设置进度条，让他们真切看到现阶段的进度。

依然以"克服拖延症"的课程为例。

第一步，培训师提出一个有挑战性的议题——各位，如果现在，你们要成立一个"战拖俱乐部"，目的是帮助更多的人战胜拖延症，那么，你们会如何着手？

第二步，请各小组以团队的方式来讨论、探索、规划、布局，并在大白纸上绘制出简单的思维导图，来记录每个人的想法。

第三步，各小组分享自己绘制出来的思维导图。

第四步，各组分享结束后，培训师告诉大家，我们一边学习这个课程，一边继续完善我们刚刚画出来的思维导图，看看最终这个"战拖俱乐部"会演化成什么样子。

第五步，培训师开始讲"克服拖延症"的课程，学员在学习过程中继续完善"战拖俱乐部"，让这个思维导图变得愈加丰富。

第六步，课程完成后，请每个小组一起来展示最后的思维导图。

这种引导参与的方式为什么能够促进学习转化？

因为，培训师通过这种方式，在课程开始就给学员设定了目标，整个学习过程学员都是围绕着这个目标进行的。另外，"战拖俱乐部"的不断完善，也会给大家带来成就感。当一个人在一件事情中体验到成就感时，他就会想把这件事情做得更好，所以学员会在学习过程中不断补充和完善思维导图，这样一来，被动学习就变成了主动学习，学员会自觉思考克服拖延症的方法。

4) 关联经验

在培训中，培训师要善于利用学员的真实问题和当前任务，将学员面临的难题和困扰直接呈现，从而引发学员直面这些难题，进而激发学员群策群力，集体探讨问题的解决思路。一个好的培训师总是想办法"揭露"学员的问题，并依据解决问题的需要来安排课程内容。

每个人都是带着自己过去的经验来培训的，所以课程设置考虑学员的经验背景越多，学习效率就越高，训后的运用效果也就越好。

举个例子，我有一门课程是"DISC高效管理"，课程目标是帮助管理者实现因人而异的管理，即根据下属的不同行为风格，采用不同的策略来管理下属、激励下属、给予反馈、分配工作，全方位提高下属的工作绩效。课程中有一个环节"如何管理DISC 4种不同风格的下属"。在这个环节之前，我已经讲了"DISC 4种风格的特点"以及"如何识别DISC 4种风格"。

在"如何管理DISC 4种不同风格的下属"这个环节，我首先会让学员根据前面所讲的内容回忆一下，他们的下属都是什么风格的人，他们以前是如何领导这4种类型的员工的，即分享管理不同类型员工的经验和难点。然后以小组为单位，学员根据自己的经验总结出管理四类员工的共同策略和困惑。

学员讨论结束之后，我再抛出针对这4种类型员工的管理策略，他们就会觉得特别受用。

当然，有时候，我也会在学员分享管理不同类型员工的经验和困惑之后，采用引导技术或促动技术的方式，和学员一起建构出针对不同类型员工的管理方法和技巧。

如果你经常与学员一起建构，一起尝试，你会发现学员的学习体验越来越好，而且你也会更清楚学员的问题在哪些方面，从而有针对性地实施课程，并在实施过程中修复学员问题。

5) 畅想未来

在培训过程中，培训师要创造条件，让学员看到或者体验到自己学习课程之后的变化和成长，意识到学以致用的重要性和必要性。

继续以"克服拖延症"的课程为例(该课程是以商业公开课的形式开展的，吸引来上课的学员都是深受拖延症困扰的人群)。

第一步，让每位学员写下一个有关自己拖延的小故事。

第二步，让每位学员想象自己已经克服了拖延症，写出一个自己治愈拖延症以后的新故事。

第三步，让每位学员在课堂现场找到不相邻座位的3个人，和他分享你的拖延症被"治愈"后的那个故事。

这个方法为什么有效？

因为当学员写下有关自己拖延的故事时，情绪是比较沮丧的，接下来就会倾向于对比之前的故事来写下一个故事，这样就会把拖延症治愈以后的故事写得特别美好。而当他把自己所向往的这个故事给同伴讲了3遍之后，想要戒掉拖延症的欲望就更加强烈了，所以学员把课堂所学内容都用于实际生活中的可能性就大大增加了。更重要的是，生动有趣的故事让记忆具有黏性，能够加深学员对课程的印象，促进行动。

归纳一下，促进学习转化的教学策略叫做"五维度激发"。我们可以从5个维度设计教学方式，让学员产生转化的意识和动力，这5个维度分别是**唤起痛点、激发动机、引导参与、关联经验、畅想未来**(见图6-11)。无论对于哪种类型的学习者，这5个方法都会起到一定的效果。

图6-11　五维度激发

2. 流程设计

接下来，我们说说怎么样从流程设计的角度来促进学习转化。

如果课程的流程设计出现了问题，也会影响学习效果的转化，下列五项有问题的情况中，其中有一个内容不是流程设计中的因素，请问是哪一个因素？

☐ 没有训后考核
☐ 没有复盘环节
☐ 缺乏评估标准
☐ 缺乏训后跟进
☐ 缺乏转化工具

我们依次分析这5个因素，看看答案是哪个。

训后考核是帮助学员强化记忆的一道程序。训后考核能够让学员重温课堂内容，深入思考培训中学到的知识，应用认知学习法中的"必要难度"和"测试效应"，能有效促进训后学习转化。所以，训后考核属于流程设计的因素。

复盘环节能够帮助学员以一种全新的方式回顾和巩固所学内容，在复盘的过程中，往往会联想多个应用知识的场景，这样可以帮助学员在原有课堂知识的基础上触类旁通，也有利于学员举一反三，灵活应用所学内容。所以，复盘环节属于流程设计的因素。

评估标准是管理上的因素。企业内训的评估标准通常由培训管理者和参训员工的直线经理共同拟定。这套评价体系按照柯氏四级培训评估来设计，包括反应评估(评估被培训者的满意程度)、学习评估(测定被培训者的学习获得程度)、行为评估(考查被培训者的知识运用程度)、成果评估(计算培训创出的经济效益)这四项指标。所以，评估标准不属于流程设计的因素。

训后跟进是必不可少的一道流程，如果没有训后跟进，你怎么知道培训以后学员有没有在实际中应用培训所学？运用了多少培训内容？运用的频率怎么样？用得好不好？运用中出现了什么问题？出现问题以后是否有反馈？如果培训的内容和学员的工作非常相关，运用培训所学内容能够快速提升学员的绩效水平，那么，学员在培训后的学以致用是非常必要的，因此培训后，一定要定期跟进学员的应用情况。所以，训后跟进属于流程设计的因素。

在重要的培训效果转化阶段提供有效的**转化工具**能够促进学员的行为改善。什么是有效的转化工具呢？即帮助参训学员回忆和实操的工具，它往往是一个能够提供信息、流程、思路、方法的行动指南，专门用于支持培训效果转化。所以，转化工具属于流程设计的因素。

所以，流程方面的因素包含**训后考核**、**复盘环节**、**训后跟进**、**转化工具**。刚才你答对了吗？下面我们详细说明一下这4个因素是如何促进学习转化的。

1) 训后考核

训后考核的方式很多，包括训后考试、训后作业、提问检查、实际操作、情景模拟等。这些方式都能强化记忆、促进学习。还有一种能够高效促进培训转化，但很容易被忽视的方法，这便是"同伴互助"。曾经担任通用电气培训总监的琳达·夏基在实施培训项目的过程中，注意到了同伴互助的力量，她说："当他们分享彼此所学，分享如何运用培训知识的时候，通常能发现三个特点。第一，当他们听到同伴讨论相关知识时，就能立刻复习这些知识；第二，当他们有问题的时候，能够通过讨论的方式解决问题；第三，当他们从彼此那里得到改善建议时，他们可以相互促进共同提高。"

同伴互助的方式也不少，包括训后的内部分享、班级群互助分享、社交化的训后回顾等。

(1) 内部分享的好处是能够在更大范围内传播培训内容，更重要的是，当学员在向他人分享所学知识的时候，能够进一步巩固所学内容。

(2) 班级群互助分享能够创造一种友好的环境和氛围，谁有问题在群里一问，就可以带动更多人参与讨论，最终得出结论。在这样的环境下，学员能够互相支持。

(3) 社交化的训后回顾有两点好处：一是通过重复思考和分享交流，学员能够深刻理解培训内容；二是能够营造良好的学习和应用的氛围。这里给大家分享三种训后回顾的方法。

第一个方法是学员之间分享训后行动计划，并在培训现场做出公众承诺：如果没有做到预期目标，甘愿接受惩罚。这样有利于员工更有动力达成目标、实现转化。

第二种方法是两个人一组，分别选一个自己印象深刻的知识点，把自己当作老师，把对方当作学员，结合一个案例把这个知识点分享给对方，或者给对方一些建议，告诉对方怎样在工作中运用这个知识点。

第三种方法是情景模拟，让学员扮演不同角色，演绎出在未来工作中如何运用培训所学。这个环节也可以分组进行，一组扮演完毕，其他组的成员可以给予反馈和点评。这样一方面可以营造竞争的氛围，让学员学习起来更加有趣；另一方面也能确保学员在以后工作中主动联想到这套方法，自然而然地去运用。

2) 复盘环节

复盘环节就是在培训结束后组织的一个复盘会。在这场会议中，学员们会重新聚在一起，首先以结构化的方式整体回顾一遍课堂所学知识，然后每个人分享一些自己运用过程中的经验，提出自己运用知识过程中遇到的阻碍和难题，并且群策群力，找到解决问题的方案。在这个过程中，他们共同分享取得的进步、遇到的困难，以及克服困难过程中获得的体验，于是，他们会发现自己并不孤单，还能体会到成长和进步。学员在训后与其他人谈论某件事，还能够帮助学员增强对知识的理解度、洞察知识和知识之间的关联度，并会积极思考如何在实践中运用知识。所以，复盘也是促进学习效果转化的有力措施。

3) 训后跟进

训后跟进是训后强化措施，包括以下几种做法。

(1) 要求学员写培训心得体会，并且评选出心得体会写得最佳的学员，提供机会让这些学员来分享他们培训中的收获，这样既可以帮助其他学员巩固知识，又可以树立标杆。

(2) 开展和培训主题相关的知识竞赛，竞赛的获胜者被授予"最佳学员"的称号。通过竞赛，学员巩固了所学知识，也收获了荣誉感。

(3) 要求学员在训后一个月之内，每周定期提交阶段性报告(培训师提供相应的模板)，在报告中，学员需要总结经验：运用了哪些知识点，在什么场景下运用的，运用之后有些什么样的体会……同时，汇报他们的训后行动计划的完成进度，这种方式能够加强学员学以致用的主动性。

4) 转化工具

根据多年的培训经验，我们发现，很多时候，学员在培训课堂上的模拟演练好像知道了以后工作中应该怎么做，但是当他们离开课堂返回工作岗位时，很容易忘记培训中的执行要求，而"转化工具"恰好能解决这个问题。

电话营销的话术清单就是一个"转化工具"。话术中罗列出客户可能提出的所有问题和标准答案。新人刚开始打电话的时候，可以把这份话术清单打印出来作为参考，一边看着话术清单，一边跟客户沟通。当新人不知道或无法回答客户问题时，就可以按照话术清单的索引找到答案，然后依照话术清单来回应客户，让客户觉得这个电话营销人员非常专业，值得信任。这种做法重复到一定次数之后，新人不看话术清单，也能流利自如地和客户畅谈。

而在培训中，如果我们能够把做一件事情的步骤、流程、方法制作成转化工具，引导学员有意识地转变原来的工作方式，那么，当人们把这种新的工作流程或做事方法持续实行一段时间以后，这种行为也会变成习惯。比如，一些流程步骤、检查清单、工作注意事项、墙贴海报等都可以作为有用的"转化工具"来支持学员改进行为。

"转化工具"主要是帮助学员依照新学到的步骤和方法来执行工作任务。转化工具一定要做得足够简单，很容易找到答案，且与工作相关，更重要的是，转化工具要有具体的执行步骤，以方便学员实操。比如，我们以前给学员使用过的写有步骤或方法的卡片、帮助员工反思工作的问题清单、带有注意事项的A4纸、视觉冲击感强烈的海报等，这些转化工具方便学员携带，能够随时随地拿出来使用，所以可以帮助学员在训后快速实现行为转化。

总结一下，**为了促进学员的学习转化，我们可以从4个维度来设计流程，通过多方的助力，让学员持续在工作中改善行为，发生变化。这4个维度分别是训后考核、复盘环节、训后跟进、转化工具**(见图6-12)。无论对于哪种类型的课程，这4种促进转化的方式都可以设计在学习项目中。

图6-12 促进学习转化的4个维度

6.3 如何进行课程的品牌运营？

6.3.1 成功案例，彰显课程价值

很多知识付费行业的从业者不太注重推广成功案例，引用学员的正面评价。其实，如果我们把学员学习的相关数据、学员的反馈评价、学员训后转化案例，做适当收集、总结、整理，然后作为重点放在课程文案、短视频、海报图片的宣传界面，会取得意想不到的效果。特别是对于第一次接触你课程的人，在完全不了解课程讲师的情况下，课程往期学员为你的证言，往往可以带来权威度和信任感。

课程的成功案例就是你最好的背书，也能巧妙地彰显课程价值。所谓头衔再多，都抵不过你为学员创造过的真实价值。

课程运营中的"成功案例展示"环节，我们可以采用"三生三式法"来彰显课程价值。三生，即学员学习数据、学员评价、学员学习成果这三种不同内容的案例。三式，即课程文案、短视频、海报图片这三种不同呈现方式的案例。

1. 从成功案例展示内容入手

第一种，数据型案例。

说到香飘飘奶茶，很多人都对它"一年卖出3亿杯，杯子连起来可绕地球一圈"的广告语印象深刻。2009年，香飘飘首次打出"一年卖出3亿杯，杯子连起来可绕地球一圈"的广告语。此后，随着香飘飘业绩的增长，奶茶杯绕地球的圈数也一年一年增加。2010年，香飘飘卖出了7亿杯，可绕地球两圈；2011年，这一数字增长到10亿杯，可绕地球3圈。

——这就是典型的数据型成功案例。

那么，与培训课程相关的数据型案例又体现在哪些方面呢？与课程相关的数据包括课程总时长、开班次数、每班人数、年度授课总时数、学员总人数、年度培训人数、完成学习转化的人数、学习转化率等，这些数据就属于培训中的数据型案例。

例如，你想学习"商务演讲与沟通之魅力呈现""提升工作效率的时间管理技巧"这两门课程(假设两门课程在你心目中的学习价值相同)，但由于时间和经费的限制，你只能先选择其中一门课来学，在了解了两门课的数据对比(见表6-6)后，你会选择哪一门课呢？

表6-6　两门课程的数据对比

课程名称	开班次数	每班人数	年度培训总人数	课程总时长/小时	年度授课总时数	完成学习转化的人数	学习转化率
商务演讲与沟通之魅力呈现	18	20	360	6	108	316	87.78%
提升工作效率的时间管理技巧	12	20	240	8	96	199	82.92%

假设这两门课程对你来说，重要程度是相同的，那么，我相信大部分人看了上表的数据之后，都会优先选择"商务演讲与沟通之魅力呈现"这门课程来学习。原因很简单，这门课程学员人数更多、开班次数更多、学习转化率更高。

但也许有人会说，"提升工作效率的时间管理技巧"这门课的课程时长为8小时，而"商务演讲与沟通之魅力呈现"这门课程的课时只有6小时，同样是一天的课程，一个课程学习时间为8小时，一个课程学习时间为6小时，为什么不选课时多的呢？

这就是一个典型的价值判断误区。一个课程的授课时间越长，就说明这个课程越有价值吗？

我们拿一个技能类的课程来举例，比如，两位不同的老师都来讲授PPT课程，A老师授课的课时是1天，B老师授课的课时是2天。假设学员不管跟着哪位老师学习，学完之后都能以同样的效率，做出质量不相上下的PPT，那么你更愿意跟着A老师学习还是B老师学习呢？我想，大多数人会选择A老师，原因很简单，A老师能用更短的时间教会你PPT，一方面说明他的教学实力更强，另一方面说明跟着他学习，你能节省一天时间。所以，课程并非授课时间越长越好。

第二种，评价型案例。

很多培训课程的宣传都会用以前学习过这门课程的学员评价来"彰显课程价值"，这就是评价型案例。

很多广告，除了大量展现产品事实，还会采用"用户证言"的方式来影响其他潜在用户。毕竟，金杯银杯不如老百姓的口碑。

美国权威研究消费者行为的领域，将影响消费者消费决策的力量分成三个部分：

- 来自消费者过去的经验对决策的影响力量；
- 来源于品牌自己的实力力量；
- 来自于第三方的力量。

而这个第三方力量，除了包括技术支持、媒体背书、专家站台、权威见证，还包括客户证言。

在生活中，很多人会根据豆瓣的评分决定是否去看某场电影；很多人容易被微博里的水军带偏节奏而影响对事情本身的判断；很多人会因为卖家秀而种草或者拔草……由此可见"从众心理"对人们的影响非常巨大。所以，当你想要改变一个人的时候，除了把精力放到他本身或产品本身之外，还可以选择把方向放在影响他决策的群体上，收集相应客户的证言。收集客户证言其实不难，重要的是，挑选的证言必须要集中反映用户的核心需求。

比如我在新世相公众号上看到过一个名叫"100天进步计划"的活动，在它的活动报名页面就用到了"学员反馈"。这里设置的用户证言都是从多个角度来描述的，正好对应了不同潜在用户的不同需求点，清晰直观。仔细观察发现，这些学员反馈时所说的话都是新用户关注的点，内容很有针对性，从老学员证言里面提炼出来的评价比自卖自夸要好太多。

老学员对你家产品的信任会带来新用户对你家产品的信任，这在营销学上称为"信任转嫁"。而表达这种信任的工具就是学员"评价"，所以我们要在每次课程中或者课程结束后，有意识地收集学员的反馈和评价。

第三种，学习成果型案例。

学员在课堂上完成的一切作业，创作的一切图像，做出的一切造型，写出的课后培训感悟都属于学习成果，这些学习成果都可以作为案例展示。

拿"卓有成效的团队建设"这门课程来举例，学员在参加课程的过程中，通过一系列学习活动的体验和参与，会和团队协作输出"DISC沟通矩阵图""同理心视觉海报""创建信任的方法清单""团队目标建设的流程图"这4项学习成果。

但很多人并不知道，像"团队建设"这样的课程也能产出这些实实在在的、能显示学习进度的、看得见摸得着的学习成果。而如果你能够把过往学员做出来的这些成果展示在课程介绍页面中，或者在进行培训项目路演时，在幻灯片上展示出这些学习成果，就能让他人看到你这个课程的独特之处，并且相信你的课程不仅内容有干货，还能促进学员的行为改善。

同时，这样的学习成果型案例，也是在"不露锋芒"地告诉学员或课程采购方，在学习过程中学员可以通过实践演练的方式检验自己对相关知识是否真正学会了、会用了、掌握了，是否能运用学到的知识来解决实际问题。因为每个阶段都有学习成果产出，所以学员也可以在课堂上，看到自己的点滴进步和蜕变过程。

2. 从成功案例的呈现方式入手

方式一：课程文案。

用课程文案来展示学员成功案例时，需要注意以下三点。

(1) 在课程文案中，适当展示学员的评论或者评论的组合图，并在截图上适当划重点，引发潜在学员关注，这些学员反馈会给读者带来很大的信心，认为"他们都能做到，我也能做到"。

(2) 在课程文案中，可以讲打动人心的故事。比如学员的拖延症是如何被治好的故事，学员如何通过健身实现逆袭的故事，学员如何在学习之后采用全新的方式赚到第一桶金的故事。在故事的情境下，用户会不自觉地带入，想象自己就是这样一个学员，感受到故事中学员的那种喜悦，进而认可培训师，认可课程。

(3) 在课程文案中，可以把优秀的学员作业展示出来，甚至把作业批改的思路写出来，降低思考阅读门槛，让用户更容易捕捉课程价值。

方式二：短视频。

短视频展示学员成功案例的内容有5种。

第1种是场景型内容。比如拍摄一些学员在课堂上做各种学习活动的场景，展示出课程形式很丰富；再比如舞蹈课程，我们可以剪辑两个学员斗舞的片段；又比如宣传小班教学时，我们可以先拍摄一个学员在多人课堂中不受关注的镜头，再拍摄一个小班课堂中学员时时被关注的镜头。

第2种是预告型内容。这类短视频通常是截取课程的开场白，或者是课程中老师的总结性话语，或者是少量有趣的课程PPT页面，适当激发潜在学员的学习兴趣。

第3种是趣味型内容。学习这件事情本身的基调太过严肃，容易让人望而生畏，如果能用有趣的内容做中和，效果就会好很多。比如，很多英语培训老师把国外旅游现场的情景做成短视频，让学员既能看到风景，又能感受与外国人的地道对话，有趣又有料。

第4种是悬念型内容。视频中剪辑出学员在课堂上进行学习成果制作的画面，以及学员展示成果的画面，让观看视频的人看到精湛完善的学员学习成果，但不说是如何做到的，留下悬念，引导学员关注。

第5种是专业型内容。专业型内容一般会选择老师讲得比较精彩的知识点录制成短视频，配上音乐。因为选择的都是通俗易懂的内容，对潜在学员来说没有学习门槛，学员可以初步感知培训师的授课风格。

方式三：海报图片。

用海报图片展示和传播学员成功案例有三大优势。

第一，相对于文案，海报图片在朋友圈的展示尺寸更大，更容易被注意到。

第二，图文链接和短视频信息都需要点开才能获取，而图片信息一目了然，简化了操作步骤，更容易被获取。

第三，海报图片中可以嵌入二维码，用户只需长按就可以扫码了解更多详细信息，快捷方便。

不过，做"学员成功案例"的海报图片之前，你需要考虑以下三个问题：

(1) 我最想让学员看到什么样的案例？(图片展示案例的空间有限)

(2) 如何让案例以视觉化的方式呈现？

(3) 学员看到海报后，如何引导转化？

——这是做成功案例的海报图片之前，我们需要回答的三个问题。

最后概括一下，学员成功案例的展示，一方面能向其他学员彰显课程价值，另一方面有助于课程口碑的营造和传播。展示成功案例需要用到"三生三式"的策略，如图6-13所示。

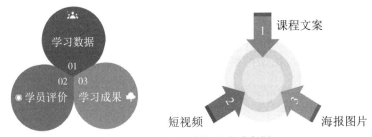

图6-13 三生三式展示成功案例

三生，即学习数据、学员评价、学习成果这三种不同内容的案例，三生涵盖了学员成功案例的素材类型；三式，即课程文案、短视频、海报图片三种不同呈现方式的案例，三式是学员成功案例展示和传播的方式。

6.3.2 品牌塑造，强化课程印象

想要打造自己的课程品牌，要从以下7个维度进行自我对话。

第1问：你在自己所开发课程的领域，足够专业吗？

第2问：作为培训师，你的标签是什么？你的标签和用户选课之间有什么联系？

第3问：你是否了解自己的受众群体？他们的需求是什么？

第4问：你可以通过哪些渠道进行授课和分享？

第5问：除了课程之外，你还可以给你的受众群体提供什么？

第6问：与同类课程、书籍相比，你的课程最大的优势或亮点是什么？

第7问：如何撰写讲师介绍(自我包装)才能提升自己的专业性和身价？

下面我们就从这7个维度来谈一谈如何塑造课程品牌,强化课程在受众心目中的地位。

1. 专业度评估

第1问:你在自己所开发课程的领域,足够专业吗?

为什么要谈专业?对于培训师来说,专业意味着什么?

第一,专业不代表是专家,不代表你在这个领域是百科全书。但是,当你在某一个领域被贴上"专业"标签的时候,说明大部分人认为,你在这个领域比一般人做得好,比一般人有见地。

企业在寻找授课老师的时候,通常会联络培训机构,如果企业跟培训机构说,我想要一个这方面专业的培训师。那么,假如你身上有某方面"专业"的标签,该机构就很可能会立刻想到你,向企业推荐你,由此增加你被课程采购方认识的机会。

第二,你的客户或者用户提到你的时候,用"专业"这个词来形容你、评价你,说明他们认为你的课程中所讲的内容是有价值的,至少他们是认可你所讲的内容的,这意味着,你已经得到了客户或者用户的基本信任。

第三,课程采购方在采购某个课程时,通常把几位能讲同一门课程的老师拿来对比,如果其中一位老师相比其他老师显得更专业,那么被选择的概率就更大。

课程采购方采购一门课程的基本逻辑是认识—认可—认购。对于培训师来说,要先被对方认识,然后争取对方的认可,最后才有机会被认购课程。

在培训这个领域,越专业越容易被认识和认可,自然,被认购的机会也就更大。专业对于培训师来说,意味着更多的机会、更多的推荐、更多的信任、更多的资源。那么,如何判断自己在一个领域是不是专业?我们可以从以下4个方面来判断。

第一,自己在这方面比别人做得更好、做得更快、更能解决问题。

第二,自己在这方面有扎实的知识储备和经验积累,比如阅读过30本以上的相关书籍,在这个领域工作过8年以上,且有好的经验沉淀。

第三,别人经常向你请教这方面的问题,而你每次都能给出让别人满意的答案。

第四,你围绕这个主题做过一些线上微课分享或者线下沙龙活动,听过你分享的人都表示受益匪浅。

所以,在决定开发某个课程之前,我们首先要确定自己的专业领域。我们主要从三个维度来确定你的专业领域。

第一,你在这个领域已经积累了大量的经验。如果你讲营销类的课程,就应该对营销方面的知识有深入的了解和掌握;如果你讲人力资源的课程,就应该对人力资源的各个体系和模块有深入的学习和了解;如果你专注于银行系统的培训,就应该对银行的各个岗位相关的知识有深入的储备。其他课程也是这样。

第二，要确定这项专业对你的目标学员来说，学了之后有用武之地。

第三，要确定你在这个领域，有一些独到的经验和见解，而这些独到的经验和见解，能让你在这个领域的某一方面比其他人做得更好。

作为培训师，你要关注哪些方面，才能够提升自己在他人眼中的专业度呢？

第一，有无扎实的专业理论知识是影响一个培训师在这个领域能否走远的重要因素。如果你没有相应的理论基础，只是在课程中玩一些花哨的东西，靠一些简单的技巧，就算能在短时间内获得部分人的好感，也未必能获得学员真正的认同，而通过"化书成课"的方式，你可以全方位提升课程的专业性、系统性、权威性。

第二，你的现任职位或者历任职位是否能证明你在这个领域的专业度。

第三，你在这个领域有相关的专业认证。比如你是美国 ACI 注册国际高级职业培训师、中国培训发展研究中心认证高级培训师、IAF 国际认证引导师、ICF 国际认证企业教练等。如果现在你还没有这方面的证书的话，你可以尝试去考取一些这样的专业证书。

第四，获奖荣誉可以在某种程度上证明你的专业度。比如，你参加过业内知名的比赛并获奖，或者你担任过行业知名赛事的导师/评委。

总之，要兼顾理论和实践两个方面。一个培训师只有做到既能将理论运用到实际，又能从理论上说明实践经验，才称得上专业。理论可以通过阅读专业书籍等形式自学，实践经验只能通过实际业务积累。培训师的专业体现在哪里？体现在你的举手投足之间，体现在你说出的每一句话当中，体现在你对每一个现象的分析之中，体现在你对形势的判断中，体现在学员对你的评价中。

2.品牌标签

第2问：你的标签是什么？他人对你的印象是否与你的课程有一定的关联？

在培训学习的世界里，其实不存在所谓"最好的课程"，学员选择课程产品时，他只看你的课程是不是他们"印象"中的课程，是不是学员当前认为"最适合"的课程，这就要求一个培训师的品牌标签足够明确。

不管你讲什么课程，只要你的标签足够明确，让学员记得住，能在用户的心智中建立对某一类课程的认知，未来你就有很多授课机会。那么，如何在学员的心智中建立起这种认知呢？

答案是瞄准恰当的学员群体，寻找到达他们心智的有效途径，反复对他们表达你的课程品牌定位，让他们在想学习这方面的知识时，就能想起你，想起你的课程。

这就是认知建设的过程，也就是对他人宣传正向的、符合定位的、有目的性的品牌认知，进而加深学员对你或者对你的课程的印象。需要注意的是，在这个过程中，你的表达和宣传要恰到好处，切中要害，不要引起学员的反感。

那么，大家可以想一想，你的标签是什么？别人对你这个人的品牌认知是什么？你所讲授的课程与你在别人心目中的印象一致吗？

比如段烨老师的标签是课程开发专家，所以他的授课方向主要是课程开发、学习项目设计领域；比如易虹老师的标签是绩效改进专家，所以她的授课方向主要是绩效改进领域；比如古典老师的标签是职业生涯规划，所以他主要讲这方面的课，做这方面的分享，写这方面的文章，得到App"超级个体"的专栏也是基于职业生涯的探索。

这就是个人品牌标签和课程定位的匹配。那么，怎样定位自己的标签呢？你需要问自己4个问题：

- 第1个问题：目前这个阶段你的授课目标是什么？
- 第2个问题：为了实现这个目标，你需要在学员心目中打造怎么样的心智认知？
- 第3个问题：你凭什么占据这个心智认知？
- 第4个问题：你拥有的内容支撑点有哪些？

这样思考下来，你在课程品牌塑造方面的思路就会越来越清晰，课程方向就会越来越明确，接下来应该采取什么样的行动，应该链接什么样的资源，应该开发什么样的课程，也就逐渐浮出水面了。

3. 学员需求分析

第3问：你是否了解自己的受众群体？他们的需求是什么？

举一个例子。一个新开张的钢琴培训机构对外宣传方案始终确定不下来。大家都知道，弹钢琴能提升个人修养，能给生活带来乐趣，这都是满足了人们想要自我实现、获得尊重、获得爱的内心需求，但基本上所有的琴行都是这么宣传的，说法大同小异，因此宣传效果一般。这时，老板突发灵感，想了一个全新的宣传语："学钢琴的孩子都不会学坏。"这个宣传语一下子击中了家长的安全需求，该钢琴培训机构立马生意火爆，迅速抢占了当地市场。

这个案例中的琴行老板另辟蹊径，找到了用户的潜在需求，并且用宣传语作为标签，迅速占领了用户的心智模式。

所以，要想让学员认可你的课程，你就一定要设法了解你的学员群体，理解他们的需求和痛点。了解学员是怎样的一群人，他们有着什么样的自我定位，对学习的需求有多迫切，他们学习课程的出发点是什么；了解他们在什么情况下想要学习你的课程，他们在哪些场景下需要用到课程中的知识点。

了解了这些之后，在开发课程之前，你还要问问自己，你教的内容有多少是适应学员需求的？有多少是能够解决学员问题的？有多少是学员用得上的？有多少是对学员实际工作有帮助的？

在一些商业演讲中，我们不难见到这样的开场：

"这是最好的洗碗机，我们用了最好的灭菌技术，产品外观设计也获得了欧洲的设计大奖。"

这些内容也许都是真实的、先进的，但这些内容与用户的切实需求又有什么关系呢？

再看另外一种商业演讲，是用提问开场的：

"大家好，我想问一下现场的观众，你们多少人是用洗碗机洗碗的，可以举手示意我吗？

谢谢大家。我不知道你们会不会和我之前一样，有这样的困扰，那就是用洗碗机洗出来的碗真的干净吗？有这样疑问的小伙伴也举手让我看看。

啊，也不少，看来我们都有同样的担心，如果你听完我接下来几分钟的介绍，这些问题也许都会迎刃而解。下面，我将向你演示这款具有卓越杀菌功能的、外观设计惊艳的新型洗碗机。"

这是第二种方式。演说者试图与你的需求建立连接，他在试图理解、探问你的需求，他希望自己讲述的内容与你发生关联。这里需要注意的是，我并不是说所有的演讲都需要用提问的方式来开场。

通过对比，你能明显感觉到"在意学员的需求"的重要性。培训师要明确，学员就是你的用户，了解学员的真实想法就是了解用户的真实想法。你可以在训前或训中主动和学员交流，如果有学员愿意说出他们的期待，请仔细聆听，因为这是了解用户需求的最佳时机。

本书第4章第1节"从学员洞察的角度筛选"这节详细列举了和学员交流、调研培训需求时，我们可以向学员询问的一些典型性问题，记不太清楚的读者可以再翻看一下。

但有时候，我们可能没有机会在训前直接和学员对话，尤其是在某些企业内训时，只能和企业的培训负责人沟通，那我们如何了解企业的真实培训需求呢？在这种情况下，培训的买单者是企业老板，培训的采购权在企业的培训负责人手上。更细化一点来说，对培训效果有期待的人，包括企业老板、学员的直线领导、培训负责人。这些人都是培训的利益相关者，所以要了解需求，就要了解这些人希望通过培训想要达到的效果，以及他们会如何去衡量培训的效果。

在企业需要培训课程的时候，企业的培训负责人常常简单直接地提出培训需求，比如"我们的员工需要Excel办公软件方面的培训"，但这样的**需求不够清晰明确**，所以这时候，我们需要帮助企业方的培训负责人重新定义需求，将关注点从培训需求转移到解决方案上。

无论这个培训需求是业务部门提出来的，还是人力资源部提出来的，或者是企业最高负责人提出来的，培训需求的背后一定是与公司业绩增长相关的目标，所以我们可以与培训相关负责人沟通。

培训师："你们为什么有这方面的培训需求呢？员工熟练使用Excel之后，能带来公司业务上的什么变化呢？"

培训需求方："熟练使用Excel之后，员工的工作效率会得到大幅度提升，工作效率提高了，投入产出比也就提高了。"

培训师："听起来，你们最终的目标是提高公司的投入产出比，对吗？"

通过对话，你会发现企业真正想要达成的目标是提高投入产出比。这时候，你就可以和培训需求方进一步对话，梳理出现阶段对该企业"投入产出比"有影响的相关因素，把这些影响因素全部罗列出来，首先分析哪些因素是可以改变的，哪些因素是暂时不能改变的，哪些因素的改变会带来更高的成本，然后找出可以在短时间内改变并看到效果的因素，明确哪些因素通过培训来改变，哪些因素通过流程优化来改变，哪些因素通过制度来改变……能通过培训来改变的因素，我们才安排匹配的培训课程。

有时，培训需求方也会提出**很明确的业务需求，但是表达过于笼统**，比如"我们开展这次培训的目的是要增加销售额"。在这种情况下，培训师要深入了解细节，澄清问题，尤其是了解企业方希望绩效中的哪些指标得到改善。比如：

培训师："你们期望今年的销售额增加多少？"

培训需求方："根据今年的战略发展规划，三个营销事业部的销售额加起来，相比去年要增加21%。"

培训师："要达到这个目标，你希望三个营销事业部采取一些什么样的行动？"

培训需求方："我希望他们多做一些吸引眼球的市场活动，多拜访一些高质量的客户，多成交一些单子，另外把微信公众号和抖音号的运营做好，线上带货能力增强。"

培训师："你刚才描述的这些行为涉及三个方面，分别是活动运营、客户运营、新媒体运营。如果这三个内容我们都培训到了，你期望培训之后，学员的行为相比现在而言，有些什么不一样的变化？"

你会发现，培训需求方的回答比较模糊，很难精准化评估，所以我们需要和企业方探讨，学员行为改善的依据是什么？培训过后怎么验证是否达到了期望的效果？当然，有可能对方不知道应该怎么回答这个问题，这时候我们可以给些建议或引导，比如：

"如果培训效果不错，我们能在哪些方面看到学员的进步？"

"如果这次培训有效，我们日常考核的业务指标(比如销售额、用户增长率、客户满意度等)会改变吗？会有哪些改变？"

与培训需求方沟通清楚所要达到的目标之后，接下来还有一个更加关键的问题："为了达到这个目标，除了培训以外，我们还需要做些什么？"

这个问题很关键，因为培训不可能解决所有的问题，为了产生持续的行为改变，还需要企业管理者给员工提供适当的跟进和反馈、相应的鼓励和奖励，所以我们要引导培训组织方思考：

- 除了培训之外，还有哪些因素会影响最终目标的达成？
- 为了提高培训成功的可能性，我们应该在训前和训后，给学员创造什么条件？

问这类问题的目的，是让培训负责人能够承诺创造一个支持性的学习转化环境。培训项目不仅要明确训后要达成的目标和收益，也需要公司管理层的支持。

做企业内训时，培训师需要考虑企业管理层、培训负责人、参训学员三方的诉求点，要在这三方的需求之间寻求一个平衡点，要思考这些问题：

- 讲什么能够帮助企业解决问题？
- 怎么讲学员更容易接受和投入学习？
- 如何授课能够让培训负责人认为自己的决策做对了？
- 如何进行课程设计能够确保落地？能够让企业管理层满意？

总之，了解学员学习需求是开发课程的前提。先经营学员，再经营课程，是课程设计的关键。根据学员和利益相关方的需求，研发、推出针对具体需求的、有实效性的课程产品，才能让培训效果尽在掌握。

4. 授课渠道规划

第4问：你可以通过哪些渠道进行授课和分享？

培训市场的渠道大致可以分为以下五大类，你可以想一想，你要主攻哪一块。

1) 企业内训市场

这一类市场是主流市场，企业内训的价格从6000/天到100 000/天不等。企业内训价格怎么定的呢？主要是看课程的品类、讲师的名气，以及市场上讲这类课程老师的数量。

比如，领导力的课程就比时间管理、目标管理的课程报价要高，这是课程品类的区别；再比如，你和李海峰都能讲DISC性格分析，李海峰老师的课酬就比你高，这是讲师名气的区别；又比如，新媒体文案的课程就比公文写作的课程报价要高，因为市场上讲前一类课程的老师数量比第二类要少。

在培训行业，培训师一般情况下是通过培训机构把自己的课程卖给企业的。企业客户是培训机构的客户，不是你的客户，所以你不能直接跳过培训机构和企业合作，这是破坏行规的事情，被发现了可能会遭到封杀。

和培训机构谈合作，无非就4个条件：

(1) 我愿意去企业免费试讲半天，或者与培训机构合作做免费沙龙，邀约企业来听课，靠实力吸引企业客户采购课程。

(2) 我愿意接受比同行老师略低的课酬，让培训公司多赚一些。

(3) 我愿意和培训机构一起做方案，帮助培训机构在运营方面出谋划策，弥补培训公司在专业性方面的欠缺，提高成交概率。

(4) 我可以把自己的流量或客户引流给培训公司，有机会一起争取，有钱一起赚。

培训师切入企业内训市场，需要从培训机构和师资经纪公司出发，定期给他们输送新课程、汇报新进展，维护好彼此之间的合作关系。

2) 高校商学院市场

高校商学院给老师支付的课酬虽然不如企业内训的课酬高，但可以赋予老师能拿得出手的头衔，这有助于提升培训师的曝光率，增加培训师的知名度。如果你跟知名的高校有过合作，你就可以在讲师介绍里这样写：××大学客座教授、××商学院特聘讲师等。培训师与高校商学院合作的模式有很多，若是以合作开班的方式，你还可以以合伙人的身份谈利润分配。

3) 知识付费市场

做线上课的知识付费平台很多，比较知名的有千聊、小鹅通、荔枝微课、喜马拉雅等，如果你的课程品质好、内容独特、能够满足市场大众的需求，那么可以去这些平台运营线上付费课程。这些课程的形式也很丰富，包括音频课、音视频录播课、音视频互动课、视频直播课等，你可以选择自己喜欢或者擅长的授课形式来做课程。

平台针对一些领域的优秀作者，也会提供流量福利或者曝光机会，不同的平台有不一样的扶持政策，你要先去了解平台的规则，然后努力争取机会。需要注意的是，你的知识储备、资历和经验，要能够支撑起所授课程。

4) 专栏市场

现在可供知识创业者开设专栏的平台也有很多，如今日头条专栏、知乎盐选专栏、得到专栏、喜马拉雅专栏等，培训师可以通过这些平台开设专栏，获得收益。

专栏和课程的区别是什么呢？课程是单品，而专栏是一系列内容的集合，比如一系列培训课、一系列专业文章、一系列音频等。在专栏里面，老师可以通过连载的方式更新专栏内容，比较像过去的书刊连载。

专栏有利于灵活地满足用户不同程度、不同目的的求知需求。

5) 跨界合作渠道

市场上，只要有用户资源的平台或社群都需要课程产品，他们希望用优质的、满足用户需求的课程与用户对话，一方面增加已有用户的黏性；另一方面吸引更多的新用户进入圈子。

所以，很多培训老师都会与很多调性相匹配的社群合作开课，这些社群本身也许不是做培训的，他们有自己的业务，可能是做茶叶的，可能是做OA软件系统的，可能是做管理咨询服务的，但是他们可以通过给社群成员提供与自己业务相关的培训课程，增加社群成员对自己的品牌或产品的信任度、好感度和忠诚度。这样既能满足社群成员阶段化的学习需求，也能帮助平台或社群实现多元化的收入。

现在很多平台都在用免费引流课的方式吸引用户，其实这也是商业社会的发展趋势。

比如说，平台的主营业务是金融理财产品，你就可以去做"如何投资理财实现财富自由"这类课程。

比如说，平台的主营业务是服装定制，你就可以去做"女神范儿——形象提升和魅力塑造"这类课程。

比如说，平台的主营业务是家居软装，你就可以去做"居家风水课，助你招财改运"这类课程。

比如说，平台的主营业务是茶叶，你就可以去做茶道和茶艺相关的课程。

这些有用户资源的平台既可以通过课程的方式吸引用户，也可以通过课程的方式留存用户，通过专业、实用、受欢迎的课程，平台与用户构建深度连接关系之后，在自身产品质量过硬的情况下，就能够轻易让用户成为自己产品的口碑传播者。所以，培训师可以和这样的平台通过跨界合作的方式来销售课程。

上面和大家分享了可供培训师或知识创业者做课程培训、课程分享的五大渠道。无论是培训师，还是知识内容创业者，你都得有足够的合作渠道，才能保证自己有课上，有收入。培训师可以根据自己的课程特点、擅长领域、自身优势和特长，选择适合的渠道去授课和分享。

5. 配套产品或服务

第5问：除了课程之外，你还可以给你的受众群体提供什么？

除了课程之外，你还可以给受众群体提供与课程相配套的**增值服务、实物产品、数字产品、激励服务、机会服务**。

增值服务包括线上微课、线上直播课、线上训练营、线下讲座、高端论坛、教练式辅导、作业点评反馈等。

为什么线上训练营比单纯的线上课程更受欢迎呢？因为对学员来说，线上课只满足了"获取知识"的需求，而线上训练营，不仅提供了老师讲解、定期答疑、教练反馈的功能，还有同伴激励、运营监督、升级打怪、积分体系、结业奖励等服务，能够最大限度地提升学习完成率和训后产出率。

实物产品包括与课程配套的书籍、产品体验装、文创类产品、与课程配套的礼品等。

数字产品包括与课程配套的电子书、干货文章、资料包、工具模板、免费软件等。比如"化书成课"课程中,给学员提供的课程介绍模板、课程结构模板、案例模板等。

激励服务包括红包奖励、学员积分奖励、学员成长路径图、优秀学员/优秀小组的评选表彰等。

有些线上训练营会设计学员积分体系,这是一种很有效的激励服务。比如,"化优质书为爆款课"训练营采用了"积分赢装备"的游戏化设计,学员在学习过程中可以不断提高积分,当积分上升到一个级别之后,就可以解锁相应级别的"学习装备",获得更多的"学习资源"(见图6-14)。

等级	升级装备	所需积分
青铜级	精选100本电子书	40~60分
白银级	10套精选PPT教学模板	61~80分
黄金级	课程吸粉海报设计范例30张	81~100分
白金级	课程推广裂变方案1套	101~120分
钻石级	培训师必知的知识产权答疑课	121~140分
王者级	袁老师思维模型PPT课件1套	140分以上

图6-14 "化优质书为爆款课"的学习积分体系

这个学习积分体系一共分为6个级别,青铜级获得电子书、白银级获得PPT教学模板、黄金级获得海报设计范例,白金级获得课程推广裂变方案,钻石级获得知识产权答疑课,王者级获得思维模型课件PPT一套。这样,把学员的整个学习旅程切分成一个又一个的阶段,每到达一个里程碑,让学员感到一个实实在在的进步,并根据学员的进步程度,给一个相应的奖励,打造学员的成就感,使学员更有动力坚持学习,更快进步。

机会服务包括活动名额、资源链接机会、线下聚餐活动、工作机会、平台入驻机会等。比如参加"化书成课"的培训,就可以获得在【化书成课研习社】这个平台磨课练课、路演展示的机会。

以上这些都是我们可以给受众群体额外提供的产品或服务,但每种产品或服务所起到的作用不同。

其中,增值服务可以让学员对品牌的好感度和信任度得到提升;实物产品一方面能让学员感觉惊喜,另一方面有助于提升学员对品牌的感官认知;数字产品可以让学员学习更轻松,更容易上手,也更容易提前进入学习状态;激励服务能够激发学员学习和努力的原动力;机会服务主要是给学员创造条件,让学员成为"自己人",为后续的口碑营销做准备。

6. 差异化优势

第6问：与同类课程、书籍相比，你的课程最大的优势或亮点是什么？

在同质化课程竞争非常激烈的时代，基于行业的竞争格局，在用户心智中植入一个可以占据优势的差异化品牌概念，让自己的课程品牌成为用户的首选，是每个培训师都想要发展的方向。

要想了解自己的课程在众多同类的课程中具有哪些差异化的优势，需要对课程及品牌做"认知调研"。什么是认知调研呢？认知调研就是考虑这个课程在目标用户的心智中，是如何被认知、如何被选择的，并描绘出它进入用户心智的过程。通过认知调研，培训师能发现学员在短短几秒钟之内，是如何认知和选择这类课程产品的。

很多学员在选择课程的时候，内心是有选择课程的指标的，只是这些指标存在于潜意识当中，所以抢占学员的心智就成了各个课程品牌的重中之重。

要抢占学员的心智，首先要知道学员是如何做出选择的。学员其实是通过潜意识对几门课程的各项指标的对比，才做出购买课程的决策的。

面对市场上琳琅满目的课程，学员的潜意识会出现这样几个问题：

- 学习这个课程对我来说有意义吗？
- 你是第一位讲这个课程的老师吗？
- 你比其他老师讲得更好吗？
- 你的课程中给的干货更多吗？你在这方面更擅长吗？
- 这个课程你讲了多长时间了？你的授课经验更丰富吗？
- 你的课程是更贵还是更便宜？
- 有哪些人学习过你的课程，学了之后效果怎么样？
- 你的课程更适合我学习吗？

这些问题在用户的潜意识中，可能瞬间就有了答案，所以很多时候，用户也说不清楚自己是如何做出决定的，因为这些问题和答案只是在他的头脑中一闪而过。

那么，为了让用户在做决策、做选择的时候，更容易想到你，你就需要用"特性分析法"来分析你的课程和其他课程的区别。

举个例子来说，比如你所授课的课程是"打造高质量的学习型社群"。学习型社群属于社群的一种，而社群运营属于新媒体运营的范畴，所以你可以拿这个课程和市场上其他社群运营、用户运营、新媒体运营的课程做对比，把自己课程中的特性和其他同类课程的特性罗列出来。

假设通过调研，你了解到学习这类课程的用户群体购买课程时的关注点包括这几项：课程中的干货占比、课程的教学服务和课后支持、过往学员的成功案例、授课老师的头衔及知名度、授课老师的成功案例、课程的实用性、课程性价比、额外福利或赠送产品。那么，你就可以把这些特性罗列出来，站在学员的视角对比这些课程，在每一个特性上打分，可以打1~10分，1分为最低分，10分为最高分，最后分析结果如表6-7所示。

表6-7 社群运营课程对比

项目	打造高质量的学习型社群	30天学会社群运营	年入百万的高级社群运营课	用户成倍增长的秘诀
课程中的干货占比	8	7	5	9
课程的教学服务和课后支持	8	6	5	6
过往学员的成功案例	5	6	8	7
授课老师的头衔及知名度	7	7	9	8
授课老师的成功案例	7	7.5	6	8
课程文案的实用性和诱导性	5	6	5	6
课程性价比	6	7	6	7
额外福利或赠送产品	5	5	6	5

需要注意的是，你在表格中罗列出来的可供对比分析的一系列特性，一定是学员所在意和容易受影响的特性，而不是你自己所关注的特性。

经过这样的分析之后，你会发现，"打造高质量的学习型社群"这门课程相比其他同类课程而言，课程的教学服务和课后支持做得最好，课程中的干货占比也不错，这些对目标学员来说都很有吸引力，所以在课程介绍文案中，你可以重点强调课程的教学服务对学员的好处以及课程内容的丰富性和实用性。

这就是寻找自己课程的差异化优势的过程，也是你对用户进行"认知调研"的一种形式。

只要你梳理清楚了用户选择这类课程的指标，你就可以通过课程文案介绍、课程相关的干货文章，去帮助用户建立一套选课标准，让用户倾向选择你的课程。

7. 讲师包装策略

第7问：如何撰写讲师介绍(自我包装)才能提升自己的专业性和身价？

课程采购方是通过讲师介绍才认识培训师的。从讲师介绍中，课程采购方一方面能够了解培训师对课程的胜任力，另一方面能够了解培训师和其他老师之间的差异。所以，好的讲师介绍能够帮助培训师建立起自己的竞争优势、竞争壁垒。

为了让你有机会在客户面前脱颖而出，讲师介绍可以做适当的包装。对于培训师来说，自我包装不等于夸大包装，而是通过对自己过往经历的结构化梳理，找到自己的差异化优势，突出自己的专业性，彰显自己与所授课程的匹配度，从而通过翔实的讲师介绍，增强学员对自己的认同和信心。

一份专业的讲师介绍应该包括以下13项内容。

(1) 现任职位和历任职位。职位能够证明你的专业能力、综合素质、格局眼界。比如500强企业高级管理者、上市公司人力资源总监、知名企业金牌内训师、××商学院院长、××机构首席讲师、××公司特聘咨询顾问等。培训师要善于用知名企业或知名机构的光环来塑造你的品牌价值。

(2) 专家头衔。专家头衔指的是能够证明你在某方面具备专业能力和突出贡献的身份。比如××电视台特约心理顾问、××学术委员会会长、中国精品课程大赛官方授权导师、中国学习型组织促进联盟主席、国际××协会中国分会主席等。

(3) 学历。按等级来划分,写入讲师介绍的学历依次为留洋博士、名校博士、名校硕士。硕士以下的学历尽量不写,但像长江商学院、中欧商学院等知名总裁班的学员也是可以写的。

(4) 专业认证。专业认证是指能够证明你在课程专业方面的证书。比如美国ACI注册国际高级职业培训师、中国培训发展研究中心认证高级培训师、IAF国际认证引导师、ICF国际认证企业教练等。国际证书优先,国内其次,不要放档次不够高的认证。这也意味着,培训师需要不断学习,才能拥有更多、更高含金量的认证。

(5) 平台签约讲师。比如××杂志签约作者、今日头条签约作者、知乎签约答主、在行签约行家、喜马拉雅签约主播、网易云课堂签约讲师等,签约平台一定是知名平台,签约课程一定是你的主讲课程。

(6) 获奖荣誉。荣获奖项一定是和你的课程专业领域相关的奖项,且该奖项能被业界所认可。比如中国培训"我是好讲师"大赛全国50强,中国培训"我有好课程"大赛全国前10强等。需要注意的是,这些比赛一定是业内公认的比赛,在行业内有一定的知名度和权威性,这样的荣誉才有含金量。

(7) 对外著作或译作。出版过书籍是讲师介绍的加分项。更重要的是,书籍的销量、口碑会成为你对外授课的有力背书。

(8) 培训经历。培训经历包括你的课程开课次数及覆盖人群。课程开课次数代表的是课程在市场上的受欢迎程度、课程的实效性、课程的口碑;覆盖人群代表的是课程的授课总时长、历经过的课堂考验、培训师应对不同类型学员的能力。

(9) 擅长课程。你可以在擅长课程这一栏,罗列出所有你擅长讲的课程。

(10) 课程特点。课程特点代表的是你的授课风格和独特优势,也是能够体现出你差异化优势的一个版块。从课程特点中,学员可以看出讲师的授课思路、授课风格,以及讲师擅长的教学方式。

(11) 授课照片。授课照片上面要注明你是在什么企业讲什么课程,这样显得更加真实。

(12) 部分客户评价。客户评价也会为你加分,尤其是一些世界500强、上市企业、集团性企业、知名企业对你的评价,这些客户评价都可以作为你的能力见证和信任背书。

(13) 版权课程创始人。如果你自创了一门版权课程,或者自创了一个课程品牌,或者自创了一套可以在行业内立足的方法论,那么这些内容也可以体现在讲师介绍里面。这是你的独特优势。

从上述13个方面来进行自我包装,就能提升讲师介绍的专业性和信服度,你的课程优势及其对学员的帮助也会跃然纸上,让学员更容易做出选择。

以上就是课程品牌塑造的7个维度:专业度评估、品牌标签、学员需求分析、授课渠道规划、配套产品或服务、差异化优势、讲师包装策略。塑造课程品牌时,培训师一定要关注到这7个维度,才能有章可循。

同时,我们可以按照下述5个流程来进行课程品牌的塑造。

第一,利用产品运营的思维,明确课程品牌定位(本书第1章第1节内容);

第二,利用内容运营的思维,来完成课程内容的升级(本书第3章和第4章内容);

第三,利用产品组合的思维,通过品牌组合实现市场份额的扩大(本书第7章第1节内容);

第四,利用渠道运营的思维,选择正确的渠道做认知建设(本书第7章第1节内容);

第五,利用快速迭代的思维,善用反馈来促进课程升级(本书第7章第2节内容)。

【第6章回顾】

(注:每章结束,我们会通过一些互动趣味的练习,来帮你回顾所学内容,让你既能够及时巩固这一章的核心内容,又能够借此机会自我检测,看看自己究竟学到了多少。)

1.【填空题】激发学习兴趣的期望模型的三个要素分别是_____、_____和_____。

2.【填空题】为了帮助学员充分总结学习成果,培训师可以用ORID聚焦式会话法进行适当引导。ORID聚焦式会话法的4个层面分别是_____、_____、_____和_____。

3.【多选题】我们可以从以下哪三方面来塑造学员的成就感?　　　　　(　　)

　A. 成果输出　　　　B. 积分奖励　　　　C. 相互反馈

　D. 提问问题　　　　E. 集体总结

4.【多选题】展示学习收益的三种方法是什么?　　　　　　　　　　　(　　)

　A. 动作展示法　　　B. PPT呈现

　C. 故事展示法　　　D. 学习活动展示法

5.【多选题】塑造课程特色的三个方法是什么?　　　　　　　　　　　(　　)

　A. 内容任务化　　　B. 学员分组化

C. 形式创新化　　　D. 学习游戏化

6.【单选题】下列哪一项**不是**"社交化学习"的好处？（　　）

A. 社交化学习可以让学员从不同的视角看问题，拓展思维广度。

B. 社交化学习可以激发学员发挥出自己的潜能和创造力。

C. 社交化学习可以让学员在课堂上全情投入，忘记时间，加深彼此之间的友情。

D. 社交化学习可以让学员了解团队的互动性是如何影响系统变化的，从而形成全局化思维。

7.【单选题】以下关于游戏4个核心要素的说法，哪一项说法是**错误**的？（　　）

A. 目标指的是游戏玩家努力想要达成的具体结果，它为游戏玩家提供了目的性和方向性。

B. 规则可以让游戏玩家在特定的条件下，充分调动自己的创造力和想象力来玩游戏。

C. 反馈系统的目的是让学员之间能够相互反馈、相互批评、相互指正，以达到学习目标。

D. 自愿参与指的是所有游戏玩家都了解目标、规则和反馈，并接受游戏中的这些要素。

8.【填空题】从"教学策略"的维度来促进学习转化，我们可以从5个方面入手，即唤起痛点、激发动机、_____、_____和_____。

9.【填空题】为了促进学员的学习转化，我们可以从4个维度来进行"流程设计"，这4个维度分别是训后考核、_____、_____和转化工具。

10.【单选题】课程品牌塑造有7个维度，书中用"七问"的方式进行了详细讲解，请问下面的选项中，哪个选项**不是**"七问"中的问题？（　　）

A. 你想要开发××课程，你在这个领域足够专业吗？

B. 你是否了解自己的受众群体？他们的需求是什么？

C. 你的课程设计形式是否能将你的优势放大化？

D. 你可以通过哪些渠道进行授课和分享？

【第6章回顾答案】

1. 期望、功用性、效价
2. 数据层面、体验层面、理解层面、行动层面
3. ABE
4. BCD
5. ACD
6. C
7. C
8. 引导参与、关联经验、畅想未来
9. 复盘环节、训后跟进
10. C

第 **7** 章

课程运营，
实现知识变现

如果一个培训师或知识创业者只具备授课能力和课程开发能力，而不具备系统搭建能力和品牌打造能力，那么他在知识付费行业发展到一定阶段之后，多半会遇到瓶颈。要打破这个瓶颈，需要培训师或知识创业者跳出培训的"执行"本身，去思考课程的整体"规划"和"运营"。那么，课程的规划和运营是否也存在着一些规律呢？

答案是毋庸置疑的。所以这一章，我们分别针对线上课程和线下课程，就课程规划及其背后的核心逻辑做一些梳理和总结。

7.1 滴水穿石，线上课程运营

7.1.1 线上课程优势

线上课程根据形式分为5种类型。

第1种是在线微课。微信课堂或QQ课堂这种在实时通信群里分享的形式就是在线微课。在线微课很容易操作，也便于和学员互动，但往往需要讲师在群里提前通知。

第2种是动画课件。动画课件在电脑端和手机端都可以操作，适用于知识型课程。动画课件的教学形式以动画为主，比如用"万彩动画大师"制作出来的动画课件。动画课件有利于远程教学，动画做得越有趣，越容易激发学员的学习兴趣。

第3种是音频。在喜马拉雅上学习就属于这种方式。这类学习方式对讲师的声音魅力、吐字清晰度有一定的要求。音频课陪伴感和私密感强，有利于讲师人格魅力的展现，便于与用户建立情感连接。

第4种是图文直播。这种模式适用于PPT或图片较多的互动教学，学员可以一边看课件，一边听老师讲课。图文直播适用于逻辑性较强的内容，比如PS课、理财课、法律课等。国内很多专业App都能实现这样的功能，比如千聊、小鹅通、荔枝微课等。

第5种是音视频教学。音视频教学就是老师出镜讲课，模拟真实的授课场景来分享知识。音视频教学有两种模式：一种是录播，即提前录制课程，在学员观看时播放；另一种是直播，视频直播时，讲师可以直接和学员互动，讲师能获得学员的实时反馈，但是这种课程对讲师的应变能力要求较高。

下面，我们从学员的视角和立场对比分析线上课和线下课的区别(见图7-1)。

图7-1　线上课和线下课的对比因素

从"下单速度"来看，学员在选择参加一门线下课的时候，往往会深思熟虑，综合评估，精挑细选；而在选择参加线上课的时候，学员心态比较放松，往往是因为一篇使人心动的课程广告文案，便会下单买课。相对来说，购买线上课比购买线下课的决策速度更快。

从"学习时间"来看，线下课集中学习，学员需要把这段时间空出来才能参加学习；而线上课通过碎片化时间来学习，学员可以随时随地地学习，但在学习过程中，需要把碎片化的知识连接起来，完成一个个知识上的"拼图游戏"。

从"周边环境"来看，线下课的学习环境通常情况下是封闭的、舒适的，而且教学工具是完善的，桌椅摆放方式通常呈岛屿式，学员之间交流方便，能产生情感链接；而线上课程的周边环境往往比较嘈杂，学员可能随时会受到干扰，停下来去做别的事儿。

从"培训形式"来看，线下课的培训形式丰富、多样，包括讲授、提问回答、角色扮演、情景模拟、开放研讨、世界咖啡等多种形式，可以让学员在寓教于乐之中学习；而线上课没有机会让学员互动探讨，只能创造一些挑战性活动让学员"闯关"。

从"培训效果"来看，线下课程的培训效果取决于课程的设计思路、老师的引导能力、学员的实践演练；而线上课程的培训效果取决于老师的表达能力和学员的理解能力，也就是说，在线上课程中，不同的学员收看或收听同样的内容，理解和吸收的效果会不一样。

综上，相比线下课，线上课有以下4个优势，如图7-2所示。

图7-2　线上课的4个优势

第一个优势是单价低。这个"低"不是绝对的低，而是相对的低，授课老师本身的线下课的课酬可能很高，而其线上课程可能只需要线下课的一半，甚至1/3(线上训练营除外)。因为课酬单价低，所以学员决策速度快，成交量多。

第二个优势是突破地域限制。发个朋友圈、发个微信群、发个新浪微博、发个微头条，就可能给你的线上课带来流量，而且线上课的传播突破了地域上的限制，所以线上课的参训学员往往比线下课多。

第三个优势是边际成本低。边际成本是指在一定产量水平下，增加或减少一个单位产量所引起成本总额的变动数。简单来讲，就是额外多生产一单位产品所需要付出的成本。一般而言，随着产量的增加，总成本呈递减增加，从而边际成本下降，这就是规模效应。边际成本低是线上课的最大优势。做一次线下课程，你就得投入一次的时间、精力和成本；而线上课，你只需投入一次时间、精力和成本，课程却可以销售无数次，也就是说，对于线上课程来说，利润的增加不会带来成本的增加。比如对于樊登读书会App来说，增加一个用户并不会导致成本增加，无论App上有多少用户，都是樊登老师每周在线上讲一次书，所以它的边际成本几乎为零。

第四个优势是有利于形成个人能力背书。比如"化书成课"的很多学员都在【化书成课研习社】的千聊直播间录制了他们的核心(或优势)课程，当一些培训机构、企业、平台找到我合作课程的时候，我会根据他们的需求，给他们推荐一些学员的课程。但是有些学员可能知名度不够，为了帮助课程需求方了解这些学员的授课实力和课程价值，我就可以把学员的微课发给他们，让他们通过这些微课来判断课程的实效性。

7.1.2 产品组合策略

对于培训师或知识创业者来说，线上微课能够产生复利。

首先是提高效率。线上课程解决知识获取的问题，线下课程解决技能训练的问题。如果学员在线上课程已经习得了知识点，那么线下课堂就成了学员实战演练和社交化学习的场所。

其次是增加收入。线上课程可以带来持续的盈利，让知识付费行业的从业者获得"睡后收入"。

再次是提升口碑。线上微课的特点是传播快、传播便捷，所以你的微课如果真的有价值，就很容易获得广泛传播。运营微课其实也是课程品牌打造的一种方式。

最后是获得更多机会。互联网上的很多知识付费平台会定期到各个线上课程平台、E-learning平台上寻找老师，如果遇到合适的老师，这些平台会直接邀请老师到他们的平台授课分享，所以当你上线了自己的微课程之后，就可能获得更多的机会。

当然，现阶段线上微课市场也是鱼龙混杂的，课程数量多、课程类型多、讲课老师多，大家也发现，很多线上微课其实是缺乏优质内容的，因为很多微课的目的性很明确，就是引流和宣传，很少有人把线上微课做成一个精品课程。同时，很多做线上课程的老师也缺乏持续运营的能力。要把线上课程做好，必须在某个领域做一些持续投入，建立系统化的课程体系和品牌定位，要看长远、走长期战略，而不是只看眼前的蝇头小利。

所以，接下来我们分享如何进行线上课程的产品组合策略。

在实际运营中，我们不建议做单一的线上课程，而是做组合课程，打组合拳。如果你在某个领域有独特的优势和丰富的经验，那么就可以针对这个领域不同需求的学员开发系列课程，进入这个领域不同的细分市场，从而让整体市场的覆盖率更高，这也能为后期运营课程品牌打下坚实的基础。

例如，宝洁在中国最为畅销的"飘柔""海飞丝"和"潘婷"这三大美发品牌，它们凭借各自给消费者带来的不同美发体验吸引了更多的消费者。

"飘柔"一直以柔顺作为它的首要使命，不管是从广告词"洗护二合一，让头发飘逸柔顺"，还是产品配方，都会强调其能为广大爱美女性带来一头柔顺的长发。

"海飞丝"则是以去屑功能闻名，标榜着带给消费者更好的去屑效果和更愉快的体验，更是强调其得到了世界皮肤科大会医师的认可。

"潘婷"则侧重于修护秀发，宣称拥有着超越半世纪的修护科技，广告词"练出秀发能量，越洗越强"也体现着"潘婷"的市场定位。

从宝洁这个例子，我们可以看出宝洁追求的是不同品牌的市场细分所带来的利益。宝洁致力于在组合营销的各个方面(广告、定价、产品包装等)来凸显出每个品牌的独特性，让每个品牌都拥有自己的忠实客户群和发展空间，从而占领足够大的日化品市场，实现规模经济。

宝洁公司通过详细分析每一个细分市场的需求，运用不同产品功能或是档次价格上的差异进一步彰显了品牌定位，及时、准确地发现了属于自己的各个市场机会。

市场细分和差异化营销是品牌战略成功的重要条件，每一个品牌都应该做到清晰的差异化，以此吸引客户，形成足够大的细分市场。课程产品也是一样。

如果用"化书成课"的技术做组合课程产品，可以把一本书化成多门课，或者把同类型的几本书化为系列课程，这样可以吸引对书籍本身感兴趣的伙伴。

当然，也可以采用行业内部合作的方式，如果你和某几位老师的课程恰好都能解决某一类问题，而且课程与课程之间具备一定的互补性，那么就可以把你们的课程合并成系列课，相互助力的同时，也能共享流量和资源。如果这个系列课质量优、口碑好，获得了很好的传播，那么你们就有机会抱团接培训项目。

比如"化书成课"成都班的学员里面，有三位学员"化书成课"的课程都是针对新晋升管理者的，A老师的课程是"管理者的角色转变"，B老师的课程是"卓越领导力的三级修炼"，C老师的课程是"高效团队的打造和建设"，于是，A、B、C三位老师联合起来，做了一个针对管理者的系列微课程，这套微课程一经推出就吸引了很多有领导力课程需求的平台。

最好的课程产品组合是可以相互补充、彼此支撑的。现在这个时代充满了不确定性，应对不确定性的最好方法就是做产品组合，最好的产品组合一定是能够对冲风险的。比如说"顾问式销售"课程和"成交谈判七步法"课程就可以形成对冲。"顾问式销售"课程解决前期探询客户需求的问题，"成交谈判七步法"课程解决成交环节促单的问题。

这里给大家提供一个产品组合的建议：**引流课+回报课+福利课+人气课**。

首先我们解释一下这四类课程产品的区别。

(1) 引流课。顾名思义，就是用来引流用户的课程，其通常用免费分享、低价促销、买×赠×、拼团购买等方式吸引用户入"池"。"水池"建好后，再根据"水池"里面的用户需求，提供能够帮助用户解决问题的实战型回报课。

(2) 回报课。回报课即精品课、利润课，其通常经过系统化的课程开发设计，含金量很高，单价也高，以解决问题为目标。该课程不仅帮助学员切实达成某种特定的目标，还会提供与课程相关的教学服务、课程配套的工具模板，学员认为这个课程超值，所以才愿意付费来学习。

(3) 福利课。你可以开发一些与线下课、企业内训课相配套的线上课为福利，让它们发挥出更多的附加价值。比如，针对线下课的学员，你可以制定一个政策：参加你的线下课，即可获得线上课作为赠品；再比如，企业邀请你去做内训课的时候，你可以赠送企业学员和内训相匹配的线上课。这样一来，你的线上课就能发挥更大的价值，也能帮助学员养成持续学习的习惯。

通常，福利课与回报课是配套的，比如买一赠三(购买一个回报课，赠送三个福利课)，这会让课程采购方感觉很划算。如果你自己在运营学习型社群的话，还可以把福利课作为表彰"优秀学员""优秀小组""优秀搭档"的赠礼，这样既能起到激励的作用，又能借此机会宣传自己的课程。

2018年，中国培训"我有好课程"大赛的决赛前夕，为了帮助参赛选手获得充分的赛前辅导、胸有成竹地参赛，段烨老师的导师团经过商议，制作了一系列赛前辅导的线上微课。这套课程是参照比赛的评分指标来开发的，由21位老师通力制作，主要目标是帮助参赛选手在每一个课程开发设计的指标上做到位。课程总价值999元，只要报名参加比赛即可免费获得，这就是典型的福利课。

(4) 人气课。这种课程存在的目的在于彰显培训师或知识创业者的影响力。线上微课一般情况下会在课程介绍页面显示学员人数，按照从众心理和自我说服效应，参加微课的人数越多，越容易激发更多有需要的学员报名。你的课程曝光度越高，市场上就会有越多的人知道你能讲授这个课；而你的线上微课程参与的人数越多，就越显示出你的实力和影响力。那么，怎么样有效积累学员人数呢？

你可以做一些"聚焦问题"的微课程，即明确目标学员在完成任务时容易遇到的典型问题，先把这些典型问题罗列出来，然后针对这些"疑难杂症"，分别给出解决方案，每一门微课程就针对一个问题做讲解，学员有什么问题就可以直接点击相应的微课，每一门微课程的使命就是解决一个问题。

举例来说，比如，你计划开发一个时间管理的线上系列课程，但是，每个人在时间管理方面遇到的问题都不一样，所以这个系列课程就可以按照问题来进行分类：

针对拖延症的问题，对应的微课程是"克服拖延症的三个法宝"；

针对专注力的问题，对应的微课程是"用番茄工作法提升专注力"；

针对行动力不强、执行力不够的问题，对应的微课程是"如何发掘你的内在动力"；

针对事情太多、无法聚焦的问题，对应的微课程是"聚焦目标、结果导向的思维训练"……

在开发时间管理领域的微课程时，一方面，你能够在这个过程中不断完善你在时间管理领域的知识图谱和能力框架，获得对于时间管理的全局观；另一方面，你可以做出一个专门解决时间管理问题的系列微课。

当你的学员或者潜在学员，有时间管理方面的问题向你请教时，你就可以把专门讲"如何解决这个问题"的线上微课发给他们，这样一方面可以让学员通过学习更好地掌握解决问题的诀窍，另一方面可以让学员在学习过程中感受到你的专业。

随着你在这个领域的专业度和知名度的一步步提升，未来会有越来越多的人向你请教有关时间管理方面的问题。如果这个问题刚巧在你的系列微课中，你就可以发给他们学习，帮助他们解决问题；如果他人提出的问题不在你的"课程库"中，那么你可以评估一下，这个问题是不是属于共性问题，如果是的话，你也可以开发出来针对这个问题的课程，再添加到系列微课程中。

学员听了你的课之后有所收获能够有效地解决问题，就会传播它、推荐它、支持它。当然，这个课程的学员人数也会在这个过程中持续增加，形成人气历史记录。

未来，如果有企业或平台需要这方面的课程，但是对你的授课水平不够了解，那么你可以把打造好的微课程发给他，让他通过这个线上微课了解你的课程开发水平和授课水平。毕竟，微课程是一门完整的课程，从中可以看出一位老师的课程结构搭建能力、课程实施规划能力、案例讲授能力、引导互动能力等。

线上微课程也是可以分等级的，课程价格是不同等级的区分标志。你可以把同一个主题的课程分为初级、中级、高级，也可以分为入门级、进阶级、专业级、专家级，级别名称你可以自己来定。一般情况下，不同级别的课针对的学习群体不同。

举例来说，我的课程"魔鬼决策力——让你跳出心理陷阱"就是系列微课程，在【化书成课研习社】的千聊直播间里面录制了三节课，分别是"魔鬼决策力之突破你的思维局限""魔鬼决策力之思维升格的三大攻略""魔鬼决策力之规避决策失误的三个锦囊"，这三个课程按照解决问题的难度和解决问题所需要的思维空间大小，分为初级、中级、高级三个版本，所以这三个课程的价格也是按照初、中、高三个阶梯来定的，分别是69元、99元、109元。

如果你计划做高价单节课程，那就要定位高端人群做精品课，即回报课。

如果你计划做传播率高、覆盖面广的低价单节课程，那就要结合"用户痛点"做有趣又有用的引流课。

如果你计划做高价系列微课程，那么可以做与商业公开课、企业内训课等线下课配套的系列课，即福利课。福利课同样也要定价，并且要定高价，这样未来"送福利"的时候，会让收到福利的客户或用户感觉更惊喜。

如果你计划做低价系列微课程，那么可以做"专门解决某一类问题"的线上课，每一节课解决一个小问题，并且这些问题都是潜在学员真实存在的问题，这样的微课程即人气课。人气课需要持续迭代，不断完善。

设计产品组合可以延长课程的生命周期。引流课、回报课、福利课、人气课的产品组合四象限如图7-3所示。

图7-3　课程产品组合四象限

总之，在做线上微课程的时候，一定要善于运用品牌组合策略，这样可以：

- 借助高端品牌，建立价值优势；
- 利用低端品牌，形成侧翼保护；
- 看清交叉范围，避免自相残杀。

7.1.3　微课运营推广

整体而言，线上微课程产品的生产及推广主要涉及核心内容要求、品控标准、市场策略三个方面。

核心内容要求，包括设计具体的应用场景、打磨跨信息圈层的知识点，以提升学员的学习价值，并通过降低内容接入门槛，打破认知，为学员提供学习的原动力。

品控标准涉及制作与包装、审核与勘误等方面的具体细节，包括行文逻辑、字数/时长限制、表述方式、视觉辅助材料等。

市场策略是指在线上微课程产品具备**创作必要性**和**不可替代性**的基础上，聚集目标人群定位，并展开产品联动等相关运营工作。

下面我们重点来介绍线上微课程产品的运营推广怎么做。

1. 获客及转化

与流量逻辑下依赖曝光和下载的用户端服务不同，微课产品的价值主要发生于用户学习课程的时点。因此，除网络广告、户外广告等传统的外部广告投放，知识付费产品主要通过事件营销、用户传播、多点分销等方式实现获客及转化。

(1) 事件营销。事件营销包括基于特定内容主题或跨界产品联动及重大节日等设计的营销活动。比如罗振宇跨年演讲、知识发布会、世界读书日、123知识狂欢节等。借这些大型活动做一场"惊喜促销"或者"大咖分享"，都是很好的活动引流方式。

(2) 用户传播。用户传播是指通过向学员提供物质奖励或精神激励等，促进其自主进行圈层传播。例如，鼓励学员生成专属邀请卡(一键生成带有个人头像的课程宣传海报)发朋友圈；拼购有优惠(3人购买比1人购买价格更实惠)，鼓励学员邀约朋友一同报名；转发即赠免费听课名额或线下活动资格等，这些方式都能借助学员的社交关系链把课程曝光给更多的人。

(3) 多点分销。多点分销是指选取调性、受众相符的渠道进行分销，以及自建线下代理商网络等方式。比如，十点读书平台有分销公众号600多个、樊登读书会有线下代理商数千家。

在知识付费行业，内容分销中有两种角色：内容供应商与渠道分销商。出于内容采购和流量分发的诉求，供销双方发挥各自优势，互惠互利，内容供应商为与粉丝画像相匹配的渠道分销商提供"货源"，渠道分销商为拥有优质内容的供应商匹配相关流量群体。

在课程采购上，渠道分销商一般会重点考虑课程是否贴近目标受众的需求痛点，课程内容是否实用，是否能有效解决用户实际问题或满足精神诉求，同时考虑讲师是否具有突出的专业能力和行业资历；其次才是考虑价格及分成比例，推测推广预期收益及流量成本性价比。

2. 留存及促活

知识付费产品往往通过新客优惠、限时折扣等策略降低单个用户的决策门槛，让用户低成本、快速地体验知识服务，进而对该知识产品形成价值认知。在用户生命周期管理方面，我们也要设计一些机制来促进用户持续学习，具体有以下三种方法。

(1) 基于学习时长、课程数量等指标，为学员设定目标，并通过打卡、积分等方式进行记录，根据学员的学习情况为其发放阶段性奖励或提高社群等级，都是提升学员学习积极性的措施。

（2）基于学习、留言、转发等互动向学员发放积分，设定积分兑换机制，比如发放优惠券、优先购买权、线下活动参与资格等，帮助学员建立积累习惯、提高退出门槛。

（3）就课程产品的全流程运营体系而言，学员所发表的学习笔记、培训感悟，以及在班级学习群中的互动留言，都是很好的背书，持续积累可构成与课程配套的知识资产库。

基于学员长期的学习数据，有助于我们对学员的能力模型、知识体系、兴趣偏好等方面形成理解，便于为其提供针对性的认知拓展、查漏补缺等个性化学习规划，强化其留存意愿。

3. 深度用户运营

对知识付费产品而言，与用户建立长期深度的联系是提升核心竞争力的方式。知识产品除了在课程本身精进之外，还可以在教学服务方面做一些延伸。

（1）完善和课程相关的课后练习、讲师问答、结业测评等互动，提升学员的参与感。

（2）提供课程资料包、社群话题讨论、神秘嘉宾分享等课程配套服务，强化学员的获得感。

（3）通过社群分层运营的方式，把相似兴趣或相似知识结构的学员汇聚在一起，引导他们通过问答、评论、探讨、会诊等方式，彼此建立起互助的社交关系，满足用户共同学习、互动交流需求的同时，也有利于学习体验的优化。

（4）主题多样、类型丰富的品牌活动有助于学员的品牌荣誉感的提升，进而让学员产生积极主动的推广意愿，所以我们可以通过跨界联名、跨年晚会、知识嘉年华等品牌活动强化学员荣誉感，提升学员主动传播的意愿。

7.2 箭无虚发，线下课程运营

7.2.1 运营线下课程的原因

线上学习仅仅能够解决知识获取的问题，而技能的获得、心态和思维的转变，则必须通过课堂或者教练辅导等方式才能获得，特别是隐性技能，在线学习的方式根本就没有效果。另外，线下培训的人情味和温度，永远是冰冷的手机或电脑所无法取代的。

培训师或知识创业者不仅要具备线上授课的能力，更要具备线下教学、线下辅导的能力，线下培训相比线上培训而言，对能力的要求更高。线上只是知识的传递，线下可以传递你的意识状态、思维理念、价值观、能量等,线上再多的交流都抵不过线下一次面对面沟通所带来的情感连接。

培训师或知识创业者要做线下课,就一定要试着自己运营线下私房课或商业公开课。原因有以下4点。

第一,通过做线下私房课或商业公开课,培训师可以形成课程价格标杆,这个价格标杆取决于课程价格和课程销量。假设你的私房课价格是每人每天800元,那么,只要有10个人报名参加你的私房课,你一天的课程收入就是8000元;如果有20个人报名参加你的私房课,你一天的课程收入就是16 000元。这就是你的课程价格标杆。

你的课程只要被市场认可,只要能切切实实地解决学员面临的问题,只要不断有学员慕名而来参加你的培训,你就可以根据市场需求来标价,你的课程市场需求越大,市场反馈越好,课程口碑越好,你的课程价格就可以越高。

第二,做线下私房课或商业公开课,有利于课程迭代优化。每一期课程结束之后,你都可以向当期学员要反馈,以获得市场的真实反馈,从而更好地打造课程体系,优化课程内容,创新课程形式,让你的课程具有更强的核心竞争力。

学员的反馈往往包括以下几类信息:学员对知识点的理解吸收效果、学习体验的效果、学以致用的效果。所以,每次课程结束后,你要有意识地收集学员对课程的看法和感受,跟踪学员后期的应用效果。只有通过持续不断的反馈和革新,你才能一步一步改进自己的授课质量,让自己在培训师这条路上越走越稳。

第三,通过线下私房课或商业公开课,你可以积累一批忠实粉丝,只要你的课程质量好,给学员带来的收获超预期,就能够形成口碑传播,老学员会带来更多的新学员。随着你给学员带来的帮助和机会越来越多,随着你和学员之间的信任和交互越来越多,随着你和学员之间的合作越来越多元化,你和学员就不仅仅是老师和学生的关系了,而是会形成价值共同体,学员也将从课程的消费者和使用者,变成课程价值的见证者和课程内涵的传播者。

第四,企业一般不会给员工提供与绩效无直接关系的个人成长类课程,比如PPT制作课程、个人品牌打造课程、思维模型课程、声音训练课程等;而员工有这方面的学习需求,想提升自己,只能自己寻找课程,这给我们做线下私房课或商业公开课提供了充足的市场机会。当然,学员来学习你的课程的前提条件是你的课程对他有用,同时你要把自己课程的价值解读清楚。你的目标学员只要愿意投资自己、完善自己,就会来学习。

通过上面的分析,你会发现,线下私房课或商业公开课其实有很大的市场潜力。那么,我们运用前面学到的"化书成课"的技术开发出来的课程怎样进行线下运营呢?

首先要进行课程定位,撰写课程介绍,如果这两条你都顺利通过,那么接下来就是课程打磨了。打磨课程的过程是根据市场反馈优化课程的过程,也是锻炼讲师授课能力的过程,更是进行学员素描和学员分析,验证自己对学员的洞察是否精准的过程。这样,我们才能针对课程特性和课程对象,设计出一套合理有效的运营模式(见图7-4),把这门课程打造成精品课、品牌课。

图7-4　线下课程运营五环节

课程定位在本书第1章的第1节已经讲过,这里就不再赘述,直接从课程介绍开始。

7.2.2　课程介绍

站在用户或学员的视角来看市场上任何一个课程,一定会产生如下疑问:
学员为什么需要这门课?
这门课能解决什么问题?
这门课是哪位老师讲授的?
这门课程为什么好?
这门课程都讲了些什么内容?
这门课程适合哪个阶段的学员学习?
学习课程后会有哪些收获?
其他上过这门课的学员是怎么评价课程的?

而基于这些问题的思考和相关信息的获得,决定了用户会不会做出购买决策。所以,作为培训师或知识创业者,我们千万不要忽略了课程介绍,因为那是你的潜在学员学习你的课程前所获得的第一手信息。

不管你是去企业做内训课,还是做商业公开课,还是做线上分享,或是做线下沙龙活动,都需要把你的课程介绍提前呈现给学员,或提交给培训机构和活动主办方。那么,一份完整的课程介绍里面应该包含哪些内容呢?

我总结了课程介绍必须包含的十项内容,叫做"十全十美"。

1. 课程背景

课程介绍的第一个内容是课程背景,课程背景的目的是什么?是为了激发痛点或者唤醒需求。

举例来说,培训市场上一些面向"新晋升管理者"的课程通常在课程背景中会描述:如果管理者带不好团队,会产生多少离职率,浪费多少资源,损失多少隐性成本——这就是激发痛点。

再比如,"做高质量的路演PPT"的课程背景中提到,你的项目再好,产品再好,团队再好,如果路演的PPT做不好,不能把信息有效传达给投资者,也会功亏一篑——这也是在激发痛点。

下面看这个例子,在一个理财栏目的分享嘉宾出场之前,主持人这样介绍他:

"他是雪球成长最快的投资大V,仅仅两年半,就收获了十几万粉丝,粉丝亲切地称他为'钉大'。3年来,他一直坚持记录和分享自己的指数基金投资理念,从2014年以来投资基金的累计收益达到104%,跑赢雪球上98%的投资者。

重要的是,赞同他的投资理念,坚持定投超过2年的粉丝,几乎都是盈利的:据2016年问卷调查,其粉丝中坚持定投指数基金的投资者,96%是盈利的;2017年这个比例更是达到了98%。

不管你是投资小白,还是进入股市厮杀多年也没找到可靠的盈利路径的投资者,他都可以帮助你,每年只花少许时间,你就能跑赢通货膨胀,并跑赢70%以上的市场参与者,真的有这样的好事吗?

当然,那就是定投指数基金。股神巴菲特认为"通过定期投资指数基金,一个什么都不懂的业余投资者竟然往往能够战胜大部分专业投资者";另一位投资天才彼得·林奇也说过,大部分投资者投资指数基金会更好些。

下面,我们就来听听他的高见,系统地学习一下,如何定投指数基金。"

主持人的这段话,很明显是在激发需求。同样,这段话放在这位嘉宾的"指数基金定投"课程的课程背景中,也能达到同样的效果。

所以,课程背景放在课程介绍中的目的就是激发痛点或者唤醒需求。

2. 课程目标和学习收益

1) 课程目标

课程目标应该怎么写呢?下面我们来对比一下这4个课程目标的不同表述方式(见表7-1)。

表7-1 4个课程目标的不同表述方式

课程目标A类写法	课程目标B类写法
1. 了解什么是影响力模型	1. 学员能在理解影响力模型的基础上,用影响力模型中的要素来进行员工激励机制的设计
2. 掌握DISC 4种性格的识别技巧	2. 学员能通过望、闻、问、切4种方式来识别DISC 4种性格
3. 理解不同类型的谈判风格	3. 学员能根据谈判方使用的谈判风格,了解到对方的真实动机和心理诉求
4. 掌握大客户销售流程的关键节点	4. 学员能通过SMT工具,准确判断出大客户销售流程中的关键节点,从而提前做好准备

下面，大家对比一下这两组课程目标，看看A类和B类课程目标在表述方式上有什么不同？这两种不同的表述方式给你带来的感觉又有何不同？你可以在符合你想法的内容前面打"√"。

☐ B类课程目标更加明确具体、可衡量、可操作。
☐ B类课程目标让学员一看就知道自己能学到什么，学到的东西如何用。
☐ A类课程目标更加简洁明了。
☐ A类课程目标不是站在学员的视角来写的。
☐ B类课程目标可以帮助学员评估自己是不是学到了干货，有没有学到位。
☐ B类课程目标里面有方法、有工具，让学员一看就觉得这个课程有干货。
☐ A类课程目标更容易激发学员的报名欲望。
☐ B类课程目标更容易激发学员的报名欲望。

和大家分享一个"AMD"课程目标写作技巧。

A是Audience，即授课对象。培训应该以学员为主体，所以你在写课程目标的时候，要站在学员的立场上来考虑，站在学员的角度去思考。

M是Means，即工具、方法、模型。一个有用的课程一定是既能提出问题，又能提供解决方案的。为了让学员能够轻松记忆所学知识点，一个优秀的培训师应该想办法把解决方案变成工具、方法或者模型，以方便学员理解和运用。比如说销售中的FAB法则、PDCA循环流程、SWOT分析法，还有我们前面提到过的"论景象"驱动器……这些都是模型。所以M就是要能够清晰描述出学员学到了这个知识点以后，可以使用的工具、方法是什么。

D是Do，即做成什么事情，也就是说，当学员应用了上面的方法和工具之后，能达成什么目标或者解决什么问题。你的课程价值取决于学员学完以后能做成的事情，而不是你所讲的知识点。

AMD连起来，就是这样一句话："经过培训后，学员能应用/根据/采纳/使用/通过……，做到/做成……事情。"这就是一个很实用的课程目标写作模型(见图7-5)，你可以直接套用。

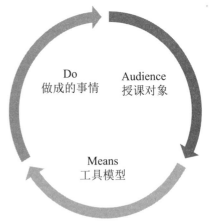

图7-5　AMD课程目标写作模型

2) 学习收益

学习收益指的是课程内容本身带来的收益之外的好处，也就是"额外收获"。学习收益通常用于商业公开课或私房课的课程介绍。

比如说，参加"女性魅力形象塑造"的课程，不仅可以学习到穿衣搭配、形象设计方面的干货，还可以获得一对一的个人形象设计方案。

比如说，参加"新媒体运营"的课程，不仅可以运用所学知识针对自己的产品规划出一套新媒体运营方案，还可以免费获得一些新媒体运营工具。

比如说，参加"化书成课"的课程，除了可以学习到"化书成课"的技术，在短时间内快速开发出一门课，还能加入一个社群——化书成课研习社，获得分享平台、展示机会和全国联动的机会。

3. 课程对象和学员人数

课程对象即适合学习这门课的学员情况描述，包括职位、年龄、工作年限等。学员人数可根据课程主题类型及课程设计方式来决定。一般情况下，带有现场演练、现场辅导、现场反馈的课程人数以不超过35人为宜。

4. 课程特色

课程特色是你的课程相比同类课程的差异化竞争优势。

比如说，你的课程相比同类课程有更多的演练和实战环节，学了之后就能出成果，这就是一个差异化竞争优势。

比如说，你的课程是以体验式的培训形式为主，通过视觉、听觉、嗅觉、触觉、味觉等感官刺激，帮助学员塑造丰富的学习体验，这也是一个差异化竞争优势。

比如说，你的课程案例全部来源于学员所在工作岗位，因此能够解决企业面临的实际问题，这也是一个差异化竞争优势。

比如说，你的课程不仅仅是讲两天的课，还会有持续1个月的线上分享和答疑，这同样是一个差异化的竞争优势。

因此，你要找到自己的课程和其他同类课程不一样但更有意义的点，来塑造你的课程特色。

5. 教学方式

你的课程中应用了哪些教学方式，就在课程介绍里写什么样的教学方式，一般很多培训师会写"案例分析""情景模拟""角色扮演"，包括我们在第5章第2节讲过的学习活动设计的一些名称，你也可以放到"教学方式"一栏，显示出你的培训形式丰富多样且新颖有趣。

6. 课程大纲

课程大纲即课程的框架性内容，可以让学员或课程组织方看到你课程中有哪些内容，这些内容按照什么样的顺序来呈现，课程整体分为几个部分，每个部分分别实现什么样的教学目的。课程大纲类似书籍的目录。

7. 讲师简介

课程介绍中的讲师简介需要提供足够丰富的信息来证明讲师对这个课程具有胜任力，比如授课年限、身份头衔、比赛荣耀、授课风格等，以强化课程采购方对讲师的信任度。需要注意的是，讲师简介并不是唯一的，我们要根据企业所处的行业和学员情况，对讲师简介进行有针对性的调整。比如对方公司是IT行业，你就可以在讲师简介中强调自己在IT行业的培训和咨询经验。

8. 课程时长

课程时长，即你的课程授课总时数。同一门课程，你可以从2天课时、1天课时、半天课时这3个角度，来考虑你的课程内容设计，调整你的授课计划。也就是说，你要为你的课程，做出至少3个不同的版本，因为企业的需求是多种多样的，将来你讲这个课程，可能在不同的情况下，授课时间的要求是不一样的，所以，你的一个课程得有多个版本，以适应各种不同的场景和需求。

9. 客户见证

你可以罗列出你培训过的企业(最好是世界500强、上市企业、集团性企业、知名企业)，并呈现你培训过的学员对你的真实评价，这种评价无疑是见证课程价值的有力武器。

10. 授课视频/照片

你可以在课程介绍中，展示出你的培训照片(见图7-6、图7-7)，这可以带来信任感和亲切感。你也可以展示出自己授课现场的视频(扫描右侧二维码即可看到袁茹锦老师在2018年中国培训"我有好课程"大赛启动仪式上的分享——如何定位有市场价值的好课程)，这不仅能够展现讲师风采，也是讲师实力的见证。

图7-6　袁茹锦老师在浦发银行授课"组织经验萃取"

图7-7　袁茹锦老师在新疆移动公司授课"化书成课"

综上，课程介绍包含课程背景、课程目标和学习收益、课程对象和学员人数、课程特色、教学方式、课程大纲、讲师简介、课程时长、客户见证、授课视频/照片。刚好十项内容，十全十美。

7.2.3 课程打磨

1. 课程打磨的三个阶段

课程介绍是课程产品成型的最后一步。当你的课程产品生产出来以后，你如何了解目标学员对这个课程的感受呢？你如何根据市场的反馈来优化这个课程呢？你如何一步一步提升这个课程的市场竞争力呢？这就需要对课程进行打磨，以及时获得反馈，持续优化课程，打造出个人品牌影响力。课程产品从打磨到成熟的过程可以分为三个阶段。

第一阶段，线上微课。做线上微课的目的有三个：第一，练习课程中学到的"化书成课"技术；第二，获得种子用户对课程内容的反馈；第三，当某家培训机构或培训平台有微课培训需求，对外寻找老师的时候，你可以把自己的微课作品发过去，供其筛选。

微课的关键不在于参加的人数多少，而在于你在做线上微课的过程中，能不能把课程的框架梳理清晰，能不能**把握课程设计背后的底层思路**，能不能**解读出课程的价值**，能不能让学员产生兴趣。

你的课程价值体现在哪些方面？体现在你能解决其他人解决不了的问题；或者你能和别人解决同样的问题，但是你解决问题的效率更高，你能帮用户节省时间；或者你解决这个问题的方法比别人的方法更简单、更容易操作。

在这个阶段，听你课程的都是种子学员，此时你的课程并未成熟，需要把新课程投放至种子学员的群体中进行小范围测试，收集反馈，针对学员的需求改良产品，进行快速迭代，直至达到一定比例的学员满意度，才可以拓展线下沙龙。

第二阶段，线下沙龙。线上微课做得比较成熟了，就可以开始对外做沙龙了。"沙龙"一词最早源于意大利语单词"Salotto"，是法语"Salon"的译音，原指法国上层人物住宅中的豪华会客厅。从17世纪起，巴黎的名人(多半是名媛贵妇)常把客厅变成著名的社交场所，进出者多为戏剧家、小说家、诗人、音乐家、画家、评论家、哲学家和政治家等。他们志趣相投，聚会一堂，一边小口喝着饮料，一边欣赏典雅的音乐，促膝长谈，无拘无束。后来人们便把这种形式的聚会叫做"沙龙"。

沙龙延伸到会议方面，主要指规模较小、主题明确、议题简要、非正式化的，由专业人士聚集在一起进行讨论的会议，一般备有酒水糖茶。

那么，做线下沙龙课的目的是什么？

做沙龙课的第一个目的是验证市场需求、获得市场反馈。如果这个沙龙课发出去，有人报名就说明市场有这个课程的需求；如果推广几次都没有人报名，说明课程介绍文案可能有一些问题；如果调整了文案，还是没有人报名，说明市场可能没有这个需求，那就需要更换课程。这样一来，你就相当于低成本地做了市场调研。

第二个目的是优化课程。课程的优化是一个过程，因为市场形势是不断变化的，不管是认知中的形势还是客观的形势，课程产品融入市场的过程，其实就是一个不断试错、动态变化的过程。

第三个目的是提升授课能力。线上课不比线下课，线上课只要**内容通俗易懂、语言表达清晰、逻辑有条有理、声音听着舒服、案例带入感强**，基本上就没有太大的问题了；而线下课程需要培训师具备**现场呈现能力、学员需求洞察能力、学员情绪感知能力、多维互动能力、形象气场塑造能力、控场能力**等。沙龙课是提升授课能力的有效练习方式，练习越多，你的授课技能就会越娴熟。

第四个目的是积累粉丝群体。如果你每周做一次沙龙，2个月差不多做8场，2个月积累100个粉丝不是太大的问题，只要他们觉得你的课程足够好，以后你开商业私房课的时候，这些粉丝也会来支持你，也会有粉丝邀请你去他们的企业讲课。

当你做过一些沙龙，授课能力越来越精湛了，学员对课程的反馈也很不错，甚至还有人开始咨询有没有完整版课程的时候，时机就成熟了，你就可以对外开设线下私房课了。

第三阶段，线下私房课。 在做私房课的过程中，你仍然可以不断迭代课程，持续打磨课程，直到自己的课程臻于完美，成为市场上特别受欢迎的课程。课程的迭代其实是一件长期的事情，很多培训师都会定期更新课件。

开设线下私房课，你可以有以下几点收获。

首先，学员对付出时间成本和资金成本的线下私房课会有更多期待，你可以在每次课程结束后，有意识地收集学员的反馈建议，再根据反馈进行合适的优化改进。在这个过程中，你就能持续打磨课程，直到它成为精品课。

其次，你每一次开设公开课，势必会在一些自媒体平台(微信公众号、简书、今日头条、百家号等)发布课程介绍文案，这样就会在互联网上留下历史记录。这个过程，也能提升课程和讲师的知名度。

最后是吸引渠道合作。只要你的线下私房课开得好，有口碑，就一定会有渠道找你合作。很多朋友经常问我，为什么有那么多的培训资源，其实我的资源大多不是我主动开拓的，而是通过做线下私房课或商业公开课吸引过来的。只要你的线下私房课能持续开下去，产生口碑，就一定会有渠道或者平台主动来找你合作，你的资源就会越来越多。

作为培训师或者内容创业者,我们必须重视自己的每一次授课、每一场展示。如果一次课上不好,产生负面效应,那毁掉的可不仅仅是一堂课,而是在这一领域所有的机会。培训师的口碑是建立在学员满意基础上的。只有具备了好的口碑,你才会有源源不断的知识变现机会。当然,好的口碑来自你真心真意想帮别人实现梦想。

2. 学员素描和学员分析

在课程定位时,我们就分析了课程的目标学员。但是,在课程成型之前或者在课程推向市场之前,我们还要思考,之前对学员所做的素描和分析究竟是不是准确。因为关于课程的目标学员的定位也是需要验证的。在打磨课程的这个过程中,学员素描也有可能产生变化。

清晰的学员画像和使用场景是整个课程产品推广的基础条件。学员素描和学员分析做到位了,才能针对课程产品制定出有效的整体营销方案。

1) 学员素描

学员素描指的是能够用一句话对学员进行精准的描述,同时能够知道学员的所在地区、所处行业、大概年龄、兴趣爱好、收入状况、定位标签等属性和特点。知道了学员的一些属性和特点,才能方便找到学员。

学员素描一定要显性化和数据化。

什么是**显性化**呢?举例来说,如果一门专讲社群运营的课程,对目标学员的描述是这样的:"想要做社群运营的人和需要做社群运营的人。"请问,这样的素描是否精准呢?你来选一选吧!

☐ 精准

☐ 不精准

相信大部分人都可以选出自己的答案。

这个学员素描并不能回答,什么人想要做社群运营,什么人需要做社群运营,所以这个学员素描不满足"显性化"的要求。

那怎样描述比较好呢?你可以把社群运营课程的目标学员描述为:"北京地区,移动互联网和新媒体行业里,想要通过社群运营实现用户增长、用户留存的新媒体运营人员和市场部人员。"这样的学员素描才算得上显性化。

什么是**数据化**呢?有一位培训师朋友叶老师,她的课程是"互联网公司的人才梯队建设",这个课程的目标学员主要是互联网行业的人力资源从业者。有一次,她向我请教关于课程运营的问题,想通过线下私房课来打造个人品牌和建立价格标杆,于是我和她之间有了这样一场对话:

我:据你了解,成都(叶老师常驻成都)有多少家符合你目标的互联网公司?

叶老师:我想要切入的互联网公司需要具备一定的规模和年限,并且有完善的人力资源管理体系，据前期统计，这样的互联网公司成都大概有1200多家。

我：每家互联网公司平均多少个HR？

叶老师：如果平均计算，可能每家公司有10个左右。

我：那么总人数就是12000，这些人里面，需要学习你这门课程的人占多少比例？

叶老师：我觉得应该占一半吧！50%。

我：50%就是6000人，那这6000人里会有多少人愿意付费来学习课程呢？

叶老师：我觉得愿意付费学习的人可能只占这类人群比例的1/3，也就是大约2000人左右。

我：假设1/3的这个数据是符合现状的，那就要估算一下，这2000人会有多少人愿意付费来参加你的线下课程学习？

叶老师：我也不太清楚，根据你的经验来预估一下呢？

我：如果商业公开课的前期推广到位的话，学员平均转化率是5%~10%，我们就粗略地按10%这个比例来计算吧。2000人的10%就是200人，暂且按这门商业公开课每期课招生10人来规划，只要运营推广把市场都覆盖到，后期依靠学员的口碑传播，你在成都地区就可以滚动开班，至少能开设20期线下私房课。

叶老师：20期很不错了呀，我相信到了那时候，我的这个课程在行业里面也应该有影响力了。

我：根据规律，等你开课开到第7、8期的时候，这个课程就已经有知名度了，后面开课的过程都是在稳固你的"江湖地位"。

当我们进行了这样的数据分析之后，叶老师就开发了一个延伸课程——"互联网公司的团队效能提升"，这个课程针对的是互联网公司的管理者。她的策略是，先通过"互联网公司的人才梯队建设"这门课程，聚集一帮互联网公司的人力资源从业者，建立一个互联网行业的HR学习社群，做好长期的用户生命周期管理，让这些学员在她的社群中成为忠实用户。而此时，"互联网公司的团队效能提升"这门课程已经开发完毕，后期这些学员可以再度转化：或者来参加她的"互联网公司的团队效能提升"课程，或者邀请她去公司内部讲授这门课。同样的，建立"互联网公司的团队效能提升"这门课程的学员社群，做好经营，让大家对社群产生认同感和依赖感，未来再根据这些社群成员的学习需求，推出能满足他们需求和喜好的其他课程，进一步转化……这样一来，她就构建了一个可以持续演化的"系统"。

整个过程中，她做的这个事情，不是为了完成一个具体的"目标"，而是为了发展一个"系统"。"目标"是做这件事就是为了做好这件事，成功了就有回报，失败了就算白干；而"系统"是一个连续变化的东西，在叶老师的案例中，这套"系统"就是学员社群运营，为了这个系统，她可以做各种项目，她可以学习各种运营技巧，她可以在社群中组织各种有趣的活动，她可以开发课程和迭代课程……她要的不是某个具体事件的成败，而是发展这个系统。

忠诚的用户会形成口碑，口碑好到一定程度就会形成自动传播，能节约巨大的宣传成本。

可见，从数据化的角度进行学员素描，就可以对学员属性和学员参训数量有一个预期，然后根据这个预期来规划你的运营模式、计划你的开课期数、运营你的学员社群，就会达到四两拨千斤的效果。

2) 学员分析

学员分析指的是根据学员素描来寻找学员、吸引学员、和学员建立连接的过程。从这个角度上来说，你不仅需要了解目标学员的基本特质，还需要琢磨他们的核心需求、关注话题、聚集场所、参训动机，这样才能制定出有针对性的整体运营策略。

举个生活上的例子来说，成都一家生产高品质速冻水饺(主打健康理念)的厂商，他们的水饺主要通过零售店、超市、线上网店进行售卖，他们的用户素描应该怎么描述呢？你可以先尝试着描述一下。

这家厂商，基于对过去销售情况的数据分析，对用户进行了精准定位，然后勾画出用户素描：四川成都地区三环内，30~35岁之间，有孩子的女性群体。

为什么是这一类用户呢？

因为厂商在用户分析中发现，这类用户既要工作又要照顾家庭，没有太多时间做饭，而高品质的速冻水饺满足了其对健康、便捷的需求。这一类用户的核心需求是"孩子的成长和教育"。她们比较关注的话题，一是怎么教育孩子；二是怎么平衡家庭和事业；三是美容和养生。她们经常聚集的场所是健身中心、幼儿教育机构、养生会所等。

针对这样一类用户群体，这家厂商制订两种运营策略。

第一招，建立母婴社群、妈妈社群进行用户的拉新。在社群中，提供育儿宝典和亲子教育系列微课，让用户快速融入社群，引导用户积极参与讨论，形成社群话题输出，然后通过微商城来促进转化。

第二招，和一些健身中心、幼儿教育机构洽谈合作，推出专门针对这些机构会员的福利政策，比如"初次购买免费赠送""限时下单赠送玩具""3人购买享受折扣"等福利，通过这种跨界合作的方式，让健身中心和幼儿教育机构里面的妈妈快速熟悉自家的水饺品牌，并开始习惯性购买。

所以，当用户素描足够精准，用户分析足够到位，用户搜索足够聚焦之后，就很容易形成面向用户的有针对性的运营方案。

再拿课程来举例，杨隆恺老师有一门私房课是"两天玩转商业路演"。这门课程的学员素描：成都地区，一年之内需要进行路演融资的创业者。对潜在用户进行学员分析之后，他发现，这群人的核心需求是融资、招商、销售，他们关注的话题是"市场营销"和"项目路演"，而他们聚集的场所是孵化器和一些商业路演活动现场。他们在什么情况下有可能来参加这门课程的学习呢？杨老师分析出他们的参训动机是，这门课程能帮助他们通过路演吸引投资者，解决他们的融资难题。

通过这样的学员分析杨隆恺老师就规划了"两天玩转商业路演"这个课程的运营方案。

首先，和一些孵化器合作，做"路演PPT分享沙龙"，吸引对这方面感兴趣的创业者。孵化器里面一般都是创业者，只要是创业者，就可能有融资的需要，只要有融资需求，就有必要做路演，但很多创业者并不知道怎么做一场能吸引投资人的路演。而杨老师通过在这些孵化器里面做路演PPT的分享沙龙，一方面给孵化器带来了新鲜的活力，另一方面为自己的课程做了拉新引流。来参加沙龙活动的创业者，只要觉得他讲得好，在参加活动之后都会添加他的微信，沉淀在他的私域流量池中。

其次，杨隆恺老师运营自己的微信公众号，他经常写一些和"商业路演"相关的文章，有这方面需求的朋友从文章中能够看到他的专业性、商业思维和独特理念。

最后，他自己会积极参加各种商业路演活动，现场抓住机会针对路演项目进行适当点评。毫无疑问，现场的潜在学员听到他精辟、专业的分享，往往会主动联系他。

杨隆恺老师通过精准的学员素描和学员分析，了解到课程目标学员的核心需求、关注话题、聚集场所、参训动机。这些信息是运营方案的基础，怎样赢得学员的信任，怎样让学员有意愿和动机跟着他学习，都是围绕这些信息进行的。而且，为了真正满足学员的需求，除了课程，他还给学员提供了个案辅导，进一步提升了学员的满意度和目标达成率。

所以，只有对学员的需求、痛点、关注点、聚集地等方面进行了详细的调研和分析，再去构思拉新引流、激发需求、转化用户的运营模式，才能一针见血，有的放矢。

7.3 书课融合，多维运营模式

7.3.1 知识付费行业的发展趋势

随着移动互联网的快速发展和精神文化消费的丰富，知识付费成为趋势，人们为知识付费的意识已经逐渐形成。知识付费有利于人们更高效地筛选信息，因为付费的同时也激励着优质内容的生产。

克劳锐指数研究院曾做过一次关于知识付费的调查：用户内容付费需求的产生，在某种程度上满足了其对特定知识的需求。62.7%的用户为投资创业类的知识而付费，52.9%的用户为和工作相关的知识或技能而付费，原因在于，通过这些内容的学习，能为用户带来直接或间接的利益和经验。

当用户越来越能分辨什么是好东西的时候，也就更愿意为有价值的内容付费。

梳理近几年知识付费行业的潮流，我们不难发现，围绕书籍的知识付费产品层出不穷、经久不衰，围绕书籍的书课沙龙活动、学习型社群、线上训练营也如雨后春笋般涌现出来。

这类产品在市场上很受欢迎，而且形态越来越丰富，通常呈现的状态有以下几种：

- 书籍的干货+视觉化呈现
- 书籍的共读+社交化学习
- 精选书解读+多元化输出
- 主题式阅读+社群式陪伴

……

很多人通过这类知识付费产品获得了认知的提升、思维的转变、能力的升级，形成了持续学习的习惯，也养成了付费学习的意识。

现阶段，**书课融合产品**已经成为各大知识付费平台的标配，其包括以下几种形态：

- 音频听书
- 专栏订阅
- 打卡领读
- 主题阅读
- 拆解书籍
- 共读社群

……

而读书会导读师、听书稿撰稿人、讲书人、读书会带领人、化书型培训师……也俨然成了社会分工中的具体职业。由此可见，"书课融合"行业已经开始成熟。

7.3.2 阅读产业升级所带来的新机会

克劳锐指数研究院的调查数据显示：**57.2%**的用户愿意为获取专业知识而付费。这从侧面论证了用户更愿意为那些**能构建知识体系的、融合专业书籍**的内容而付费。

伴随着人们为学习付费意识的觉醒，书课融合产品价值的提升，以及知识付费行业边界的拓展，未来还会发生书课融合模式的创新和延伸。

在知识付费领域，会有更多和"书"相关的产品形态出现，并且由于这些产品有助于提高阅读效率、快速获取知识、促进学习转化，人们会持续为之付费，樊登读书会就是很好的例子。

透过纷繁复杂的表象，我们应该看到**背后不变的规律和本质**——书中很多内容都可以梳理成系统化和延展性的知识，可以转化成音频、视频、资料包、线上课、线下课、训练营等不同的形态推向用户。这些内容载体之间的相互转换未来将是常态。

为什么人们愿意为"书课融合"的产品付费呢？主要是基于以下三个原因。

（1）从效率角度来看，学习"书课融合"的产品，能够节省自己看书、对比、归纳、整合的时间，能在短时间内了解一本书或者几本书，提高学习效率。

（2）从内容的角度来看，"书课融合"产品可以将书中晦涩难懂的内容进行巧妙的设计，分享者的讲解也能帮助学员更好地理解书中内容。

（3）从致用的角度来看，"书课融合"的产品能更好地告诉学员这些方法可以用在哪些场景，在不同的情况下如何应用，方便学员学以致用。

你的"书课融合"产品能否在众多的知识付费产品中成为精品、实现变现，取决于——

- 课程是否能够真正地解决学员问题
- 是否能让学员获得深度的峰值体验
- 是否能够源源不断地产出优质内容

由于"化书成课"技术能产出具备上述效果的课程，所以，一直以来，希望引入**"化书成课"产品**的渠道和平台越来越多。

与【化书成课研习社】合作过的优质平台包括今日头条、课宠学堂、环球人力资源智库、中国培训杂志、锦城天下、好爸妈亲子学院、艾上柯学院等。"化书成课"的很多学员通过在这些平台输出线上课、讲书稿、线下课等方式实现了知识变现和个人IP的打造。

7.3.3 书课融合的活动运营创新模式

1. 怎样的"书课融合"运营模式是受欢迎的

在"书课融合"的领域中，无论你想做"化书成课"的分享，还是想以专家或大咖的角色来领读，或是想带着一群伙伴打卡阅读，或是想组织形式多样的读书会，你都需要建立一个读书学习社群，打造一套运营模式。

社群运营的目的只有一个——更好连接你的课程产品和你的用户。

这个连接可能包括两个层次，第一，让用户愿意使用你的产品，愿意听你解读书籍，愿意在你的社群中活跃和参与；第二，你能够在用户使用你的产品的过程中维系住他，让你跟他的关系变得更好，互动频次更高，情感连接程度更深。

其实，人们在参与读书主题活动的过程中，不仅希望有认知上的拓展，还希望有体验感和参与感。人们之所以加入读书类的学习社群，是想要扩大自己的视野，丰富自己的视角，解决困扰的问题，连接优质的人脉。

- 为了扩大用户的视野，丰富他们的视角，你可以做些什么呢？

你可以在单纯的"读书"这件事情上，延伸出更多的乐趣和玩法。比如，不仅解读书中的精华内容，还拉着用户一起探讨这些内容如何用于我们的实际生活中；比如，不仅与用户谈论书中作者的思想，还创造性地和用户探讨书中的方法论如何改进；比如，让大家提前准备多本书，团队碰撞寻找这些书和书之间的联系，围绕着这些书做一些相关主题的探讨，促进学以致用，促进多元化视角的融合。

- 为了帮助用户解决困扰的问题，你可以做些什么呢？

你可以提前把报名的人员加到一个群，做个小调研，了解一下：用户加入你的读书社群是基于什么样的期望，想解决什么样的问题？用户为什么对这个主题或者这本书比较感兴趣？用户在工作或生活中有没有和这个主题相关的经历？用户在这个主题方面曾遇到过哪些棘手的问题？

这样一来，你的读书主题活动就可以根据用户想要了解的信息进行策划和设计，从而对症下药，解决问题，让用户觉得内容是为其量身定制的。

- 为了帮助用户连接优质人脉，你可以怎么做呢？

无论是线上读书活动还是线下读书活动，用户都有"连接优质人脉"的需求，我们可以从"塑造文化"的方向入手。

比如，在写读书活动的文案时，就把"活动对象"描述成优秀的、出色的、有才华的一类人，并且要求报名者通过一些筛选后才能加入，提升社群准入门槛，制造稀缺效应。

比如，邀请一些有知名度的知识型IP来参加读书活动，请他们在读书社群中分享一些干货、一些经验，给社群成员们"加餐"，顺便帮助知识型IP引流，合作共赢。

比如，在活动海报或活动文案中，把参与这场主题活动成员的身份、背景罗列出来，利用"优质人脉"吸引"优质人脉"。

总之，读书类学习社群运营的关键，在于策划能力。

策划能力的背后则是系统化思维能力、精细化思维能力、杠杆思维能力、资源整合能力、用户需求把控能力。

对于学习型社群来说，前期的整体策划非常重要，它决定了你的社群在这个时代能走多远。

所以，在社群建立之前，就要有一个周期内的整体活动规划，这个周期可能是一个月，可能是三个月，可能是半年。活动组织者应该考虑在这个周期内所要设计的活动主题，让社群成员在活动中持续地感知到社群的存在，持续地从这个社群中获利，持续地在这个社群中成长。

当然，在这个周期内，你也要时不时地问问你和你的团队，你们策划的读书主题活动是为了满足用户的哪些需求而设计的？

——基于帮助用户解决问题的初衷，才会让用户觉得这个读书主题活动是值得参与的，这个书课融合的社群是值得加入的(关注微信公众号"醒职场"，回复"企业读书会"，即可全面地了解企业如何创办及运营读书会)。

2."书课融合"活动运营模式的类型

下面和大家分享5种既有实操性，又能给参与者带来体验感和成长感的"书课融合"活动运营模式。

第1种"书课融合"活动运营模式——主题阅读。

【特点】

在阅读时，围绕某个主题，在一定时间内，快速阅读这一类的相关书籍，最终形成对某一主题领域的认知框架。

(1) 主题阅读的题目可以是关键词，比如"时间管理""写作""品牌打造"。

(2) 主题阅读的题目可以是一个问题，比如"如何管理时间""怎样提高写作能力"。

【运营模式】

活动目标：一个月4本书、专注提升一项能力。

活动形式：每周一次书籍解读和线上/线下探讨。

活动流程：

(1) 确定当月主题及4本书籍。

(2) 确定每周"阅读"哪一本书籍，布置学习任务，让参与者提前读书。

(3) "书籍分享者"每周某一天，在线上/线下做关于本周阅读书籍的分享。

(4) 分享结束之后，参与者围绕这本书进行讨论、交流，共享读书感悟。

(5) 活动结束，鼓励参与者围绕本月读书的主题，写一篇心得体会。

【优势亮点】

(1) 有助于把同一领域的知识版块串联起来，构成一张完整的知识地图。

(2) 有助于通过团队协作力量，共同解决难题。

(3) 主题阅读相当于把一个领域的专家全部召集到一起，"看"他们共同探讨一个领域的知识，解决同一个领域的种种难题。

比如，你想学习价值投资，可以阅读《巴菲特之道》《穷查理宝典》《聪明的投资者》这些讲价值投资的书籍。虽然你不能直接和巴菲特、查理·芒格、本杰明·格雷厄姆面对面交谈，但你依然可以学到他们的投资理念和逻辑。再比如，你想学习管理学，可以阅读《卓有成效的管理者》《阿米巴经营》《赢》这些管理类的书，通过阅读德鲁克、稻盛和夫、杰克·韦尔奇的书，你依然可以学会他们的管理哲学和智慧。

【注意事项】

(1) 选择书籍时，首先根据主题列出一份书单，然后根据主题阅读的目标，检查书单上所有的书，筛选出与主题、目标、学员特点相匹配的书。

(2) 线上/线下讨论时，活动组织方提前准备好可供讨论的话题，并确保讨论时有人记录和总结。

(3) "书籍分享者"要在这一领域有丰富的经验和独到的见解。

第2种"书课融合"活动运营模式——共读社群。

【特点】

组织读书社群的成员在一定时间内，共同阅读和探讨一本书，对这本书进行深度探究、横向拓展和纵向拓展。

【运营模式】

活动目标：一周阅读一本书——深度阅读，把书读透。

活动形式：社群内共同阅读。

活动流程：

(1) 确定本周要一起阅读的书籍，提醒参与者提前购买书籍。

(2) 告诉参与者这本书几天内读完，每天阅读多少章节，阅读完之后需要在学习群输出什么(比如读书笔记、每天回答一个问题打卡、每天分享三个收获、一段语音简单讲感悟等)。

(3) 每天提醒参与者阅读这本书的相应章节，同时，"领读者"每天在特定时间分享自己对这一章节的理解和延伸。

(4) 针对参与者每天输出的内容，组织方进行适当的点评、鼓励。

(5) 每天评选出"学习输出"做得最好的学员，晚上把他们的输出作业作为"学习标杆"展示在学习群里。

【优势亮点】

(1) 陪伴参与者读完一本好书，解决书读不完、不想读、读不懂的问题。

(2) 通过"输出内容展示""及时鼓励""学习标杆"等措施，建立团队学习氛围，鼓励参与者坚持阅读。

(3) 帮助参与者培养每天阅读的习惯，使其意识到，只要每天用碎片化时间读一点点内容，短时间内就能读完一本书。

【注意事项】

(1) 让参与者提前知晓为什么要共读这本书，活动文案要对这本书的背景和价值进行恰当的介绍，激发参与者对书的好奇和兴趣。

(2) 提醒参与者读书时，可以提出1~3个问题，引导大家带着问题去读书。

(3) 输出方式要有利于学以致用，并且这种方式在学员能力和时间能够承受的范围之内。

第3种"书课融合"活动运营模式——好书解读/大咖领读。

【特点】

根据学习者的兴趣点和需求点，选择书籍及书中的精华内容来做分享，分享之后交流答疑，让学习者收获新知。

【运营模式】

活动目标：让学习者在短时间内学习到一本书中的精华。

活动形式：线上/线下举办活动皆可。

活动流程：

(1) 前期调研。了解学习者对什么类型的书感兴趣，制作出书单，让大家选择自己想要学习的书籍，根据调研结果选出"好书"。

(2) 读书活动的组织者以这本书作为活动主题，发出活动预告。活动预告中不仅有该书的简介，还要罗列出书中的一些知识点，让学习者投票，从中选择自己最感兴趣的内容。

(3) 书籍导读师或书籍解读者根据投票结果，选择书中的一部分精华内容来做深度解读和趣味分享。

(4) 分享结束之后，每个学习者都谈谈自己的收获、感悟，学习者也可以提出自己的困惑，由书籍导读师/书籍解读者来解答。

【优势亮点】

(1) 根据学习者的需求来选择书籍和分享范围，有利于学习者全程参与，激发兴趣。

(2) 书籍导读师或书籍解读者可以根据学习者的投票了解学习者的兴趣点，提前准备充分。

(3) 能够帮助学习者联系实际，解决问题。

(4) 学习者无须自己买书和提前看书，也可参加读书主题活动。

【注意事项】

(1) 活动预告中，罗列出来的知识点要清晰明了，便于投票选择。

(2) 分享结束后的解答疑惑环节，为了避免冷场，组织方的工作人员可以提前准备一些问题。

第4种"书课融合"活动运营模式——问题研讨式读书。

【特点】

导读师从书中截取出有代表性的案例,通过案例分析和问题研讨的方式,带领学习者学习书中的方法论。

【运营模式】

活动目标:学习者通过案例分析和团队研讨的方式来学习,在这个过程中通过多维度探索和思考,提高学习效果。

活动形式:一周之内,针对一本书做三场活动,第一场分享该书的主要内容和中心思想;第二场带领学员做案例分析;第三场引导学员围绕一个问题做现场研讨。线上线下皆可。

活动流程:

(1) 前期调研。了解学习者对什么类型的书感兴趣,制作出书单,让大家选择自己想要学习的书籍,根据调研结果选出一本"好书"。

(2) 在活动预告中公布活动形式,让学习者知晓一周内有三场读书活动及每场读书活动的形式。

(3) 第一场读书活动,导读师分享该书的主要内容和中心思想,分享完之后,学习者可以提问,导读师答疑。

(4) 第二场读书活动,导读师提供书中的代表性案例,让学习者分组进行案例分析,得出结论,分组分享之后,导读师引出方法论。

(5) 第三场读书活动,导读师引导学员围绕3~5个问题,做现场研讨或线上研讨。大家研讨的问题要与书中的知识点或方法论如何应用有关,比如:

- 这个方法论可以用于生活、工作中的哪些场景?
- 这个知识点适合在什么情况下使用?如何使用?
- 如果利用这个知识点与客户沟通,需要注意些什么?

【优势亮点】

(1) 学习者无须自己买书和提前看书,也可参加读书主题活动。

(2) 活动形式丰富多样,且采用团队协作学习的方式,学习者的参与度会很高。

(3) 学习者不仅能够学到书中的方法论,还能研讨出这些方法的适用场景和使用方式,大大提高了学习转化的效率。

【注意事项】

(1) 学习者报名之后,为了方便后面的活动进行,需要提前给学习者分组。

(2) 第二场读书活动,导读师根据时间安排,可以做2~4轮案例分析。

(3) 第三场读书活动,引导大家研讨的有关书中的知识点或方法论,是前面两场活动中涉及的知识点或方法论。

第5种"书课融合"活动运营模式——智慧交融式读书。

【特点】

参与者各自带着不同的书来到现场参加活动,通过现场分享和交流,每个参与者都能收获多本书籍的知识。

【运营模式】

活动目标:让参与者能够以结构化的方式介绍自己手中的书,既能自我巩固,又便于他人学习;同时,每位参与者都能从不同的书中获得不同程度的启示。

活动形式:参与者可以每人带一本喜欢的书来参加读书会,前提是这本书自己提前阅读过,可以在现场简单分享,让其他人了解这本书的核心观点。

活动流程:

(1) 活动开始前,导读师在学习群中简单分享选书规则,让参与者带上自己喜欢的书籍来到现场,强调书籍需要提前阅读。

(2) 活动开始时,设置一个破冰活动,让参与者相互介绍、相互认识,消除紧张感。

(3) 参与者依次介绍自己带来的这本书,分享这本书给自己带来的最大收获。活动组织方需要提供一个模板并做出示范,比如让参与者按照以下这种格式介绍自己手中的书:

- 书籍名称:_____
- 作者及其背景/经历:_____
- 本书的主要内容及我的收获:_____
- 书中让我印象最深刻的一个故事:_____
- 全书探讨和传递的核心观点/精华内容:_____

分享过程中,其他参与者不可打断,如果有疑问,可以记录下来,稍后再提问。

(4) 分享结束之后,给每位参与者发3张"投票贴纸",然后,每人在现场找到感兴趣的几位参与者(至少3位),互相交流,你可根据对方带来的书提出一个问题,若对方的回答令你满意,你可以把"投票贴纸"贴在对方的衣服上,以示肯定。

(5) 投票结束后,每个人回到座位,所有人围成一个大圈,每个人依次分享自己在今天这场读书活动中的收获和感悟。

【优势亮点】

(1) 参与者可以在一场读书活动中,学到不同书中的知识点。

(2) 参与者按照模板来介绍书籍,有助于厘清思路和加速内化。

(3) 在提问回答的游戏环节,每位参与者都会至少提出3个问题,回答一些问题,这是个思维碰撞的过程,能产生更全面的认知和更宽广的视野。

【注意事项】

(1) 相对来说,这种形式的读书活动更适合线下举办。

(2) 参与者介绍自己书籍的"分享模板",可以提前写在PPT或者大白纸上,方便大家分享。

(3) 在大家依次介绍书籍之前,可以给参与者一些准备的时间,甚至可以提供纸笔,让大家把自己想要分享的内容提前写下来。

(4) 营造一个流动的、安全的、有能量的、融洽关系的场域非常重要,它决定了人们是否会畅所欲言。

这5种"书课融合"活动运营模式,不仅能给参与者带来获得感、体验感、参与感,还能帮助参与者重构认知,达到学以致用的目的。

"书课融合"活动运营模式总结如图7-8所示。

图7-8 "书课融合"活动运营模式

【第7章回顾】

(注:每章结束,我们会通过一些互动趣味的练习,来帮你回顾所学内容,让你既能够及时巩固这一章的核心内容,又能够借此机会自我检测,看看自己究竟学到了多少。)

1.【连线题】

2.【多选题】微课产品的获客及转化方式主要有哪些？　　　　（　）
A. 事件营销
B. 用户传播
C. 多点分销
D. 线上会销

3.【多选题】运营线下沙龙课的目的是什么？　　　　　　　　（　）
A. 验证市场需求
B. 优化课程
C. 提升授课能力
D. 积累粉丝群体

4.【填空题】"课程目标写作模型"AMD分别代表的是_____、_____、_____。

5.【填空题】"学员分析"要了解学员的核心需求、关注话题、_____、_____。

6.【单选题】课程介绍的"十全十美"**不包含**以下的哪一项？　（　）
A. 课程背景
B. 课程对象
C. 教学方式
D. 学员素描

7.【单选题】"书课融合"活动运营模式**不包含**以下的哪一项？（　）
A. 主题阅读
B. 共读社群
C. 问题研讨式读书
D. 交互式读书

【第7章回顾答案】

1.

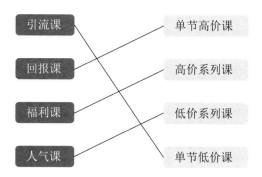

2. ABC

3. ABCD

4. 授课对象、工具模型、做成的事情

5. 聚集场所、参训动机

6. D

7. D

后　记

1. "化书成课"的创意来源

经历产生差异，差异产生价值，可经历是需要机会的，并不是所有人都会拥有经历一些事情的机会，但是所有人都可以通过读书，去经历作者的经历，获取自己没有的经验。

所以我从小就喜欢读书，也擅长读书，还经常跟身边的朋友分享书中的精华内容。很多朋友都说，听我讲书中的内容比他们自己看书收获更大、感悟更多、思考更深。

后来，我转型成为职业培训师，受到很多培训机构的邀请，在不同行业、不同企业授课。为了帮助企业切切实实地解决问题，我通常会根据企业的实际业务需求来进行课程的开发。所以，我的课程总是能为学员带来意想不到的收获和深刻的学习体悟。

随着自己不断地开发课程，加上持续跟国内的建构主义专家段烨老师学习课程开发技术，我越来越擅长开发课程。但是，在培训中，有时候我会面临"内容不够丰富""理论依据匮乏"的瓶颈，考虑到很多理论内容可以从书中来，于是我就想到，可不可以把我擅长的课程开发技术和读书结合起来，变成"化书成课"的课程呢？

想到这里，我就开始尝试，陆陆续续地化了一些书为课程，比如说与《关键对话》《游戏改变世界》《专注力》等书籍有关的课程，这些课程获得了很多企业的好评。参训学员普遍觉得学习这样的课程比他们自己看书的学习效果更好，收获更大，也更有体验感。

随着我的授课经验越来越丰富，在"化书成课"的过程中，我也开始逐渐跳出书籍的框架、跳出作者的思维来"化书成课"，这样的课程在市场上获得了更好的口碑。

2015年，在中国培训"我是好讲师大赛"和"我有好课程大赛"的比赛前后，我作为格诺威(中国)咨询公司的成都负责人，在成都组织开展了三期学习项目设计师初级班(CTTT)的培训，为参训学员提供课堂呈现技巧方面的专业化培训和系统化指导，帮助很多想要成为培训师的伙伴了解培训师所需具备的职业素养和基础能力，并在课程中得到了训练。

之后，有些比赛学员又参加了段烨老师的学习项目设计师的中级班课程(现已更名为"建构主义7D精品课程开发")。在这个课程中，参训学员学到了课程开发设计的专业知识和技能，具备了开发课程和优化课程的能力。

这之后，我发现一个奇怪的现象：通过参与这个项目的学习，有些学员回去以后就开发出了自己的精品课程，并很快得到了市场的认可；而有些学员却没有开发出课程。

于是我做了一些调研，结果发现，后面一类学员，虽然也在这个项目中学到了授课技巧和课程开发技术，但是由于工作内容和工作经验等原因，没有太多的内容可以转化为课程，所以就没能开发出自己的课程。

然后我回想起，我在刚做培训的时候，也存在经验不足、知识储备不够的问题，当时我是如何开发课程、讲授课程的呢？那时候，我采用的就是"化书成课"的方式，把几本书里面的内容梳理、拆解、整合起来，结合自己已有的知识和经验，经过提炼与重构之后，转化成了一门便于理解和吸收，学了就能用的课程。于是，我就产生了开发"化书成课"这门课程的想法——我想把自己的经验变成课程，去帮助更多想要做出好课的人。

很多认识我的朋友都知道，我是HR背景，是从人力资源转型成为职业培训师的，按理说我应该做专门针对HR的课程，然而市场上针对HR的课程已经是一片红海，如果我在HR这个领域做课程的话，很难有突破，因为比我有经验、有资历、有地位的人太多了。但是我又一心想成为一个有品牌的培训师，所以我必须要找到自己有竞争力、有独特优势的领域。于是我就想到了把这个"化书成课"的技术教给更多的人，让更多的人能够开发出融合书中精华、个人经验和个人思想的独创课程。于是，2016年，我就开发出了"化书成课"这门课。

虽然这是一片新的领域，但是从2016年到2019年底，经过3年多的市场验证，这个课程已经在全国各地陆续开了50期公开课，每期课程都有口皆碑。由此看来，当初我决定开发这个课程、进入这样一片蓝海市场是正确的决策。

"化书成课"的技术不仅仅能帮助人们快速开发出一门课，更在学员大脑里种下一颗种子，这颗种子具有生命和发展的动力，不受任何人和任何书左右，可以无限的变化和创新，让你的课程别出心裁，独树一帜。我很高兴探索到了这样一条能够成人达己的路。

2.【化书成课研习社】背后的故事

2016年,一门名为"化书成课"的版权课程在培训行业出炉。

这门课程能够帮助学员快速将书中的内容进行拆解、整合、重构、延伸、创新、场景化设计,最终形成可被分享的、体系完整的课程。

为了帮助学员学以致用,我创办了【化书成课研习社】,作为"化书成课"学员的实践基地、分享平台、知识变现的输出渠道。

2017年,"化书成课"线下私房课共举办了18期,【化书成课研习社】学员线下分享活动共举办了63期,帮助**上百位**"化书成课"的学员开发出了自己独创的课程,使他们获得了**日薪6000~8000元**的授课机会。

2018年,"化书成课"线下私房课举办了21期,累计举办了**39期**,学员面向市场输出的课程**超过500门课**,在北京、上海、西安、宁夏、重庆、广州等地建立了【化书成课研习社】分社,供各地学员分享自己"化书成课"的课程,持续提升课程开发力。

同年,"化书成课赛区"参赛选手的课程在中国培训"我有好课程"大赛中荣获多门奖项,其课程质量得到了评委的称赞,也进一步验证了**"化书成课"的课程符合"好课程大赛"**精品课程的评价标准。"化书成课赛区"参赛选手获奖情况如图1所示。

图1 "化书成课赛区"参赛选手获奖情况

2019年,"化书成课"线下私房课举办了11期,累计举办了**50期**,学员面向市场输出的课程**超过1000门课**。

同年，"化书成课"根据市场需求，延伸了产品线，推出三个系列课程：
- 化书成课——让你精彩分享一本书(初级)
- 化书成课——让你快速开发一门课(中级)
- 化书成课——让你做出爆款读书会(高级)

其中，初级班主要是针对爱看书、爱学习，但从来没有做过培训和分享的小白人群；中级班主要针对企业内训师和职业培训师；高级班把"化书成课"和"促动技术"做了完美结合，主要是针对读书会创始人和读书会运营者，以及对促动技术感兴趣的朋友。

由于这三个课程是根据学员的认知层级、能力水平、身份角色等做了针对性的内容匹配和形式匹配，所以一经推出就大受欢迎。

从2016年到2019年，"化书成课"已经成功举办了**50期**，遍布**北京、上海、广州、宁夏、成都、重庆、厦门、长沙、西安**。

"化书成课"学员学习完课程之后，能够快速开发出课程，而【化书成课研习社】可以通过**阶梯式的运营体系**，帮助学员打磨出有市场价值的线上课和线下课。

线上课按"组合策略"分为4种类型：
- 回报型微课
- 人气型微课
- 引流型微课
- 福利型微课

线下课按"输出渠道"分为4种类型：
- 原创私房课
- 团队系列课
- 平台合作课
- 项目定制课

【化书成课研习社】的初衷是帮助每位学员打造出自己的课程品牌，让优秀学员成为研习社师资库中的一员，借助化书成课平台在全国的布局，获得授课输出的机会，与当地分社实现互利共赢。

【化书成课研习社】在2019年初，举办了全国性的"化书成课"年度蜕变主题分享活动，从各地学员中选出了15位标杆学员，他们将书中知识死磕之后升级迭代，形成了"化书成课"的15门精品课程(见图2)。这些课程是**融合**了多本书中的精华，**融合**了他们自己的实践经验，**融合**了这个领域的前沿观点，**融合**了他们的思想深度的课程。所以，每一门课都是精品，都**独一无二、干货满满**(关注"醒职场"微信公众号，回复"购书"两个字，将出现"茹锦花开"的微信二维码，扫码之后，发送本书照片，即可获取图2中的任意1节微课程)。

图2 学员"化书成课"的15门精品微课

【化书成课研习社】一直致力于培养**有能力进行"书课融合"的创新型培训师**，而通过"化书成课"技术所开发出来的课程，由于能切实解决问题，有助于个人成长和企业发展，所以这些课程都能满足市场需求，也能带来口碑。

"书课融合产品"具有全生命周期价值，正在成为内容布局的可靠变现出口。

各地化书成课研习社会把当地学员"化书成课"的成熟课程(即已经经过市场验证的课程)供应给需要"书课产品"的知识平台/机构/企业，帮助学员实现知识产品变现的同时，**推动"书课融合"行业的快速发展**，让这个行业具备高弹性的内容供应链机制。

袁茹锦

2020年2月1日

参考文献

[1] 彼得·德鲁克.卓有成效的管理者[M].北京：机械工业出版社，2012.

[2] 戴维·迈尔斯.社会心理学[M].张智勇，乐国安，侯玉波，译.北京：人民邮电出版社，2006.

[3] 芭芭拉·奥克利.学习之道[M].教育边界字幕组，译.北京：机械工业出版社，2016.

[4] Julie Dirksen.认知设计：提升学习体验的艺术[M].简驾，译.北京：机械工业出版社，2013.

[5] 约翰·S.哈蒙德，拉尔夫·L.基尼，霍华德·雷法.决策的艺术[M].王正林，译.北京：机械工业出版社，2016.

[6] 罗伯特·西奥迪尼，史蒂夫·马丁，诺瓦·戈尔茨坦.细节：如何轻松影响他人[M].苏西，译.北京：中信出版集团，2016.

[7] 卡尔霍恩·威克，罗伊·波洛克，安德鲁·杰斐逊.将培训转化为商业结果：学习发展项目的6D法则 [M].周涛，宋亚南，译.北京：电子工业出版社，2013.

[8] 于尔根·沃尔夫.专注力：化繁为简的惊人力量[M].朱曼，译.北京：机械工业出版社，2013.

[9] 段烨.培训师21项技能修炼[M].北京：北京联合出版公司，2014.

[10] 段烨.培训师的差异化策略[M].北京：北京联合出版公司，2014.

[11] 孙波，庞涛."动"见学习体验[M].北京：电子工业出版社，2015.

[12] 悦扬，李殿波，余雪梅.企业经验萃取与案例开发[M].北京：机械工业出版社，2017.

[13] 邱伟.FAST高效课程开发[M].北京：电子工业出版社，2015.

[14] 赵周.这样读书就够了[M].北京：中央广播电视大学出版社，2012.

[15] 李海峰.DISCOVER自我探索[M].北京：电子工业出版社，2014.

[16] 罗杰·道森.赢在决策力[M].刘祥亚，译.重庆：重庆出版社，2010.

[17] 科里·帕特森，约瑟夫·格雷尼，罗恩·麦克米兰. 关键对话[M]. 毕崇毅，译. 北京：机械工业出版社，2012.

[18] 珍妮弗·康维勒. 内向者沟通圣经[M]. 魏瑞莉，译. 北京：北京联合出版公司，2017.

[19] 杰克·特劳特，阿尔·里斯. 定位[M]. 谢伟山，苑爱冬，译. 北京：机械工业出版社，2011.

[20] 李中莹. 重塑心灵[M]. 北京：世界图书出版公司，2006.